Questões Fundamentais da VIDA

Outros livros dos autores

Primeiro o mais importante
(com Stephen R. Covey)

The Nature of Leadership (A natureza da liderança)
(com Stephen R. Covey e Dewitt Jones)

Connections: Quadrant II Time Management
(Conexões: gerenciando o tempo no Quadrante II)

Questões fundamentais da vida *é a bíblia de Roger para os adultos. As histórias dos Merrill, a sua sabedoria e os instrumentos de orientação o ajudarão a alcançar os seus objetivos principais e fazer com que a jornada da sua vida seja mais agradável.*

– Pat Croce, ex-presidente do Filadelfia 76ers e autor de *I Feel Great!* (Sinto-me ótimo!) e *110%*.

Leia este livro: Questões fundamentais da vida *é o quarto "tenho de fazer". Ele articula e demonstra com clareza que o equilíbrio entre trabalho, tempo e dinheiro é não apenas possível, mas essencial para a vitória no jogo da vida.*

– Pete Beaudrault, ex-presidente e diretor executivo do Hard Rock Café Intl., presidente e diretor executivo da RLE Intl. Consultants.

Parabéns! Você acabou de descobrir como controlar e maximizar todo o seu potencial e não perder, mas, muito pelo contrário, ganhar qualidade de vida. O mundo precisa de alinhamentos e deste livro!

– Stedman Graham, empresário, autor e palestrante.

Finalmente uma maneira de conciliar aquilo que é mais importante com aquilo que na verdade fazemos! E com uma abordagem que ajuda as pessoas a compreenderem, a simplificarem e a incorporarem o poder da tecnologia na resolução de assuntos relacionados ao equilíbrio da vida. Os Merrill apresentam a solução ideal para trabalhadores criativos que desejam ter uma boa vida familiar.

– Curt Allen, ex-presidente e diretor executivo da MyFamily.com, presidente e diretor executivo do Agilix Labs.

Roger e Becky Merrill compreendem que o equilíbrio da vida não é uma condição estática que se obtém, mas uma habilidade dinâmica que se aprende. Do teste de auto-avaliação inicial à última conclusão, este livro fornece uma ajuda personalizada e individual para o desenvolvimento de um verdadeiro equilíbrio.

– Richard e Linda Eyre, autores de *O livro da valorização da família* e *Lifebalance* (O equilíbrio da vida).

Uma das razões pelas quais Questões fundamentais da vida *é excepcional é porque reconhece o papel incrível que o dinheiro desempenha nos assuntos relacionados ao equilíbrio da vida. Além de ensinar a lidar com o trabalho, a família e o tempo, este livro apresenta uma abordagem prática e integrada de como estabelecer um equilíbrio financeiro e solucionar assuntos relativos ao dinheiro.*

– Marci Redding, diretora executiva do themoneyplanner.com

A. ROGER MERRILL e
REBECCA R. MERRILL

Questões Fundamentais da VIDA

Criando um equilíbrio dinâmico entre trabalho, família, tempo e dinheiro

PREFÁCIO DE
STEPHEN R. COVEY

SEXTANTE

FranklinCovey

Publicado originalmente com o título: *Life Matters*

TRADUÇÃO
Sonia Maria Moitrel Schwarts

PREPARO DE ORIGINAIS
Valéria Inez Prest

REVISÃO TÉCNICA
Marco Antonio Imperador – Facilitador Sênior – FranklinCovey Brasil

REVISÃO
Clara Diament/ José Tedin Pinto/ Sérgio Bellinello Soares

PROJETO GRÁFICO E DIAGRAMAÇÃO
Miriam Lerner

CAPA
Simone Villas-Boas

FOTOLITOS
R R Donnelley América Latina

IMPRESSÃO E ACABAMENTO
Cromosete Gráfica e editora Ltda.

CIP-BRASIL. CATALOGAÇÃO-NA-FONTE
SINDICATO NACIONAL DOS EDITORES DE LIVROS, RJ

M536q Merrill, A. Roger e
Questões fundamentais da vida
/ A. Roger Merril e Rebecca R. Merril; tradução Sonia Maria Moitrel Schwarts.
– Rio de Janeiro: Sextante, 2004.

Tradução de: Life matters
Inclui bibliografia
ISBN 85-7542- 141-7

1. Conduta. 2. Trabalho e família. 3. Pessoas casadas – Administração do tempo. 4. Pessoas casadas – Finanças pessoais.
I. Merrill, Rebecca R. II. Título.

04-2168. CDD 158
CDU 159.94

Rua Voluntários da Pátria, 45 – Gr. 1.404 – Botafogo
22270-000 – Rio de Janeiro – RJ
Tel.: (21) 2286-9944 – Fax: (21) 2286-9244
Central de Atendimento: 0800-22-6306
E-mail: atendimento@esextante.com.br
www.sextante.com.br

Sumário

Aos nossos pais, filhos e netos –
as raízes que nos dão sustentação e os frutos
que nos trazem alegria –
e a todos aqueles que sinceramente acreditam
que a vida é importante!

Agradecimentos

Gostaríamos de expressar nossos profundos agradecimentos a:

- Stephen Covey e a todos cujos exemplos, ensinamentos, pesquisas e livros causaram um impacto significativo em nossos pensamentos e em nossas vidas.
- Greg Link, por seus valiosos insights, amizade, ajuda e apoio constante.
- Ken e Marci Redding, do themoneyplanner.com, por sua colaboração na área de finanças.
- Kathleen Bahr e Cheri Loveless, por seus insights acadêmicos na área do trabalho familiar no mundo moderno.
- Nancy Hancock e seus associados na McGraw-Hill, por toda a ajuda – especialmente no que se refere às contribuições que nos conduziram a novos patamares de organização e comunicação.
- Jan Miller e seus associados na Dupree-Miller.

Annie Oswald, Sean Covey, Debra Lund, Boyd Craig, Toni Harris e muitos outros que de diversas maneiras nos ajudaram e apoiaram durante esse esforço.

E, sobretudo, somos gratos a nossos pais e a nossos incríveis filhos, filhas, noras e genros. Mais do que a grande ajuda que nos prestaram revendo o original e oferecendo suas contribuições, eles nos propiciaram – assim como nossos maravilhosos netos e netas e nossas fantásticas oportunidades de trabalho – uma experiência de vida rica e significativa sobre a qual podemos escrever.

Prefácio

"Conhecimento profundo." Estas são as palavras do falecido Edwards Deming – o guru da área de gerenciamento e qualidade que, nos anos 1970 e 1980, ajudou os Estados Unidos a recuperarem sua posição de grande potência econômica. Ele usou essa frase para descrever o profundo conhecimento da natureza humana e os princípios necessários para compreender o conhecimento prático e fazer com que ele funcione.

Conhecimento profundo é exatamente o que este livro significa. Na realidade, eu diria "sabedoria profunda" porque entrelaça princípios eternos, universais e óbvios em todo o conhecimento que transmite. O grande educador Alfred North Whitehead fez a seguinte distinção entre conhecimento e sabedoria:

> *De certa forma, o conhecimento se retrai enquanto a sabedoria aumenta, pois os detalhes perdem-se nos princípios. Os detalhes do conhecimento que são importantes serão escolhidos ad hoc em cada atividade da vida, mas o uso efetivo de princípios bem compreendidos representa a conquista final da sabedoria.*

Rebecca e Roger Merrill não são apenas pessoas maravilhosas, eles formam um casal incrível. Como você poderá constatar, ambos praticam e vivenciam aquilo que ensinam. Eles não apenas aprenderam esses valores; eles os *conquistaram*, muitas vezes da maneira mais difícil, como humildemente reconhecem.

Espero que você compartilhe o meu entusiasmo por esta obra extraordinária. Quero partilhar o meu envolvimento com os autores. Acredito que quanto mais você compreender a ambos e as minhas experiências com eles mais assimilará o conteúdo deste livro.

Conheço Roger há muitos anos, estivemos juntos em vários empreendimentos e projetos, e posso afirmar, com toda a honestidade, que ele é uma das melhores pessoas com quem já convivi – uma magnífica mistura de coração, mente e espírito. Também o considero um dos melhores e mais sábios professores. Há cerca de 35 anos, Roger vem utilizando em suas palestras no mundo inteiro os mesmos conceitos expostos neste livro.

Rebecca tem sido um verdadeiro presente dos céus para mim. Tanto a edição impecável quanto as contribuições que ela fez para *Os 7 hábitos das pessoas altamente eficazes* foram vitais para o sucesso desse livro. Da mesma forma, a sua edição, assim como tudo o que escreveu com Roger para o nosso livro *Primeiro o mais importante*, foi fundamental para que ele se tornasse, pelo que sei, a obra de maior sucesso sobre gerenciamento de tempo. Rebecca também colaborou muito na edição e produção de *Os 7 hábitos das famílias altamente eficazes*, que acredito ser o melhor livro já publicado sobre a família. Não conheço pessoa mais ativa, mais conscienciosa, mais determinada e mais prestativa do que ela. Você compreenderá o que estou dizendo quando ler suas histórias, experiências e "descobertas".

Após trabalhar com Roger e Rebecca em *Primeiro o mais importante*, aprendi muito sobre tecnologia e ferramentas de gerenciamento de tempo. Sempre considerei Roger um maníaco por tecnologia. Ele dedica tanto tempo à análise das diferentes alternativas antes de comprar qualquer equipamento que maximize a eficácia e a eficiência, que eu simplesmente aceito o seu veredicto e economizo as horas que dedicaria a essa pesquisa. A forma como Roger pôs à disposição de Rebecca toda essa tecnologia fantástica proporcionou a ela um maravilhoso aperfeiçoamento de seus talentos.

Ao ler este livro, você encontrará o espírito dos bons professores porque eles sempre começam com a mente, a compreensão, as preocupações, as necessidades e as esperanças do aluno. Por exemplo, expõem com suavidade, mas ao mesmo tempo de modo incisivo, mitos populares e inverdades para poderem elucidar conceitos enganosos nos quais muitas pessoas passaram a inconscientemente acreditar, como:

"Equilíbrio significa nivelar a balança."

"Quanto mais rápido, melhor."

"A família e o trabalho são inimigos naturais."

Os Merril citam Oliver Wendell Holmes, que uma vez disse: "Eu não daria um figo pela simplicidade deste lado da complexidade; mas eu daria o meu braço direito pela simplicidade no lado oposto da complexidade." Quando você tiver avançado na leitura sobre as quatro áreas – trabalho, família, tempo e dinheiro –, perceberá e sentirá que está apreendendo a clareza no lado oposto da complexidade. E aquilo que eles chamam de os três "tenho de fazer" fundamenta esta obra de forma excelente.

Outra contribuição exclusiva deste livro é sua forma de abordar o tema do dinheiro e das finanças pessoais. Você verá com que propriedade os princípios apresentados nas três primeiras seções se aplicam a essa área vital, porém muitas vezes aflitiva da vida. Isso lhe dará uma crescente e imensa sensação de confiança nos princípios fundamentais, em você mesmo e na sua capacidade de aplicá-los em sua vida pessoal e familiar.

As empresas também descobrirão como é importante ensinar esses princípios da eficácia a seus funcionários. Nossas pesquisas apontam uma relação direta – eu diria óbvia – entre uma vida pessoal bem estruturada e níveis de eficiência no trabalho.

No fim das contas, a produtividade de uma organização depende da habilidade que cada indivíduo tem de focalizar e executar as principais prioridades de seu grupo de trabalho e de sua empresa. Ao implementar os "maximizadores" descritos no capítulo três, "O trabalho é importante", e estabelecer o equilíbrio dinâmico da vida que os autores descrevem, o valor que você tem para a sua organização aumentará consideravelmente.

Como tirar o máximo de proveito deste livro

Gostaria de dar duas sugestões para que você se beneficie o máximo desta obra:

Primeiro: *compartilhe* os sete capítulos com aquelas pessoas que você ama, com seus amigos ou colegas de trabalho. Quase todo mundo sabe que só aprendemos algo verdadeiramente quando o ensinamos a alguém. Portanto, eu faria esta leitura devagar e com atenção.

Segundo: discuta e implemente as idéias passo a passo. Se preferir, comece com passos básicos.

Vou lhe dizer o que acontecerá, caso decida seguir essas duas sugestões: as mudanças positivas na sua vida justificarão outras porque você estará compartilhando aquilo que está efetivamente aprendendo com humildade. Nesse processo, as pessoas passarão a vê-lo sob um novo ângulo. Dessa forma, velhos rótulos serão descartados, o que legitimará a mudança na sua cultura familiar e profissional e fará com que aqueles com quem você compartilhou e discutiu suas descobertas comecem a apoiá-lo. Uma das coisas que aprendemos no campo da mudança pessoal é que cultivar uma equipe de apoio é quase essencial, principalmente quando se busca uma mudança que seja real e sustentável.

Aprender e não pôr em prática significa não aprender. Saber e não implementar é o mesmo que não saber. Quando você começar a compreender e, em seguida, compartilhar o conteúdo deste livro com outras pessoas – sem pretender moldá-las, mas com a intenção sincera de transmitir-lhes seu aprendizado –, estará penetrando nessas quatro áreas, principalmente se você se comprometer e começar a efetuar as mudanças necessárias. Se, de tempos em tempos, você "sair dos trilhos", leia de novo o último capítulo sobre a sabedoria e inspire-se nas diversas idéias e citações. Outra opção é voltar aos dois capítulos iniciais para adquirir o intenso sentido de objetividade e a energia que acompanham o entendimento do porquê das coisas.

Embora eu trabalhe com Roger e Rebecca há cerca de vinte anos e já os tenha visto em ação em diferentes contextos, fiquei surpreso e encantado com seu novo material, com suas novas percepções e suas novas descobertas. Afirmo, com toda a convicção, que esta obra é profunda. É complexa e muito prática.

O conteúdo aqui apresentado não é absolutamente uma fórmula de sucesso idiota ou banal. Você descobrirá novos aspectos em cada tema. Busque-os. Antes da exposição da abordagem prática, os autores descrevem o contexto maior e os princípios. Os exemplos são numerosos. A leitura flui.

Quantos casais que você conhece poderiam produzir, com sinergia, um livro tão magnífico? Sinergia significa que "um mais um é igual a três ou mais". Em outras palavras, o total é maior do que o somatório das partes. Este livro é um produto sinérgico no qual as diferenças entre Roger e Rebecca se tornam forças. O fruto da sinergia deles fará com que pessoas em todas as situações e instâncias da vida se identifiquem com o bom senso nas quatro áreas – trabalho, família, tempo e dinheiro. O significado dessa abordagem? O bom senso não é lugar-comum.

Mas poderia ser.

Stephen R. Covey

1

CAPÍTULO UM

O QUE É IMPORTANTE?

O equilíbrio é belo.
– Miyoko Ohno

Um dos maiores impactos de acontecimentos como a guerra ao terrorismo, os escândalos das grandes corporações, o alto risco do mercado de ações e o 11 de setembro é o fato de todos eles nos colocarem, de maneira dramática e irrevogável, cara a cara com algumas das coisas que mais têm importância em nossa vida.

ROGER

Nas últimas três décadas, dei cursos sobre programas de gerenciamento de tempo e formação de líderes em empresas privadas e do setor público. Quase sempre, leva-se algum tempo para quebrar a barreira com que as pessoas se protegem e conduzi-las a uma reflexão mais profunda sobre a vida.

É óbvio que as pessoas se sentiam frustradas com a falta de equilíbrio em suas vidas. Na realidade, as pesquisas feitas pela FranklinCovey, com mais de trezentos mil participantes de seus seminários, mostram que, para a grande maioria, o crescente nível de insatisfação com esse desequilíbrio se tornara o desafio número um.[1]

Sem dúvida, elas se sentiam decepcionadas com as crescentes exigências das empresas e com a desintegração da família. Ninguém estava satisfeito com o fato de que o "sucesso" das empresas exigia jornadas de trabalho cada vez mais longas ou com o que as estatísticas sociais mostravam: as taxas de divórcio tinham mais do que duplicado, o número de suicídios entre adolescentes havia quase triplicado e o número de nascimentos de bebês de mães solteiras tornara-se quase quatro vezes maior nos últimos trinta anos[2] *– especialmente quando algumas dessas estatísticas refletiam o que estava acontecendo em seus próprios lares.*

Ainda assim, a opressiva necessidade que as pessoas tinham de justificar, de alguma maneira, seu próprio valor através de "ocupações" as levou a uma compulsão pela urgência que fez com que estar "ocupado demais" para fazer o que era mais importante, tanto no trabalho quanto em casa, passasse a ser aceito como um mal necessário – pelo menos na aparência.

Mas acontecimentos como os que citamos na abertura deste capítulo fizeram com que muitas pessoas mudassem seu modo de pensar. Agora, quando me aproximo de um grupo, há uma resposta mais imediata à necessidade de nos concentrarmos naquilo que é "importante" e não naquilo que é "urgente". Dedicar mais tempo à família e melhorar o desempenho profissional são objetivos considerados, cada vez mais, prioritários.

Mas a pergunta que todos se fazem é: COMO? COMO posso conseguir o melhor dos dois mundos?

COMO posso dar mais atenção à família e, ao mesmo tempo, também ser um excelente profissional?

E COMO posso fazer isso em meio aos desafios da vida atual, entre eles a insegurança no emprego, os problemas no âmbito familiar e a pressão econômica?

Rebecca

Para as mulheres, o desafio é particularmente enorme. O pêndulo moveu-se de maneira impressionante a partir da época anterior à Segunda Guerra Mundial, quando as mulheres eram essencialmente esposas, mães e donas-de-casa, para os anos 1970, quando muitas se convenceram de que não havia uma realização plena a não ser no "esplendor" do mundo empresarial, aos anos 1990, quando muitas começaram a sentir que haviam agido impensadamente ao tentarem se tornar "supermulheres" para conseguir fazer tudo... ao século XXI, pois, hoje em dia, embora elas tenham mais oportunidades de escolha do que nunca, muitas se sentem bem-sucedidas em seus trabalhos, mas inadequadas como mães, insatisfeitas ou não valorizadas em seus empregos e forçadas a trabalhar por pressão econômica ou por expectativa da sociedade.

Quantas mulheres sentem, de fato, prazer em seus trabalhos?

Quantas, realmente, se sentem bem em relação ao tempo que estão dedicando à família em termos de quantidade e qualidade?

Para quantas a escolha de um emprego não é determinada pela necessidade de ganhar dinheiro?

Quantas sentem que estão, de fato, realizando uma contribuição significativa para a empresa em que trabalham ou para o mundo?

Nós mulheres possuímos habilidades e talentos únicos que nos permitem alcançar papel de destaque tanto em casa quanto na profissão. Mas essa exclusividade – entre elas a de gerar e dar à luz – nos impõe desafios maiores quando se trata de estabelecer um equilíbrio entre trabalho e família. Existem assuntos sobre os quais todas as mulheres precisam discutir, e as respostas encontradas por algumas nem sempre servem para outras.

O equilíbrio da vida é assunto de grande interesse na nossa sociedade há décadas. Mesmo agora, uma época em que quase todos nós nos interessamos mais rapidamente por aquilo que é mais importante, ainda existem divergências – às vezes sérias – entre aquilo que afirmamos ter mais relevância e a maneira como verdadeiramente usamos o nosso tempo e nosso dinheiro.

Se você quer ter uma idéia de como essa divergência pode ser significativa na sua própria vida, pare um minuto e pegue sua agenda. Verifique o seu talão de cheques ou o extrato do seu cartão de crédito. Veja onde e em que você despendeu tempo e dinheiro nas últimas semanas. Será que decidiu investi-los em coisas que são realmente importantes para você?

Para muitas pessoas, infelizmente, a resposta para essa pergunta é "não". E as conseqüências podem ser percebidas em suas vidas.

Na nossa atividade, já vimos executivos bem-sucedidos que subiram os degraus do sucesso deixando para trás casamentos desfeitos e filhos que nem um bom-dia lhes dão; bem como outros que, embora dedicados à família, estão presos à mediocridade de seu trabalho. Conhecemos pais que se sentem culpados porque precisam comparecer a reuniões de negócios e, por isso, não podem acompanhar os filhos a jogos, e outros que se sentem culpados porque faltam a esses compromissos para estarem mais presentes na vida dos seus filhos.

Vimos mulheres que largaram suas casas para seguir carreiras e por isso se sentem culpadas por não terem tempo de estar com os filhos, e outras que abriram mão de sua vida profissional para ficar com eles, mas que sentem que suas capacidades e talentos inatos não estão sendo reconhecidos, valorizados e aproveitados. Vimos maridos e esposas que trabalham fora que mais parecem dois navios que se cruzam à noite, sofrendo em seus relacionamentos quando discutem sobre quem vai lavar os pratos, jogar o lixo fora e trocar as fraldas nessa nova sociedade composta por pais e mães que se dedicam a uma profissão.

Vimos casais passarem da excitação do nascimento de um filho para uma enorme angústia com a constatação de que ambos precisam continuar a trabalhar para manter o padrão de vida. Vimos mães e pais solteiros que se sentem desesperados com a luta para serem mamães, papais, provedores e seres humanos racionais ao mesmo tempo. Vimos pessoas cujos corações anseiam por passar mais tempo com a família ou contribuir de maneira mais efetiva para a sociedade, mas cuja disponibilidade de tempo e energia é refém de dívidas imensas, hábitos e estilos de vida que as impedem de fazer o querem. Vimos outras que dizem "dar valor" à união familiar e à independência financeira, mas que saem e fazem gastos não planejados, contraem grandes dívidas e, no processo, desgastam os relacionamentos.

E vimos todas essas coisas se acabarem na gangorra da economia. Nos últimos anos, por exemplo, as organizações foram praticamente forçadas a se mostrar mais "pró-família", a fim de atrair e manter os funcionários mais brilhantes e produtivos em seus quadros. Mas, como estamos escrevendo este livro em uma economia "de recessão", as organizações que seguem a linha "pró-família" o fazem exclusivamente por ideais e opção. Além disso, muitas pessoas se sentem felizes com o simples fato de terem um emprego.

Há anos exploramos esses intensos e freqüentemente pungentes tópicos do equilíbrio da vida, e tem ficado cada vez mais evidente que o trabalho, a família, o dinheiro e o tempo não são apenas áreas nas quais as pessoas podem promover pequenas melhorias e colher um grande sucesso. Eles são os elementos essenciais de um sistema muito complexo e interligado. E, enquanto acontecimentos como a retração da economia ou a ameaça de guerra são capazes de fazer com que o pêndulo se mova e, com isso, dirigir a nossa atenção para um ou outro elemento, o maior retrato da história e a nossa própria experiência confirmam a verdade de que, ao longo dos anos, o trabalho, a família, o dinheiro e o tempo são, todos eles, questões importantes e que não é possível manter uma qualidade de vida sem alcançar um sucesso razoável em cada uma dessas áreas vitais.

O QUE É IMPORTANTE DE FATO

O trabalho é importante. Ele significa muito mais do que um emprego ou uma carreira – corresponde a um princípio de qualidade de vida fundamental e enobrecedor. É através dele que provemos o nosso sustento e o da nossa família. É como expressamos amor, como contribuímos e como alimentamos a espiritualidade e a criatividade que possuímos.

A família é importante. Ela é o princípio fundamental da felicidade pessoal e de uma sociedade reformadora e renovadora. O "sucesso" mais importante, o sucesso no lar, significa fazer com que cada geração seja melhor do que a anterior e é a principal maneira pela qual contribuímos para a sociedade como um todo.

O tempo é importante. Ele é um quantificador do valor, da troca, no equilíbrio da vida. Podemos falar sobre tudo o que queremos e até sonhar com isso, mas, na análise final, aquilo que fazemos ou deixamos de fazer enquanto vivemos cada dia é o que conta. A maneira como usamos o tempo reflete a capacidade que temos de nos concentrar e, portanto, de atingir nossas principais prioridades. É o que mede a nossa capacidade de expressar o que é mais importante naqueles momentos decisivos do dia-a-dia.

O dinheiro é importante. Ele também é um quantificador do valor e está intimamente relacionado a quase todos os assuntos que cercam as relações entre trabalho, família e tempo. É uma manifestação concreta do valor que os outros dão ao nosso tempo e energia de vida, além de uma manifestação do valor que damos às "coisas" que o dinheiro pode comprar. Gastar dinheiro significa trocar resultados de um esforço passado ou empenhar tempo futuro na tentativa de melhorar a qualidade dos momentos atuais e futuros para nós mesmos e para as outras pessoas. Saber administrar o dinheiro é o desafio que tem mais probabilidade de ser verdadeiramente útil para o desenvolvimento da disciplina e do caráter.

A sabedoria é importante. Como a vida é dinâmica, o verdadeiro desafio não se encontra no "equilíbrio", mas no equilibrar. Significa desenvolver a *capacidade* de equilibrar – dia sim, dia não – as circunstâncias, únicas e sempre diferentes, da nossa vida. Conseqüentemente, ter sabedoria é essencial não apenas para o planejamento a longo prazo e para o estabelecimento de metas, mas também, e especialmente, para aqueles "momentos decisivos" do dia-a-dia – situações que testam a nossa integridade, aumentam a nossa percepção, desafiam a nossa mente, ameaçam nos desviar de caminhos preestabelecidos ou abrem portas a oportunidades não previstas. Assim, em qualquer momento decisivo, nós *não* nos permitimos decidir – a indecisão é a decisão. A vida continua. As conseqüências surgem. Ter o bom senso de fazer escolhas sábias todos os dias é o que nos permite combinar, sempre, trabalho, dinheiro e tempo em um equilíbrio satisfatório.

O desafio, então, significa alcançar o sucesso em cada uma dessas quatro áreas da vida – trabalho, família, tempo e dinheiro – e desenvolver a sabedoria de equilibrá-las com sinergia no caleidoscópio das circunstâncias nas quais vivemos.

Uma avaliação pessoal

Antes de prosseguir com sua leitura, gostaríamos de sugerir que você parasse alguns minutos para avaliar como se sente em relação a cada um desses elementos vitais da sua vida. Pode ser que considere útil responder às perguntas a seguir. Após ler cada grupo de afirmações, marque com um círculo o número que melhor representa o lugar onde você está: *0* significa que a afirmação à esquerda é a que melhor o descreve; *4* significa que a afirmação à direita é a que melhor o identifica; *1*, *2* ou *3* significa que você tem mais afinidade com alguma posição no meio.

TRABALHO

Na realidade, eu não gosto muito do meu trabalho. Talvez porque: • Meu ambiente de trabalho (meu supervisor, meus colegas, a falta de liberdade ou de oportunidades, etc.) é horrível. • Sinto que meu emprego é inexpressivo e monótono, mas não possuo as qualificações que me permitiriam fazer algo de que eu gostasse mais. • Só trabalho porque preciso.	0 1 2 3 4	Eu adoro meu trabalho. Sinto-me feliz por poder contribuir.
Sou um funcionário razoável, mas acho que nem meu supervisor, nem mesmo eu, diria que sou ótimo. Não recebo os aumentos, avaliações ou promoções de que gostaria.	0 1 2 3 4	Sinto que sou um bom trabalhador. Faço bem meu trabalho e acredito que meu empregador classificaria meu desempenho como "excelente".
Se eu perdesse o emprego, não saberia o que fazer.	0 1 2 3 4	Minha empregabilidade não é problema. Como tenho formação e habilidades adequadas, se eu perdesse o emprego, não teria dificuldade em conseguir outro.

Minha família não sabe ou pouco sabe o que eu faço. Raramente falamos sobre meu trabalho (exceto quando reclamo), e nunca levo membros da família para o local onde trabalho. Tudo o que sabem é que, quando estou lá, não os estou ajudando em casa.	0 1 2 3 4	Minha família aprecia o trabalho que faço. Eles conhecem o local onde trabalho. Vêem minha atividade como uma contribuição positiva para o bem-estar deles e também para o das pessoas que usam o produto ou o serviço que ajudei a desenvolver.
Acho que trabalho demais e que negligencio a minha família.	0 1 2 3 4	Sinto-me satisfeito com a quantidade e com a qualidade do tempo que passo no trabalho e com os resultados obtidos.

Total de pontos do *trabalho* (0-20): _________

FAMÍLIA

Sei que a família é importante, mas sinto que requer muito trabalho. São muitas as demandas e discussões, muitas pessoas a agradar.	0 1 2 3 4	Adoro a minha família. Gosto muito de conviver com eles diariamente, e eles também apreciam a minha companhia.
Não sei o que fazer para melhorar a vida familiar. Quando chego em casa, sinto-me tão cansado que quero apenas ficar sozinho e dormir.	0 1 2 3 4	Tento ser – e acredito que sou – um bom membro da minha família (marido, esposa, pai, mãe, etc.). Sinto prazer e satisfação em investir no meu papel na família.

Na minha família as únicas coisas que fazemos juntos são atividades recreativas – tirar férias, ir ao cinema ou a jogos, etc.	0 1 2 3 4	Como um grupo, sabemos trabalhar, aprender e brincar juntos. Gostamos de fazer tudo isso e dos resultados que obtemos.
Vivemos na mesma casa, mas é como se fôssemos indivíduos caminhando em direções opostas. Não nutrimos ideais, não temos conversas francas nem confiamos uns nos outros para que possamos formar uma equipe.	0 1 2 3 4	Compartilhamos os mesmos ideais e geralmente conversamos sobre tudo e resolvemos os problemas em comum acordo. Juntos, sentimos que somos fortes e flexíveis o bastante para enfrentar os grandes desafios da vida e lidar com eles.
Não me sinto satisfeito com o tempo que passo em casa. O trabalho e outras atividades me mantêm longe da família por muito tempo.	0 1 2 3 4	Sinto-me satisfeito com o tempo que passo com a minha família em termos de quantidade e qualidade, bem como com o resultado dessa convivência.

Total de pontos da *família* (0-20): _________

TEMPO

Sempre estou correndo, tentando fazer tudo o que precisa ser feito. E muitas vezes essas coisas não são tão importantes.	0 1 2 3 4	Procuro resolver aquilo que é prioritário. Sinto-me satisfeito em poder dedicar tempo às coisas que são mais necessárias.

Estou constantemente dividido entre trabalho e lar. Mantenho-me sempre ocupado, mas percebo que não estou atendendo a nenhum dos dois.	0 1 2 3 4	Sinto-me satisfeito com a maneira pela qual equilibro o meu tempo entre trabalho e família e com os resultados obtidos.
Raramente tenho tempo para investir no meu crescimento ou em novas amizades. Sei que fazer ginástica e me alimentar bem é importante, mas não faço nada disso. Estou sempre tão ocupado, parece que nunca tenho tempo.	0 1 2 3 4	Reservo regularmente algum tempo para investir no meu crescimento pessoal e em novas amizades. Também dou especial atenção ao meu bem-estar físico para que saúde e energia não sejam fatores limitadores na minha vida.
Para mim, a tecnologia é: • Um labirinto – confuso e opressor. Não tenho a menor idéia de como chegar ao final. • Um "mal necessário"– um "tenho de aprender" que constantemente enfrento no trabalho. • Um "buraco negro" que suga todo o meu tempo e dinheiro – e, em troca, produz poucos resultados positivos.	0 1 2 3 4	Aprecio a tecnologia. Invisto uma boa quantidade de tempo em me manter atualizado. Para conseguir aquilo que considero mais importante, uso a tecnologia com eficiência.

Total dos pontos do *tempo* (0-20): _______

DINHEIRO

Não sei para onde o dinheiro vai. Parece que sempre temos gastos não programados e que sempre estamos com as contas atrasadas. O fator financeiro é uma preocupação constante em nossa vida.	0 1 2 3 4	Sinto-me satisfeito em ter recursos suficientes para suprir as nossas necessidades e sempre empregarmos o dinheiro naquilo que é importante.
• Tenho débitos no cartão de crédito e pago juros todos os meses. • Mesmo que eu receba um aumento, o dinheiro desaparece e me sinto exatamente onde estava antes. • Não tenho economias reservadas para a minha aposentadoria, para pagar uma faculdade para meus filhos, nem para atender outras necessidades futuras. • Eu, viver dentro de um orçamento? Você deve estar brincando!	0 1 2 3 4	Sinto que desenvolvi um bom grau de competência financeira. Minhas contas estão em dia, não tenho dívidas grandes, vivo de acordo com o que recebo e contribuo para um bom plano de pensão, além de economizar para outros fins.
As finanças são um assunto espinhoso na nossa família. Geralmente não conversamos sobre isso – brigamos por causa disso. Nunca estamos de acordo sobre como ganhar e no que gastar, e não existe coerência em nossos gastos.	0 1 2 3 4	As finanças são um dos pontos fortes da nossa família. Lidar com assuntos relativos ao uso do dinheiro nos ajudou a desenvolver os mesmos ideais e valores, sistemas eficazes, força de caráter, uma comunicação aberta e a confiar um nos outros.

Basicamente vivemos de salário mês a mês e temos pouca ou quase nenhuma economia. Se um de nós perder o emprego, ficaremos muito mal.	0 1 2 3 4	O bem-estar financeiro da nossa família não está à mercê do acaso. Temos economias suficientes para atravessarmos períodos difíceis.
• Apenas compramos as coisas que os nossos filhos querem ou aquelas de que eles precisam. • Tentamos dar aos nossos filhos atividades remuneradas ou mesadas e os incentivamos a ter mais cuidado com o dinheiro. Em qualquer dos casos, não nos reunimos com eles para transmitir os princípios básicos sobre *bem-estar financeiro.* (Na verdade, nem mesmo temos certeza de que conhecemos esses princípios!)	0 1 2 3 4	Regularmente aproveitamos as oportunidades para ensinarmos a nossos filhos noções práticas de gerenciamento financeiro que os capacitarão a administrar bem o dinheiro quando tiverem suas próprias famílias.

Total de pontos do *dinheiro* (0-20): ______

SABEDORIA

Fico perdido nas atribulações do dia-a-dia. É difícil manter um sentido de direção e de propósitos. Não consigo reconhecer os ditames da consciência. Freqüentemente me sinto confuso e dividido.	0 1 2 3 4	Possuo uma visão ampla do significado e dos objetivos da minha vida e vivo cada dia segundo minha própria consciência.

Tenho dificuldade em tomar decisões, em distinguir o que é realmente mais importante em determinado momento.	0 1 2 3 4	Sinto-me confortável ao tomar decisões no dia-a-dia e sei que elas contribuem de maneira positiva para os meus objetivos e para o equilíbrio da vida.
Fico frustrado quando surgem coisas inesperadas que significam uma ameaça aos meus planos para aquele dia.	0 1 2 3 4	Sou capaz de executar trabalhos imprevistos com segurança e eficiência.
Tenho boas idéias, mas quase nunca tenho tempo para ler. Quando o faço, a leitura em geral é relacionada ao trabalho ou é voltada para o lazer ou para a fuga da realidade. Raramente dedico um tempo para ler algo mais profundo e enriquecedor.	0 1 2 3 4	Regularmente reservo um tempo para renovar meu estoque de sabedoria, de bom senso e de poder de observação.
Nossa família quase nunca dedica tempo à leitura e à discussão de obras de grandes pensadores.	0 1 2 3 4	Nossa família tem o hábito de ler e discutir importantes obras filosóficas.

Total de pontos da *sabedoria* (0-20):_______

Total geral de pontos (0 a 100): _________

O seu total geral lhe mostrará um panorama holístico de como você se sente em relação ao trabalho, à família, ao tempo e ao dinheiro. Também revelará o seu grau de satisfação com a maneira como integra esses elementos em um todo harmônico e compensador. Os totais parciais vão destacar as áreas em que existe um potencial maior de melhora. Para que você possa registrar o seu índice de melhora, recomendamos que responda a esse questionário periodicamente.

Como a vida está se movendo velozmente, ter um desses elementos essenciais nos eixos torna-se um problema cada vez mais difícil de resolver. Se o seu índice de empregabilidade e de eficiência no trabalho não é muito bom; se você não tem caráter nem competência para ser um bom marido, uma boa esposa, um bom pai ou uma boa mãe, um bom filho ou uma boa filha, um bom irmão ou uma boa irmã; se você está mergulhado em dívidas e se sente constantemente pressionado por preocupações financeiras; se você se sente estressado por nunca ter tempo e não conseguir resolver seus assuntos mais importantes, todas essas coisas estão causando impactos muito negativos na qualidade da sua vida.

Mas a boa notícia – na verdade, uma ótima notícia – é o fato de que, quando conseguimos ter trabalho, família, dinheiro e tempo alinhados e agindo juntos, eles não apenas nos proporcionam uma sensação de competência e de realização em cada área individual como estabelecem uma forte sinergia e uma obstinação que nos mantêm caminhando com disposição redobrada e um amplo sentimento de satisfação com a vida. Além disso, transformam os desafios diários em "pesos para treinar resistência", os quais, por sua vez, proporcionam sabedoria, firmeza moral e equilíbrio de vida permanentes.

O que você pode esperar deste livro

E, então, como agir? Como ser eficiente ao lidar com cada uma dessas quatro áreas, além de combiná-las em um sistema de vida sinérgico que cria essa força capaz e positiva?

Questões fundamentais da vida é exatamente sobre isso.

Trinta e cinco anos de experiência pessoal e profissional nos convenceram de que existem três "tenho de fazer" centrais e de excelente retorno que são absolutamente essenciais para que um indivíduo possa estabelecer o equilíbrio de sua vida de modo eficaz. No capítulo dois, exploraremos esses "tenho de fazer" essenciais. Nos capítulos três, quatro, cinco e seis, os usaremos como estrutura para lhe mostrar como produzir uma mudança positiva na maneira específica como você lida com o trabalho, a família, o dinheiro e o tempo. No capítulo sete, você aprenderá a desenvolver a sabedoria que lhe permitirá juntar esses quatro elementos em um todo eficaz e satisfatório.

Enquanto exploramos esses elementos essenciais do equilíbrio da vida, lhe pediremos que faça a si mesmo algumas perguntas bem difíceis sobre os seus mais enraizados valores, atitudes, razões e hábitos. Sua maior contribuição para essa experiência será uma total honestidade, o que o tornará capaz de enfrentar essas perguntas – e respostas – de frente.

Também faremos sugestões específicas e práticas sobre como alcançar essas respostas. Tais sugestões, embora simples, não são simplistas. Seguindo o princípio de Oliver Wendell Holmes – "Eu não daria um figo pela simplicidade neste lado da complexidade; mas eu daria o meu braço direito pela simplicidade no lado oposto da complexidade" –, analisamos pilhas de material e tentamos resumi-las em idéias e costumes simples, de alto impacto e de excelente retorno. As práticas orientações de *fazer* "do lado oposto" têm como suporte a racionalidade, a pesquisa e a experiência. E, como pessoas no mundo inteiro afirmam, elas funcionam. São realizáveis. Nasceram de princípios eternos. Podem ser adaptadas a qualquer situação. Também incluímos uma bibliografia de obras selecionadas para aqueles que desejarem aprofundar seus estudos.

No entanto, enquanto estiver lendo, pediremos que tenha sempre em mente que você está ao volante. Uma sugestão que pode ser perfeita para alguém talvez não seja a ideal para você. Compartilharemos nossas experiências e esperamos que elas lhe forneçam discernimento. Mas lembre-se sempre: você é único. A sua situação é única. A sua família, as suas amizades, o seu trabalho e os seus desafios são todos únicos. Essa é a razão pela qual somente você é capaz de decidir como esses princípios podem ser mais bem adaptados à sua situação.

Os métodos que apresentaremos neste livro provavelmente desafiarão a sua mente. Mas nós lhe asseguramos: se você estiver de fato disposto a questionar os seus mais íntimos paradigmas e examinar, com atenção, os pontos de divergência, será capaz de produzir uma sensação de equilíbrio em sua vida que se irradiará do fundo do seu ser às maiores decisões ou aos menores detalhes do seu dia-a-dia.

Nossas próprias lutas e o trabalho que realizamos com pessoas do mundo inteiro nos convenceram de que, se você analisar o conteúdo deste livro com a mente aberta, com vontade e perseverança, poderá elaborar uma abordagem personalizada e bastante forte de valores que o capacitarão a lidar com os desafios e as oportunidades. Dessa maneira, conseguirá equilibrar com eficiência o trabalho, a família, o dinheiro e o tempo em um mundo que está cada vez mais acelerado.

CAPÍTULO DOIS

2

OS TRÊS "TENHO DE FAZER"

Você pode fazer o que quiser, mas não pode fazer tudo.
– William Ray Rippy

Vivemos em um mundo cheio, transbordando de livros, programas de televisão, seminários, fitas, CDs, artigos e sites que contêm milhares de idéias sobre como tornar a vida melhor. Essas sugestões variam de pequenas ações – como medir a quantidade de água que bebemos em um dia usando apenas um único copo – a grandes atitudes – como escutar com boa vontade e assim melhorar uma relação que está desgastada.

Muitas idéias são boas. Algumas são excelentes. Mas existem somente poucos "tenho de fazer" essenciais capazes de produzir uma diferença realmente substancial – o seu impacto é enorme e as suas implicações tão abrangentes que, na verdade, eles formam uma classe separada.

No que se refere ao equilíbrio da vida, os "tenho de fazer" básicos são:

1. Legitimar expectativas.

2. Maximizar esforços.

3. Desenvolver uma inteligência orientadora.

Quando exploramos a força desses três "tenho de fazer", abrimos as portas a um aumento da capacidade de estabelecer o equilíbrio da vida.

"TENHO DE FAZER" UM: LEGITIMAR EXPECTATIVAS

Quando nossas ações partem de pressupostos e paradigmas incompletos, imprecisos ou distorcidos, não existe a menor possibilidade de conseguirmos obter resultados melhores. Portanto, alinhe as suas expectativas com a realidade – com a maneira como as coisas são de fato – e com os princípios universais e eternos que produzem os resultados positivos que você quer alcançar.

Anos atrás, um colega compartilhou a seguinte experiência conosco:

Enquanto aguardava seu vôo no aeroporto de Heathrow, em Londres, uma mulher decidiu comprar um pacote de biscoitos amanteigados. Após se dirigir à área de embarque, ela arrumou cuidadosamente a bagagem e já ia se sentar quando um homem se aproximou e, com um gesto, indicou que queria se sentar na cadeira ao lado da dela. Ela permitiu e ele se sentou.

Alguns instantes depois, a mulher decidiu comer alguns dos biscoitos que havia comprado e inclinou-se para pegar o pacote. Ao abri-lo, percebeu que o homem a seu lado a observava com grande interesse. Ela havia pegado o primeiro biscoito e começado a comê-lo quando, para sua grande surpresa, o homem se inclinou e, sorrindo, pegou o segundo biscoito.

A mulher, estupefata e perplexa com a audácia dele, continuou a comer o biscoito. Em seguida, ela pegou o terceiro biscoito; contudo, mal acabara de apanhá-lo quando o homem, sorrindo e sem dizer nada, estendeu a mão e pegou o quarto biscoito. Enquanto a situação se repetia, a indignação dela crescia. Eles continuavam em total silêncio – ela pegava um biscoito e ele pegava outro, até que chegaram ao fim do pacote e restou apenas um biscoito.

Sem hesitar, o homem se inclinou, pegou o último biscoito, dividiu-o ao meio e, tranqüilamente, entregou-lhe uma das metades. A mulher pegou o seu pedaço com um olhar gélido. Após acabar de comer a sua metade, o homem se levantou sorrindo. Com um gesto de despedida, virou-se e foi embora.

A mulher não podia acreditar que uma pessoa pudesse ser tão arrogante e mal-educada. Ela estava muito agitada, roendo-se de raiva. Dirigiu-se, então, a uma loja do aeroporto para comprar uma caixa de antiácidos. Ao abrir a bolsa para pegar o dinheiro, parou surpresa.

Lá, na sua bolsa, estava o seu pacote de biscoitos amanteigados fechado![1]

Você pode imaginar a vergonha e a humilhação dessa mulher ao perceber o erro que cometeu? Reflita sobre as atitudes e o comportamento dela – inapropriados, grosseiros, potencialmente destruidores –, e tudo por causa de sua maneira de *enxergar* a situação. Se ela tivesse visto as coisas como elas eram de fato, aquela experiência poderia ter sido muito diferente! Em vez de perder todo aquele tempo e energia lutando contra o choque, a suspeita e o embaraço, ela poderia ter tido uma conversa agradável com um homem que tinha bons modos, caráter, charme e um ótimo senso de humor.

Como meros observadores, para nós é fácil rir da situação. Contudo, na maior parte do tempo, não somos observadores: somos os participantes de situações reais da vida nas quais nossas próprias atitudes e comportamentos são o resultado de padrões de conduta desconhecidos, errôneos ou imperfeitos. Nesses momentos, não conseguimos rir com tanta facilidade. Convivemos com as dores, as frustrações e os maus julgamentos. Muitas vezes, nunca chegamos à cena final quando descobrimos que todas as suposições básicas que nos causaram tanto sofrimento estavam erradas desde o começo.

Pare um minuto e imagine qual poderia ter sido a sua própria participação nessa experiência. Suponha, por exemplo, que você entrasse no avião e encontrasse aquele homem sentado ao seu lado. Qual seria a sua reação quando trouxessem a comida? Você acha que comeria com o garfo pronto para atacá-lo enquanto o olhava de lado?

Agora imagine se você já tivesse descoberto tudo. Essa descoberta afetaria o modo como você se sentiria ao ver aquele homem sentado ao seu lado no avião? Um pouquinho ou muito?

O ponto é o seguinte: como a nossa maneira de ver afeta nossos pensamentos e nossas atitudes de forma tão radical, é fundamental *vermos* com clareza. E, quando se trata de expectativas, isso é especialmente verdadeiro, pois são elas que estabelecem as bases das decisões, das ações e dos resultados de nossa vida.

As expectativas também dão origem à maior parte das frustrações que sentimos. Como Stephen Covey observou, a "frustração é uma função da expectativa". Como as expectativas têm como base a ilusão ou aquilo que desejamos que fosse verdade e como elas não levam em consideração a realidade da própria situação, nós, provavelmente, ficamos desapontados e frustrados a maior parte do tempo.

Em *Primeiro o mais importante*, explicamos a maneira como *vemos* de acordo com o ciclo "Ver-Fazer-Obter" apresentado na figura a seguir:

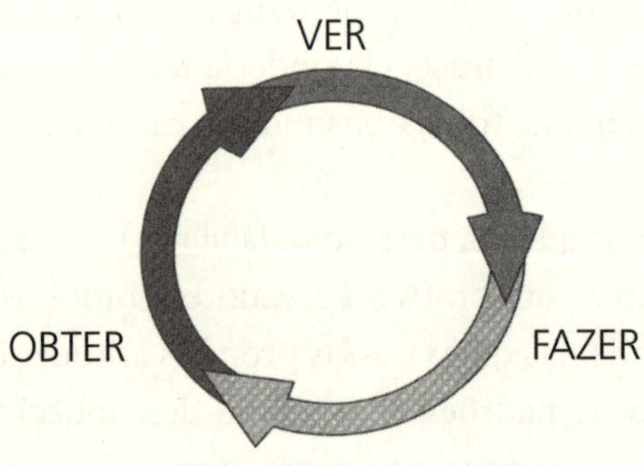

O fato é o seguinte: o que *vemos* determina o que *fazemos*. E o que *fazemos* determina o que *obtemos*. Dessa forma, se realmente quisermos modificar os resultados alcançados em nossa vida, o melhor ponto para começarmos a trabalhar é a maneira pela qual *vemos*.

Alinhando a visão com o "real" e o "realista"

A melhor maneira de intervirmos no nível do *ver* é legitimarmos as nossas expectativas de duas maneiras muito eficazes:

- Com o que é "real": os princípios norteadores, universais e eternos que governam toda a vida.
- Com o que é "realista": o que podemos esperar conseguir nos tornar na nossa própria situação.

Ao alinharmos as expectativas dessas duas maneiras, criamos as condições para gerar o equilíbrio da vida.

E, então, o que é "real"?

Os *princípios* são reais. São as máximas universais e eternas que governam a vida. São fundamentos sólidos – que não se desintegrarão com o passar dos anos nem desaparecerão com filosofias e modas efêmeras. Compreender quais são eles significa alinhar nossas expectativas com os princípios que farão com que tenhamos padrões de pensamentos e condutas que proporcionam um sucesso duradouro.

Veja a confiança, por exemplo. A confiança é um princípio eterno. Age em nossa vida e nos nossos relacionamentos, tenhamos ou não consciência da sua presença, quer a respeitemos ou não. Se a *valorizarmos* e *virmos* os relacionamentos como uma conquista de confiança, iremos fazer coisas que são dignas de confiança. Trataremos as pessoas com consideração. Guardaremos segredo das confidências. Manteremos a palavra. Agiremos de uma maneira que reflita a nossa preocupação com o bem-estar dos outros. E, em geral, como resultado, conquistaremos amigos nos quais poderemos confiar totalmente e que nos ajudarão a atravessar os períodos de dificuldades.

Por outro lado, se *não* valorizarmos a confiança e, em vez disso, considerarmos a vida e as amizades em termos de uma autogratificação imediata – "O que posso ganhar com isso?" –, estaremos mais propensos a fazer coisas capazes de oferecer um retorno maior a curto prazo, mas não conquistaremos amizades boas e duradouras. Podemos fazer promessas que não pretendemos cumprir. Podemos ajudar pessoas hoje e, amanhã, apunhalá-las pelas costas. Podemos nos envolver em práticas comerciais ilícitas que geram um lucro imediato – mas, a longo prazo, quais serão os resultados? Tais ações jamais nos permitirão conquistar amizades boas e sólidas, tampouco nos propiciarão um sucesso permanente.

Roger

Uma ocasião, quando eu estava conduzindo um seminário sobre gerenciamento e abordei o tema da confiança, um dos participantes contou uma história muito triste.

Ele disse que o diretor executivo da empresa para a qual trabalhava tinha se aposentado havia pouco tempo. O diretor era arrogante e quase brutal no trato com as pessoas. Ele, evidentemente, achava que a sua postura inflexível e as decisões duras que tomava eram muito benéficas à empresa e que todos os funcionários as aprovavam.

No dia seguinte à sua festa de despedida, ele retornou ao escritório para pegar algumas coisas que tinham ficado lá. Aquele homem não possuía mais nenhuma autoridade. Seu cartão de identificação não foi reconhecido pelo sistema de segurança. Quando ele pediu ao responsável pela segurança que o deixasse entrar, não foi atendido. Após ser tratado com grosseria durante anos, o guarda podia finalmente se vingar, e o fez!

Depois de vários contratempos, o ex-diretor executivo conseguiu, finalmente, entrar no prédio. Mas, enquanto se encaminhava para a sua antiga sala, ninguém lhe dirigiu a palavra, ninguém se ofereceu para ajudá-lo. Apenas olharam para ele com imenso desdém. Ficou óbvio que não tinham o menor respeito por ele e, como aquele homem não tinha mais autoridade, as pessoas não precisavam tratá-lo bem e, por isso, não o fizeram.

A constatação das conseqüências de seu comportamento o atingiu em cheio. Ele percebeu que o "respeito" que achava que inspirava nada mais era do que uma reação à sua autoridade e ao controle financeiro que exercia. Não havia um respeito verdadeiro porque não havia alguém a respeitar.

O ponto é o seguinte: enquanto paradigmas errôneos *aparentemente* produzem resultados temporários, *ver* a vida segundo os princípios eternos – como a confiança – é, de maneira clara e absoluta, fundamental para qualquer sucesso de vida permanente.

E isso se refere também a ver a vida em termos do que é realista.

Suponhamos que você tenha se convencido de que a confiança é o princípio da eficácia e que decida adotá-la como diretriz de vida. Mas, se há anos você age segundo outros paradigmas, tomando atitudes que geraram mágoa nos seus relacionamentos com outras pessoas, é justo esperar que, por ter mudado a sua maneira de pensar e agir, todos os problemas gerados pelo seu padrão de comportamento anterior desapareçam imediatamente?

Não, não é. Contudo, é razoável esperar que existem coisas que, se forem realizadas, farão uma enorme diferença com o passar do tempo. Você pode, simplesmente, pedir desculpas. Ou se esforçar para corrigir problemas e repor perdas geradas por suas ações. Também pode começar a interagir com integridade em cada situação. Ou passar a construir laços de confiança e reconquistar amizades perdidas. Mesmo que as pessoas com quem você está se relacionando decidam não responder de maneira positiva, sua iniciativa estará gerando uma poderosa diferença positiva. Ao valorizar a confiança, você estará moldando o seu próprio caráter e aumentando, e muito, a sua capacidade de lidar de maneira mais eficaz com amizades futuras.

Isso melhorará a qualidade da sua vida, porém não significa "um conserto rápido". E, se você esperar que seja, é bem provável que fique desapontado.

Quando começar a pensar na vida em termos da conduta realista, tenha em mente que isso *não* significa que você não possa sonhar. Na realidade, o oposto é que é verdadeiro. Enquanto os seus sonhos estiverem em harmonia com os princípios, a conduta realista é que lhe permitirá concretizá-los.

Erik Weihenmayer tinha um sonho – escalar o monte Everest. Muitas pessoas já haviam tido esse sonho. Menos de cem o realizaram, e Erik foi uma delas.

Mas o que tornou o seu feito uma conquista tão impressionante foi o fato de ele ser cego.

Ao discursar em um simpósio da FranklinCovey, Erik contou como, encorajado pelo exemplo de Helen Keller – que "pegou a percepção que o mundo tinha a respeito dos portadores de deficiência física e a quebrou em milhares de pedaços" –, ele estabeleceu a meta de escalar aquela montanha. Mas Erik não tinha nenhuma ilusão sobre as dificuldades que o aguardavam. E foi com essas expectativas realistas que conseguiu lidar com as suas próprias limitações. Pagou o preço para poder estar em excelentes condições físicas. Passou anos lutando para se tornar um alpinista de renome internacional e escalou muitas encostas antes de tentar o Everest. Esforçou-se bastante para conquistar a confiança da equipe de alpinistas que o acompanhava. Descobriu maneiras que compensassem a visão que ele não tinha, como colocar sinos minúsculos nos alpinistas que iam à sua frente.

Erik não foi apenas um sonhador, ele foi realista. Uma das razões pelas quais pôde realizar um sonho tão fantástico foi ter enfrentado a realidade do que era e desenvolvido métodos – na sua situação específica – para alcançar o seu objetivo.[2]

E assim também fez o almirante James B. Stockdale.

ROGER

Há algum tempo, apresentei um programa para diretores executivos no Arizona. O especialista em liderança e gerenciamento Jim Collins fez a sua apresentação um pouco antes da minha. Ele estava falando sobre um livro seu no qual compartilha uma pesquisa sobre como identificar as características das empresas que conseguiram "dar o salto" e alcançar prestígio e sucesso permanentes. Como eu havia chegado cedo, fiquei muito feliz de poder assistir à sua apresentação.

Jim relatou uma entrevista que fizera com o almirante Stockdale, o oficial de patente mais elevada em um campo de prisioneiros durante a guerra do Vietnã. Durante os oito anos em que ficou preso, Stockdale foi submetido a situações horrorosas. Ele foi torturado cerca de vinte vezes. No entanto, conseguiu liderar, inspirar seus homens e ajudá-los a desenvolver maneiras de se comunicarem e suportarem o que estavam passando.

Quando Jim lhe perguntou como ele tinha conseguido sobreviver, o almirante respondeu: "Jamais duvidei de que eu não apenas sairia de lá vivo como também de que tornaria aquela experiência a mais marcante da minha vida." Segundo ele, os "otimistas" – aqueles que achavam que não estariam mais lá no Natal, ou na Páscoa, ou no Dia de Ação de Graças, ou no próximo Natal, no final não conseguiram sobreviver. Eles "morreram de tristeza".

Para concluir, ele disse: "Você não pode jamais confundir a confiança de que, no final, você vai vencer – de que não pode se dar ao luxo de perder – com a disciplina para enfrentar os fatos mais brutais da realidade que está vivendo naquele momento, qualquer que seja ela."

Jim passou a chamar isso de "Paradoxo de Stockdale" e disse que tinha ficado surpreso ao descobrir que essa era uma característica comum a todas as empresas de sucesso que ele e a sua equipe haviam pesquisado. Em seu livro, Jim afirma que o "Paradoxo de Stockdale" é a assinatura de todos os que geram grandeza, seja na condução das suas próprias vidas, seja na dos outros.[3]

Para nós, o "Paradoxo de Stockdale" é um exemplo da força que adquirimos quando depositamos uma confiança inabalável nos princípios fundamentais e eternos que governam a vida e nas muitas realidades brutais e aterrorizantes do "aqui e agora".

Mitos e equívocos

Para exemplificar o modo como as expectativas afetam a nossa capacidade de criar o equilíbrio da vida, vamos examinar alguns mitos e equívocos que não estão alinhados com o que é "real" e "realista". Enquanto você estiver lendo, observe se um ou mais desses mitos e equívocos refletem o seu modo de pensar e qual a influência que exercem naquilo que você faz e nos resultados que obtém. Leve em consideração a diferença que existiria se as suas expectativas estivessem mais alinhadas.

Mito um: uma vida ideal é aquela sem preocupações

Embora não percebamos, vivemos com a ilusão de que a vida ideal é aquela que não nos dá aborrecimentos. Quando tudo está dando errado ou não está saindo do jeito que planejamos, ficamos surpresos. Vivemos com a ilusão de que os outros – em geral, aqueles cujas vidas invejamos – não enfrentam dificuldades. Além disso, achamos que, por termos problemas, possuímos algum tipo de deficiência ou somos marcados pelo destino. Como conseqüência, vemos as adversidades como "bolas com efeito" que nos deixam atordoados na hora de agarrá-las.

Mas pense nisto: esquecendo as revistas e as imagens criadas pela mídia, quantos homens e mulheres você conhece pessoalmente que não enfrentam problemas ou desafios? Você, por acaso, já viveu a experiência de achar que determinada pessoa não tinha problemas, mas, ao se aproximar mais, descobriu que ela estava diante de dificuldades que você ignorava? Olhe para trás, para os séculos de história da humanidade. Consegue ver alguma evidência de que a vida neste planeta foi um "passeio" para a grande maioria das pessoas ou de que os desafios não são parte integrante da vida?

Como observou o escritor e psicólogo M. Scott Peck:

A vida não é fácil. Esta é uma grande verdade, uma das maiores verdades. É uma grande verdade, pois, no momento em que a vemos de fato, nós a transcendemos. No instante em que reconhecermos que a vida é dura, ela deixará de ser dura porque, ao aceitarmos isso, o fato de que a vida não é fácil não será mais importante.[4]

No momento em que alinharmos as nossas expectativas e aceitarmos a realidade de que a vida, por natureza, é imprevisível e desafiadora, estaremos nos desvencilhando de boa parte das frustrações com que convivemos diariamente. Na realidade, podemos até encontrar uma certa satisfação – um certo prazer – ao enfrentarmos desafios assustadores e inesperados.

Pense sobre algumas das grandes obras literárias ou filosóficas que você já tenha lido ou sobre alguns dos filmes clássicos que tenha visto. Será que eles não refletem essa visão mais realista da vida? Será que não demonstram de maneira clara que a satisfação real chega quando enfrentamos as dificuldades e passamos a reconhecer a disposição e a capacidade de resolver problemas e superar desafios?

E como também disse M. Scott Peck:

Os problemas incitam nossa coragem e nossa sabedoria; na verdade, eles geram a coragem e a sabedoria. É por causa deles que crescemos mentalmente e espiritualmente. Quando queremos estimular o crescimento da mente humana, nós desafiamos e encorajamos nossa capacidade de resolver problemas.[5]

No que concerne à natureza da vida, a legitimação das expectativas pode nos libertar de muitas frustrações. Ela também permite que transformemos os problemas e desafios em oportunidades de crescimento – e que encontremos satisfação e prazer durante a jornada.

Mito dois: "equilíbrio" significa nivelar a balança

Alguns de nós vivemos com a ilusão de que tudo pode ser reduzido a componentes mecânicos e aritméticos. Para nós, "equilíbrio" significa destinar a mesma quantidade de tempo e energia a ambos os braços de uma balança para mantê-los nivelados. Nossa expectativa é de que existe um ponto no qual poderíamos talvez estabelecer esse tipo de "equilíbrio" e que, como conseqüência, a vida se tornaria mais fácil e agradável. Mas, como parecemos nunca alcançar esse ponto, nos sentimos frustrados na maior parte do tempo.

Será que a vida é exatamente assim: mecânica, estática, estéril e fria?

Tente outro ângulo.

Equilibrar significa ficar de pé em cima de uma prancha de surfe quando as ondas estão altas e a água está batendo no nosso rosto.

Equilibrar significa conseguir percorrer corredeiras em um caiaque e não cair.

Equilibrar significa manter a graça e a agilidade de um patinador no gelo ou a firmeza de um mestre de t'ai chi ch'uan enquanto faz movimentos precisos.

Se levarmos em consideração o que sabemos a respeito da aventura humana, como podemos achar que, através da equalização do tempo e da energia que dedicamos à nossa família, somos capazes de nos sentir "equilibrados", principalmente durante aquelas épocas em que as preocupações são questões naturais como, por exemplo, quando estamos abrindo um negócio novo ou temos em casa um bebê recém-nascido ou pais idosos que necessitam de atenção?

A vida não é estática, é dinâmica. O equilíbrio que vivenciamos em determinado período não é igual ao que experimentamos em outra época. Da mesma forma, o equilíbrio varia de pessoa para pessoa e de família para família. Além disso, existem fases nas quais o *desequilíbrio* contribui muito para o equilíbrio da vida como um todo.

A noção de equilíbrio através da igualdade mecânica de ambos os lados funciona em uma situação mecânica. Mas a vida não é assim. E, se estamos trabalhando com base na expectativa de que o "equilíbrio" é um acontecimento e que um dia seremos capazes de destinar uma quantidade de tempo adequada para consegui-lo de uma vez por todas, é bem provável que fiquemos muito decepcionados.

Mais alinhada com o que é real e realista é a visão de que o equilíbrio da vida é um equilíbrio dinâmico, altamente pessoal, e que está em constante mudança. Mais uma vez, o desafio não se encontra no "equilíbrio", mas no equilibrar. Ele está no desenvolvimento da capacidade de harmonizar as intermináveis mudanças da vida.

Mito três: quanto mais rápido, melhor

Alguns de nós tendemos a ver o "equilíbrio" como uma metáfora do beisebol, cujo objetivo é correr em volta do campo a uma velocidade tal que permita tocar todas as bases todos os dias. A expectativa é a seguinte: quanto mais rápido corrermos, maiores serão as nossas chances de alcançarmos o sucesso; e quantas bases a mais nós tocarmos, mais equilibrados nos sentiremos.

Mas, na realidade, para a grande maioria, quanto mais rápido corrermos, mais exaustos ficaremos – e, como resultado, mais insatisfeitos nos sentiremos. Por alguma razão, surgem bases novas o tempo todo. E, pelo fato de corrermos mais rápido e de nos empenharmos para tocar mais bases, sentiremos também uma vaga sensação de que estamos correndo em círculos e deixando de fazer coisas de suma importância.

Suponha, por exemplo, que você saiba que precisa fazer ginástica. Então você diz a si mesmo: "Hoje à noite, depois do jantar, vou malhar uma hora na academia."

Mas você sabe também que precisa dedicar um tempo à sua filha e, então, diz a si mesmo: "Certo, vou levá-la para me fazer companhia enquanto malho na academia."

Contudo, você sabe igualmente que precisa ler sobre as novas descobertas na sua área de trabalho e, assim, pensa: "Vou levar minha filha e, em vez de ler, vou ouvir a fita do livro enquanto malho na academia."

Porém, além disso, você sabe que precisa dedicar um tempo à sua comunidade. E por isso acrescenta: "Depois do jantar, vou dar uma passadinha lá no sopão dos pobres. Vou levar minha filha e ajudar as pessoas durante uma hora antes de ouvir a fita enquanto malho na academia."

E por aí afora, pois achamos que, quanto mais corrermos e quanto mais coisas conseguirmos encaixar no nosso tempo, melhor será a nossa vida.

Correto?

Não necessariamente.

Imagine-se viajando por uma estrada. O tempo está maravilhoso, o carro está andando bem, está conseguindo fazer 15 km por litro de gasolina e você está se sentindo ótimo. De repente, você vê uma auto-estrada nova que não estava no seu mapa e cuja velocidade mínima passou de 60 km para 100 km. Você não cabe em si de tanta felicidade.

Mas imagine se, no meio dessa viagem fantástica, você, de repente, descobre que está indo para o sul da Califórnia e o seu destino final é a cidade de Nova York, que fica a cerca de 5.000 km na direção leste?

A não ser que esteja indo na direção certa, aumentar a velocidade só fará você chegar mais depressa ao lugar errado. Além disso, você poderá perder vários daqueles momentos preciosos e gratificantes ao longo do caminho.

Reflita sobre a sua própria experiência de vida. Neste momento você está conseguindo fazer mais coisas do que conseguia realizar há um ano? Há cinco anos? Há dez? Provavelmente está. Mas até que ponto está se sentindo mais equilibrado com o resultado?

A rapidez não é tudo. Na realidade, se ela o está conduzindo na direção errada e o está privando dos melhores momentos da viagem, seria melhor que essa velocidade toda não existisse.

Mito quatro: o trabalho e a família são inimigos naturais

Quando nos sentimos divididos entre o trabalho e a família, é difícil não os ver como rivais competindo por nosso limitado tempo disponível. Ao que tudo indica, só conseguimos satisfazer um à custa do outro.

Mas, na realidade, essa é uma noção distorcida, específica do século XX e basicamente ocidental. Ao analisarmos o equilíbrio trabalho/lar, precisamos observar que há muito mais no que se refere à oposição entre "trabalho" e "lar".

As pesquisadoras Kathleen Bahr e Cheri Loveless forneceram contribuições muito sensatas para essa área.[6] Elas destacaram o fato de que, até o século XX, "trabalho" significava "trabalho em família". O trabalho, ao invés de separar as pessoas, era algo que, por sua própria natureza, as unia. As crianças trabalhavam ao lado dos pais, com quem conversavam e com quem aprendiam enquanto estavam à mesa de trabalho ou nos campos, onde executavam tarefas que, além de proverem o sustento da família, a mantinham unida.

Mas o desdobrar do século XX impôs mudanças radicais, como observou o historiador John Demos:

> *A separação entre a vida familiar e a profissional é um dos principais temas da história social. E, para os pais, as conseqüências não podem ser superestimadas. É óbvio que eles sempre estiveram envolvidos na provisão de bens e serviços para suas famílias; mas, antes do século XIX, essa atividade estava inserida em uma matriz maior de divisão do trabalho doméstico. Com a modernização, passou a ser vista como a principal, embora não exclusiva, função de homens adultos. Agora, pela primeira vez, a atividade central da paternidade se encontrava fora do núcleo imediato de membros da família. Assim, exercer a função plena de pai significava ficar separado dos filhos durante uma considerável parte de cada dia de trabalho.*[7]

Bahr e Loveless afirmam o seguinte: "Com o decorrer dos anos, os pais começaram a ficar um tempo cada vez menor com os filhos, até que, na década de 1950, passaram a ser considerados hóspedes em suas próprias casas – alguém de quem se cuidava quando estava presente e que pouco tinha a ver com o dia-a-dia das funções domésticas."[8]

Como conseqüência da industrialização, o papel das mulheres também se alterou. Novas invenções facilitaram o trabalho doméstico, tornando-o cada vez mais eficiente, barulhento e solitário. As tarefas que antes costumavam fornecer oportunidades para um convívio melhor e para discussões filosóficas em que todos participavam passaram a ser, basicamente, isoladas e enfadonhas.

> *Com os maridos trabalhando e as crianças mais velhas na escola, as atividades domésticas e o cuidado com os filhos menores tornaram-se atribuições praticamente exclusivas das mães, o que aumentou sua jornada de trabalho. Tarefas que antes tinham como objetivo a criação e o cuidado de cada membro da família foram reduzidas a "trabalho doméstico", e a arte*

do cuidar do lar foi desaparecendo até se transformar numa rotina eficiente e maçante.

As mães passaram a executar isoladamente a maior parte dos serviços do lar. Essas mesmas tarefas, que anteriormente eram realizadas com prazer porque representavam uma atividade em família, tornaram-se solitárias e monótonas. E pior, aos olhos da sociedade, o cuidar da família foi, cada vez mais, perdendo importância. Nossa cultura passou a valorizar apenas o "valor de troca", ou seja, quanto alguma coisa valeria no mercado. Como o trabalho doméstico possuía apenas o "valor de uso", ele permaneceu fora da economia de mercado e o seu valor tornou-se invisível. Não causa espanto, portanto, que as mulheres tenham seguido os homens na busca por trabalho remunerado, enfraquecendo ainda mais o último elo importante entre pais e filhos.[9]

A industrialização mudou também a natureza da vida familiar das crianças.

Antes da modernização, as crianças dividiam uma boa parte do trabalho pesado porque se encarregavam de tarefas com seus pais e mães dentro de casa, na fazenda ou em um negócio da família. Esse trabalho era considerado benéfico para elas – parte integrante da educação para a vida adulta. Esperava-se que aprendessem, por meio de normas e exemplos, tudo o que fosse necessário para uma vida boa e acreditava-se que a vida dos adultos que as cercavam era digna de ser copiada.[10]

Mas a industrialização tirou as crianças de dentro de casa e as lançou em ambientes de trabalho abusivos e não mais supervisionados pelos pais. As leis criadas nos Estados Unidos com o intuito de protegê-las e impedir que sofressem abusos resultaram no fim do trabalho infantil.

Conseqüentemente, dentro do núcleo familiar, o relacionamento das crianças com o trabalho sofreu uma reviravolta total: elas deixaram de ser um bem econômico e se tornaram consumidores mimados. Até mesmo o conceito do que era considerado ser um bom pai ou uma boa mãe mudou. Bons pais eram aqueles que ensinavam os filhos a contribuir com o seu trabalho e a sua renda para o sustento da família inteira. Agora, bons pais são aqueles que proporcionam condições melhores de vida e que aumentam a auto-estima das crianças.

Ao longo do século XX, os pais interiorizaram esse conceito, até que, em 1970, Kenneth Kenniston afirmou no relatório Carnegie Council on Children (*Relatório Carnegie sobre crianças*): *"[Hoje em dia] as crianças raramente fazem qualquer tipo de trabalho." Pesquisas mais recentes sobre o uso do tempo mostram que as crianças executam algumas tarefas domésticas, como limpar seus quartos, preparar lanches (embora, em geral, não limpem a bagunça que fazem) e fazer compras, entre elas as que são realizadas meramente por prazer. Ao mesmo tempo, quando as crianças ganham algum salário fora de casa, elas costumam guardar todo o dinheiro para si mesmas e o gastam basicamente em "besteiras".*[11]

Estamos vivendo uma época isolada na história, um tempo em que homens, mulheres e crianças tentam se relacionar à distância no universo onde foram lançados como resultado da "revolução" dos costumes sociais. No entanto, nós ansiamos pelo aconchego da família e procuramos mantê-la longe do "inimigo", o trabalho.

Compactuamos com os nossos filhos quando abolimos o trabalho doméstico para que a família possa participar de "brincadeiras" organizadas. Melhoramos nossos casamentos ao nos distanciarmos da casa, dos filhos e de qualquer responsabilidade conjunta para nos comunicarmos ininterruptamente, como se o trabalho, o amor e a vida não estivessem irremediavelmente interligados. Estamos tão absolutamente convictos de que o relacionamento em si, abstrato e separado da vida, é o que importa de fato, que um relacionamento livre das obrigações permanentes – com o casamento, com os filhos ou com o trabalho em família – está rapidamente se tornando o ideal.[12]

Durante um bom tempo da história da humanidade, para a grande maioria das pessoas, o "trabalho" e a "família" não se opunham. Eles eram partes complementares de uma perspectiva geral da vida que une as famílias no amor, no companheirismo e na vitória na luta pela sobrevivência. Embora estejamos vivendo em uma época de horizontes limitados e desafiadores, precisamos compreender que tanto o trabalho quanto a família são princípios e que o verdadeiro equilíbrio da vida exige que criemos uma sinergia – e não uma separação – entre os dois.

O impacto

Reflita sobre os quatro mitos que acabamos de examinar:

- A vida ideal é aquela sem preocupações.
- Equilibrar significa nivelar a balança.
- Quanto mais rápido, melhor.
- O trabalho e a família são inimigos naturais.

É óbvio que paradigmas desse tipo podem influenciar a nossa capacidade de criar o equilíbrio da vida.

E esses são apenas alguns exemplos. Ao prosseguirmos neste livro, analisaremos outros mitos vinculados especificamente ao trabalho, à família, ao tempo e ao dinheiro. Veremos como eles desviam a nossa eficácia em cada uma dessas áreas e na vida como um todo. Identificaremos também alguns dos paradigmas mais "reais" e "realistas" que levam ao sucesso no equilíbrio que buscamos.

O ponto que queremos ressaltar é o de que legitimar expectativas – em termos tanto do que é "real" quanto do que é "realista"– é essencial para esse equilíbrio. Isso assegurará que as convicções fundamentais que dão origem a modos de pensar, agir e obter sejam bases seguras nas quais podemos confiar e acreditar.

O que você pode fazer agora

- Para começar, examine suas expectativas com atenção. Ponha-as na luz para poder avaliá-las. Estão elas apoiadas em critérios que comprovem que são "reais" – obras filosóficas, lições da história, a sua própria experiência ou a experiência de pessoas nas quais você confia? Elas levam em consideração a realidade da sua própria situação?
- Enquanto você estiver lendo este livro e vivendo as experiências de cada dia, não deixe de analisar e legitimar as suas expectativas. Se um dia você

se sentir frustrado, pare e pergunte a si mesmo o motivo. Que expectativas suas não estão sendo realizadas? Elas são "reais"? São "realistas"? Para conseguir mais eficiência, procure por áreas específicas de desalinhamento que possam ser realinhadas.

"TENHO DE FAZER" DOIS: MAXIMIZAR ESFORÇOS

A partir do momento em que você estabelecer expectativas legítimas, é possível que surjam centenas – ou talvez milhares – de coisas que possa fazer para melhorar uma área específica ou para mover-se em direção a um objetivo. Mas, a não ser que seus esforços estejam (1) alinhados com expectativas legítimas e (2) alavancados para obter os melhores resultados, você jamais conseguirá obter o melhor retorno para o seu investimento.

REBECCA

No final da década de 1970, quando Roger sugeriu pela primeira vez que comprássemos um computador, fui absolutamente contra. Não tenho muita afinidade com "brinquedinhos" eletrônicos; além disso, estava longe de aceitar a idéia de que a compra poderia (ou deveria) ser encaixada no nosso orçamento.

Mas foi então que Roger me fez ver algo fantástico. Ele me mostrou como eu poderia pegar palavras, sentenças e parágrafos inteiros e modificá-los, mudá-los de lugar ou, até mesmo, apagá-los sem que fosse preciso datilografar a página outra vez. Que mudança radical em relação à máquina de escrever a que eu estava acostumada! Não conseguia acreditar que aquele objeto pudesse me proporcionar tanta liberdade e aumento de eficácia.

Compramos o computador. Tivemos de apertar o cinto para adquiri-lo, mas aquele investimento foi um dos melhores que já fizemos. Ele afetou de maneira radical a minha capacidade de escrever e nos forneceu também uma maneira muito mais eficiente de acompanhar as nossas finanças. Além disso, enriqueceu a nossa vida (naqueles dias que antecederam o lançamento do Nintendo) com hora de jogos e de diversão para a família.

Desde o momento em que compramos aquele computador Atari, cerca de 25 anos atrás, percorremos um bom caminho. Continuo não tendo muita afinidade com os aspectos tecnológicos do computador e com os sistemas de comunicação. Mas adoro *os resultados! Posso escrever, pesquisar, pagar contas, organizar a minha vida, montar a árvore genealógica da família, me comunicar com parentes e amigos e navegar na Internet! E não posso sequer começar a imaginar o aumento do meu grau de eficiência e de eficácia como decorrência disso.*

Roger

Sou completamente diferente da Rebecca. Adoro brinquedinhos eletrônicos. Leio as revistas, acompanho todas as pesquisas e tento me manter informado sobre o desenvolvimento de qualquer tecnologia que prometa aumentar, de fato, o grau de eficácia.

No entanto, descobri que existe um preço bastante alto a se pagar por todo passo de aprendizado. Passei horas trabalhando com um software novo para, no final, telefonar para o suporte técnico e ouvir que o programa tinha uma falha, que estavam trabalhando para solucioná-la e que uma versão nova seria lançada nas próximas semanas. Decidi, então, na maioria das vezes, esperar pela versão 2.0 antes de investir tempo e dinheiro. Dessa forma, posso não estar tão na vanguarda, mas, com a velocidade das mudanças tecnológicas, não fico tão atrás assim. E acredito firmemente que economias significativas – em especial as de tempo – valem a espera.

Descobri também que, mesmo com a atenção sempre voltada para o gerenciamento do tempo, é fácil sermos sugados para o "buraco negro" do espaço cibernético. É muito simples passar de um site para outro na Internet em busca de caminhos que são interessantes, mas que na lista das dez prioridades principais podem ser o número quatro ou cinco. A "Rede", ao que tudo indica, faz jus ao nome que recebeu.

Como indicamos no começo deste capítulo, estamos vivendo uma época em que somos "soterrados" por coisas ótimas que podemos fazer para melhorar nossa vida. A conscientização global e as mudanças rápidas e radicais da tecnologia ampliaram muito o número de opções que proporcionam um aumento de eficiência. Mas elas também elevaram o grau de complexidade da vida e são capazes de gerar "buracos negros" nos quais o tempo, o dinheiro e muitas outras coisas boas – entre elas os relacionamentos – podem desaparecer.

Então, como é possível escolher, entre todas as possibilidades, aquelas que são as mais importantes no que diz respeito à aplicação do nosso dinheiro e do nosso tempo?

"Tenho de fazer" dois – maximizar esforços – refere-se a como decidir e planejar para realizar aquelas atividades mais alinhadas e de maior retorno que são fruto de expectativas legítimas.

ALINHAMENTO

Suponhamos que você tenha legitimado uma expectativa no campo do dinheiro. Por exemplo, convenceu-se de que é importante ter segurança financeira. Essa expectativa é "real". Baseia-se nos princípios da auto-segurança, que conduzem a uma vida plena de satisfação, felicidade e tranqüilidade.

Mas você concluiu também que, "realisticamente", está muito distante do ponto em que gostaria de estar. Você possui uma casa nova, dois carros e um barco. Tem ainda quatro cartões de crédito, com um total de débitos no valor de $16.27,00 e um empréstimo sobre o patrimônio da casa no valor de $15.688,00, e está pagando apenas as prestações mínimas. Dois de seus filhos estão no primário e um no ginásio. Você não dispõe de economias para pagar uma faculdade particular para nenhum deles. Suas únicas reservas para a aposentadoria estão aplicadas em um fundo mútuo que recentemente sofreu uma desvalorização de 50%.

Hoje é sexta-feira e, no fim de semana, você e a sua esposa estarão de folga. Como pretendem usar o seu tempo e o seu dinheiro?

1. Vão passar uma noite em um *resort* bem caro para fugir de tudo.
2. Vão comprar uma televisão enorme para que você possa assistir aos jogos de futebol no sábado à tarde.
3. Vão para o zoológico com as crianças.
4. Vão assistir a uma palestra sobre planejamento financeiro que seus amigos disseram ser ótima.
5. Vão discutir algumas idéias sobre como sair dessa espiral de consumo.

Obviamente, algumas dessas opções estão alinhadas com aquela expectativa cujo princípio é alcançar a segurança financeira, e algumas não estão. Você pode ter motivos importantes para optar por coisas que *não* estão diretamente alinhadas com essa expectativa específica. Por exemplo, talvez você tenha outra expectativa no que diz respeito à família e será mais apropriado passar o fim de semana sedimentando seu relacionamento com ela (embora, como explicaremos no capítulo sobre dinheiro, alcançar a estabilidade financeira seja uma maneira *fantástica* de estruturar as relações com a sua esposa e os seus filhos).

Mas, se você realmente quiser obter os benefícios da segurança financeira, mais cedo ou mais tarde "terá de fazer" as coisas que estão alinhadas com essa expectativa. (E isso não significa absolutamente ganhar na loteria ou herdar uma fortuna. Como examinaremos com mais profundidade posteriormente, essas sortes inesperadas apenas exacerbam os problemas financeiros. As pesquisas demonstram que a grande maioria das pessoas que consideraríamos "financeiramente seguras" – aquelas que possuem um patrimônio de mais de $1 milhão – não ganharam na loteria nem saíram vencedoras de um show de prêmios, tampouco herdaram dinheiro de alguém; elas são simplesmente pessoas comuns que aprenderam e viveram os princípios "reais" de como criar e manter uma fortuna.)[13]

Dessa forma, a primeira coisa a fazer para maximizar os seus esforços é certificar-se de que eles estão alinhados tanto com o que é "real" quanto com o que é "realista". Nos exemplos anteriores, você poderia optar por assistir àquela palestra que seus amigos recomendaram. Muitas vezes, essas palestras são seguidas de um jantar gratuito, o que faria delas um programa agradável para você e sua mulher. Ou você poderia levar as crianças ao zoológico na parte da tarde e depois deixá-las assistir a um vídeo em casa enquanto você e sua mulher discutiriam o que fazer para se livrar de dívidas relativas ao consumo. Essas duas alternativas seriam boas.

O que provavelmente *não* ajudaria seria gastar dinheiro em uma ida a um *resort* caro ou na compra de uma televisão grande. Na sua situação específica, essas opções não estariam alinhadas com as expectativas legítimas sobre o bem-estar financeiro.

Alavancando vantagens

O segundo passo para maximizar os seus esforços é certificar-se de que eles estão alavancados – de que você está obtendo os melhores resultados com seu empenho. E isso envolve tanto o *que* você está fazendo quanto *a maneira* como está fazendo.

Reflita sobre o *quê.*

Voltando ao exemplo: se aquela palestra for um acontecimento único e o palestrante for um renomado consultor financeiro que vai estar na cidade apenas naquele dia, o ideal é dar prioridade a esse evento. Por outro lado, se existirem outras opções de horário e de dia e se você e a sua mulher acharem que precisam discutir o objetivo comum, que é livrarem-se dos débitos, vocês podem optar por passar o tempo juntos em vez de assistirem à palestra. Ou talvez prefiram dedicar-se a uma das muitas atividades alinhadas – atualizar o canhoto do talão de cheques, acessar os serviços de um banco on-line, rever opções de planos de aposentadoria, verificar os prováveis custos de uma faculdade para os filhos ou ler alguns capítulos de um livro sobre gerenciamento financeiro seguro.

Existem várias atividades que estão alinhadas com as expectativas legitimadas. A solução é priorizar uma ou duas delas, escolhendo as que possam proporcionar o melhor retorno para a situação em que você se encontra.

Agora reflita sobre o *como.*

Digamos que você decida passar um tempo com a sua esposa discutindo as opções para se livrarem das dívidas. Vocês se sentam juntos e, após reverem os fatos, chegam à conclusão de que, se não fizerem mais compras no cartão e continuarem a efetuar os pagamentos mínimos atuais, levarão 13 anos e um mês para saldarem as dívidas e, no final, terão pago $14.380,00 de juros sobre um total de $46.075,91.

DÉBITOS	TOTAL	TAXA DE JUROS	AMORTIZAÇÃO
Cartão de crédito 1	$6.703	18,00%	$175
Cartão de crédito 2	$1.833	15,99%	$50
Cartão de crédito 3	$4.822	18,00%	$160
Cartão de crédito 4	$2.699	21,00%	$50
Total de débitos	$16.027		
Empréstimo sobre hipoteca da casa	$15.688	6,5%	$250

	Principal pago	Juros pagos	Total pago	Tempo de débito
Processo atual	$31.695,00	$14.380,00	$46.075,01	13 anos e 9 meses

Após analisar as alternativas, você concluiu que a melhor opção seria vender o barco e usar o dinheiro para abater as dívidas. Como você deu uma entrada substancial ao adquirir o barco, provavelmente não terá dificuldade em encontrar alguém que assuma o restante das prestações. Isso lhe permitirá destinar mais $375 para abater os débitos.

Você poderia implementar essa decisão dividindo os $375 todos os meses em cinco pagamentos iguais de $75 cada um, que seriam usados para abater as dívidas relativas aos quatro cartões de crédito e à hipoteca da casa. Com essa simples decisão, você economizaria cerca de $7.988,52 em juros e reduziria em oito anos e quatro meses o tempo necessário para se livrar da dívida!

	Principal pago	Juros pagos	Total pago	Tempo de débito
Processo atual +$75 para cada débito	$31.695,00	$6.382,39	$38.077,39	4 anos e 9 meses

Isso seria maravilhoso! Uma medida excelente para alcançar a sua expectativa de segurança financeira.

Mas será essa a melhor maneira de atingir o seu objetivo?

Vejamos: em vez de dividir os $375 igualmente entre os cinco débitos, você poderia seguir a estratégia de eliminar aquele cujos juros são maiores e abater $375 dele até liquidá-lo totalmente e, a seguir, ir eliminando, uma a uma, as dívidas cujos juros são maiores até saldar todas elas.

Esse mero ajuste lhe permitiria economizar um adicional de $1.148,06 de juros e o ajudaria a se livrar da dívida um ano e dez meses mais cedo!

	Principal pago	Juros pagos	Total pago	Tempo de débito
Processo atual +$375 abatimento	$31.695,00	$5.234,00	$36.929,00	2 anos e 11 meses

Compare a diferença!

	Economia de dinheiro	Economia de tempo
Adicionando $75 a cada pgto.	$7.998,52	8 anos e 4 meses
Adicionando $375	$9.146,58	10 anos e 2 meses

No mundo acelerado em que vivemos, o que importa não é simplesmente o que você faz, mas a maneira como o faz. Quanto mais inteligentes forem as suas ações, mais disposição você terá para ir em frente.

Nos próximos capítulos ensinaremos métodos mais alinhados que proporcionam um retorno melhor e que o ajudarão a melhorar o seu grau de eficácia em cada uma das quatro áreas mais importantes – trabalho, família, tempo e dinheiro –, além de gerarem entre elas um equilíbrio sinérgico e positivo.

O que você pode fazer agora

- Comece pensando sobre o que você faz em termos de alinhamento e alavancagem. Certifique-se de que não está destinando tempo e dinheiro a atividades que estejam fora daquilo que você considera mais importante ou que não proporcionem o máximo de retorno.

- Inicie uma lista de "talvez". Ao prosseguir na leitura deste livro e ao vivenciar suas experiências no dia-a-dia, procure anotar as idéias que considerar interessantes pôr em prática. Talvez você prefira organizar a sua lista por "papel": individual, esposa, marido, pai, mãe, gerente, presidente da associação de pais e alunos, etc. Isso lhe permitirá aproveitar as boas sugestões sem se deixar perturbar ou dominar por elas. Também lhe fornecerá bons recursos que o ajudarão a separar e a alinhar as suas prioridades principais na hora de elaborar planos.

"Tenho de fazer" três: desenvolver a inteligência orientadora

Suas expectativas podem ser "reais" e "realistas" e seus esforços podem estar alinhados e alavancados. Mas, mesmo assim, você ainda precisa lidar com os desafios e as oportunidades para ser capaz de viver de maneira eficiente todos os dias. Dessa forma, como saberá se o imprevisto é um desafio ou uma oportunidade? Como vai lidar com a tensão entre a necessidade de se concentrar e a de se abrir ao inesperado? A solução é desenvolver o dom do discernimento – aquele que o capacita a reconhecer o que é mais importante e reagir.

Algumas vezes tendemos a achar que a vida seria muito mais fácil se pudéssemos elaborar e executar planos sem interrupções, alterações ou surpresas, isto é, se tivéssemos condições de fazer exatamente aquilo que havíamos nos proposto a fazer.

Há apenas um problema: a vida é imprevisível. Não temos como saber de antemão tudo o que vai nos acontecer. Podemos fazer o possível para prever, mas, na verdade, não dispomos de meios para saber com exatidão quais desafios, problemas ou oportunidades um dia ou um momento nos trarão.

É por esse motivo que o sucesso no equilíbrio da vida significa muito mais do que um simples planejar e executar – refere-se também a desenvolver a sabedoria e a capacidade de julgamento para efetuarmos boas escolhas nos "momentos decisivos". Significa aprendermos a nos orientar, com eficácia, em meio à miríade de desafios que enfrentamos todos os dias.

"Inteligência orientadora" é a capacidade de fazer bons julgamentos nesses momentos decisivos – aquela que nos permite demarcar um bom curso, navegar ondas, enfrentar tempestades, reagir às correntes e corrigir o curso com eficiência. É saber reconhecer e fazer aquilo que é mais importante para a vida como um todo e também identificar o que é essencial *no momento* – quando você está trabalhando em um projeto e sua filha telefona para discutir um problema; quando vai se sentar para analisar impostos e, de repente, sente uma vontade louca de ir ao cinema; quando está fazendo aquela arrumação anual da garagem e o carro do vizinho enguiça bem no portão de entrada; quando termina o seu almoço de baixas calorias e sente o cheiro de um bolo de chocolate que acabou de sair do forno.

É assim que enfrentamos os duros e enervantes desafios da sabedoria e do equilíbrio da vida. Também é dessa maneira que enfrentamos uma das mais difíceis dicotomias do equilíbrio da vida: a tensão entre o enfoque e a percepção.

Quando mergulhamos de cabeça em um projeto, receamos perder o contato com as pessoas e as oportunidades que nos cercam. Por outro lado, se tentamos permanecer atentos a elas, não conseguimos dar aos projetos a concentração total exigida para um final feliz. Como conseqüência, muitas vezes vivemos suspensos em um mundinho medíocre, onde estamos apenas moderadamente conscientes e essencialmente desconcentrados, sentindo-nos vítimas de coisas que vêm em nossa direção e culpados por causa daquilo que não estamos conseguindo fazer.

A solução para esse problema – e para a dificuldade de tomar boas decisões em todos os momentos de escolha – está em descobrir, ajustar e usar, com regularidade, o maravilhoso dom que temos, o chamado *dom do discernimento*. Quando desenvolvido corretamente, ele nos capacita a investigar, reconhecer aquilo que é mais importante e agir em relação a isso, mesmo que estejamos concentrados em outra coisa.

Rebecca

Na maior parte do tempo, eu e Roger trabalhamos em casa. Nossos escritórios ficam um em frente ao outro, separados pelo hall de entrada. Também temos dois filhos que moram conosco, uma filha em uma faculdade perto daqui, quatro filhos casados e 15 netos, todos vivendo a menos de dez minutos de nossa casa, além de minha mãe, que mora ao lado. Três dos nossos filhos têm sérios problemas de saúde e, às vezes, necessitam de mais atenção e ajuda.

Um dos meus maiores desafios é equilibrar a necessidade de uma concentração total para escrever com a flexibilidade de "estar disponível" para as pessoas que amo.

Há muito tempo aprendi que determinados "momentos de aprendizado" com as crianças nunca mais retornam. Há os netos, cujos nascimentos e aniversários não podemos perder. Existem situações específicas – como ajudar minha mãe, responder a uma pergunta feita por minha filha universitária, auxiliar meu marido em um projeto ou estar disponível para cuidar dos meus netos – que realmente são muito importantes.

Não quero perder essas oportunidades. Não quero fechar a porta e deixar de fora as pessoas mais importantes da minha vida. Ao mesmo tempo, é impossível escrever sem me concentrar totalmente.

Como conseqüência, tento fazer um planejamento baseado na importância dos projetos nos quais estou trabalhando e nas necessidades das pessoas que amo. Estabeleço um horário regular para escrever. Planejo também escapulidas com meus netos em seus aniversários, jantares, noites com a família, outras atividades com as crianças e uma saída especial com meu marido uma vez por semana. Tento falar com minha mãe por telefone ou vê-la todos os dias.

Mas, durante o processo de levar adiante os meus planos, descubro que quase sempre – mesmo quando estou envolvida em um trabalho que necessita de grande concentração – tenho, disponível na minha mente, um tipo de capacidade subconsciente de "ver o que se passa ao redor" que me alerta para as principais prioridades e para as necessidades que possam surgir. É essa capacidade que muitas vezes me permite mudar de foco rapidamente quando Roger ou uma das crianças entra no meu escritório ou me induz a fazer algo diferente do que eu havia planejado para aquele dia.

Tem sido difícil aprender a reconhecer essa capacidade de "auto-análise" e de rapidamente mudar de foco. Por natureza, só consigo me concentrar em uma única coisa. (Sou daquelas pessoas que sentem uma dificuldade imensa em cozinhar e conversar com alguém ao mesmo tempo!)

Mas esse aprendizado não tem sido tão difícil quanto lutar com a sensação ruim de que posso estar perdendo coisas importantes das quais poderei me arrepender depois.

Quando meus valores de vida estão, de modo geral, em ordem e os meus sensores estão ligados, sinto que reagir com presteza ao momento costuma ser algo muito mais fácil de realizar.

A capacidade de "ver o que se passa ao redor" é uma das maneiras pelas quais o dom do discernimento age em nossa vida. Quando ela está no "automático", não requer muitos ajustes. A chave para fazê-la funcionar é aprender a reconhecê-la e reagir a ela – e a "calibrá-la", ajustá-la, regulá-la ou sintonizá-la para conseguir os melhores resultados.

Roger

Alguns anos atrás, levei nosso filho caçula para o Alasca. Fomos em um barco pesqueiro e, ao nos afastarmos em direção ao alto-mar, a costa ia ficando cada vez mais distante até que desapareceu por completo.

O capitão do barco nos ensinou a pescar um halibute de cerca de 100 kg que estava se escondendo lá nas profundezas. Enquanto pescávamos, podíamos ouvir vários bipes e outros sons que vinham do radar, do sonar e do equipamento de GPS (sistema de posicionamento global) do barco.

O capitão parecia estar ignorando esses ruídos. Mas, em determinado momento, soou um bipe diferente dos outros. Ele reagiu a esse barulho prontamente. Foi para a cabine verificar o que era.

Voltou alguns minutos depois e nos informou que seu equipamento havia detectado uma tempestade que estava se aproximando daquela área. No entanto, após checar alguns dados, ele chegou à conclusão de que a tempestade não era suficientemente perigosa para nos fazer retornar. Continuamos pescando e, depois de algum tempo, os ventos chegaram, mas de fato não foram motivo de preocupação.

A reação do capitão àquele som em particular é um bom exemplo de como devemos reagir às impressões que nos chegam através do dom de discernimento. Estamos o tempo todo cercados de ruídos, mas a nossa capacidade de ouvir aquele som específico do nosso "radar" particular e reagir a ele é o que nos permite ficar atentos e tomar decisões sobre o que é mais importante.

Como, então, podemos ajustar o nosso radar particular?

- Valorizando os princípios.
- Avaliando as experiências.
- Atraindo a inspiração.

Valorizando os princípios

Já falamos sobre a importância de legitimar expectativas em termos dos princípios "reais" que governam a vida. Quando passamos a confiar mais na existência desses princípios eternos, a valorizá-los, procurá-los e abraçá-los, balanceamos o dom do discernimento. Ajustamos as condições de tal maneira que o nosso modo de funcionamento automático reflete as leis naturais e as prioridades que produzem os melhores resultados para o equilíbrio da vida. Dessa maneira, estamos sempre e naturalmente "procurando" as prioridades que estejam alinhadas com os princípios que geram efeitos positivos.

O estabelecimento de uma *declaração de missão pessoal* – um processo que ensinamos há anos e sobre o qual escrevemos no livro *Primeiro o mais importante* – é um procedimento de ajuste incrível. Essa declaração cria um quadro de avaliação básico no qual os valores dos objetivos e das oportunidades inesperadas podem ser medidos de forma rápida e natural.[14]

Outra maneira é ler com regularidade "obras filosóficas" – aquela literatura mundial que representa os princípios que tratam, única e especificamente, da arte de viver. Esse também é um dos processos que já ensinamos antes e sobre o qual escreveremos mais no capítulo sobre a sabedoria.

Quando identificamos os princípios e valores de maneira clara e os revemos com freqüência, eles se tornam as bases do nosso discernimento e funcionam como um padrão que mede automaticamente a importância de cada atividade.

Avaliando as experiências

Uma grande amiga nos relatou uma experiência que teve quando era professora de uma escola primária pública. Recém-formada, ela estava então ansiosa para realizar um bom trabalho e, ao mesmo tempo, preocupada por sua falta de experiência. Conversando com seu pai, ela lhe falou sobre a admiração que tinha por uma professora que há 35 anos ensinava na escola em que ele era o diretor.

– Que maravilha poder ter 35 anos de experiência! – disse ela.

Seu pai pensou por alguns instantes e então respondeu:

– Existe uma diferença muito grande entre ter 35 anos de experiência e um ano de experiência 35 vezes!

Não é muito raro sentirmos que estamos passando pela vida cometendo os mesmos erros tolos e obtendo sucessivamente os mesmos resultados negativos. E nós jamais "aprendemos". Se você já viu o filme *Feitiço do tempo*, provavelmente riu do personagem caracterizado por Bill Murray que, por um erro do destino, viveu o mesmo dia várias vezes até que, finalmente, tomou consciência das suas opções e aprendeu a escolher melhor. Durante as repetições, muitas vezes cômicas, de suas vivências daquele dia, ele gradativamente deixou de ser um egoísta idiota, arrogante e agressivo, cuja única preocupação era "o que vou ganhar com isso?". Tornou-se então um sujeito honesto, humilde e genuinamente bom, que passa o tempo lendo bons livros, desenvolvendo seus talentos e ajudando os outros. Após a transformação, ele, por fim, foi capaz de desenvolver uma personalidade que lhe permitiu estabelecer um relacionamento com uma mulher maravilhosa que nunca lhe teria dado bola antes.

É fácil dar risadas quando assistimos a uma comédia e vemos alguém cometer os mesmos erros idiotas repetidamente. Mas a realidade da nossa vida não é tão engraçada. Na verdade, ela é ineficiente, ineficaz – e, muitas vezes, dolorosa.

Então, por que reincidimos nos erros? Supõe-se que a experiência seja um professor excelente. Por que razão, então, nós não aprendemos?

A resposta se encontra no fato de que a maioria das pessoas não separa um horário para se "auto-avaliar" e se "autocorrigir". Vivemos com a expectativa equivocada de que o "sucesso" não tem nada a ver com cometer erros, por isso vemos nossas falhas como fracassos e não conseguimos transformar a experiência proporcionada por eles em uma alavanca ou em um instrumento capaz de nos ajudar a corrigir estratégias.

No livro *Peak Performers* (Os mais eficazes), o especialista em alcançar metas Charles Garfield menciona uma pesquisa realizada por Warren Bennis com noventa líderes, entre empresários, políticos, desportistas e artistas, incluindo sessenta presidentes de conselhos administrativos e diretores executivos de grandes corporações. Garfield observa:

Como a atenção deles está voltada para o sucesso de suas missões, a palavra fracasso quase nunca aparece em suas conversas, a não ser que outra pessoa a pronuncie. Os vários sinônimos para ela – falha, defeito, malogro, fiasco, acidente, para citar apenas alguns – refletem sua visão de que aquilo que alguém pode chamar de fracasso para eles significa algo que pretendem aprender. Como um deles disse: "Um erro é apenas outra maneira de se fazer alguma coisa."[15]

Assim como ocorre com quem já tentou comandar um navio ou pilotar um avião, chegar a um lugar específico é uma função que exige alterações constantes de curso. A pessoa precisa saber que vai ter de enfrentar a força das correntes, o tempo ou outros elementos e que será necessário fazer ajustes.

É apenas quando não *esperamos* uma correção de curso que enfrentamos dificuldades. E nesse momento sentimos medo daquelas informações que nos ajudariam a voltar ao curso normal e a alcançar nossos objetivos.

Um diário é um método excelente de avaliar experiências. No capítulo sobre a sabedoria, examinaremos esse método, assim como várias outras idéias que produzem ótimo retorno.

Atraindo a inspiração

Além do que podemos aprender acerca dos princípios e através da experiência, existe uma tranqüila mas poderosa inspiração que nos orienta pessoalmente e realça as áreas nas quais precisamos trabalhar mais ou reagir mais rapidamente em determinado momento. Mas nós só conseguimos obter o pleno benefício dessa intuição quando nos abrimos para ela.

Se você já viveu uma fase de recolhimento, se passou pelo processo de escrever uma declaração pessoal de objetivos ou se reservou um momento para refletir antes de estabelecer uma meta, provavelmente sentiu esse tipo de intuição. Caso tenha aprendido a prestar atenção nela com regularidade, possivelmente se viu fazendo coisas que lhe dão imensa satisfação.

Nas palavras do poeta John Greenleaf Whittier:

O mais sábio é aquele que dá,
Fiel a si mesmo, o melhor que pode:
Ao flutuar nos ventos dos elogios,
Obedece ao seu monitor interno.
E com a ousadia que desorienta o medo
Recolhe a vela principal e deixa que a sua consciência o guie.[16]

Temos um amigo que possui uma excelente compreensão do que é importante na vida. Ele faz planos, executa-os e sempre alcança o seu objetivo. Mas a verdadeira chave de sua paz interior e de sua satisfação com a vida é simbolizada por um caderno de notas que ele carrega o tempo todo. Está sempre atento a novas inspirações. Quando percebe algo diferente, imediatamente faz uma anotação e se impõe a obrigação de seguir aquilo que lhe causou uma impressão, seja o que for. Enquanto prossegue escrevendo aquelas anotações uma a uma, ele gradativamente aumenta seu estoque de força pessoal e de confiança em sua capacidade de reconhecer os ditames da sua consciência e reagir a eles, e assim também eleva a sua sensação de realização pessoal.

Para ajudar você a desenvolver o dom do discernimento, nós identificaremos os princípios das quatro áreas nos capítulos sobre o trabalho, a família, o tempo e o dinheiro. Também nos concentraremos – especialmente no capítulo sobre a sabedoria – em como avaliar experiências, corrigir cursos e atrair a inspiração.

O que você pode fazer agora

- Comece a prestar atenção no seu dom de discernimento. Alimente-o com meditação e obras filosóficas – ponha-o em prática para exercitá-lo e fortalecê-lo. Você verá que, quanto mais atenção lhe der, mais ativo ele se tornará.

Se você não praticar os "tenho de fazer"

Os três "tenho de fazer" que discutimos neste capítulo – legitimar expectativas, maximizar esforços e desenvolver uma inteligência orientadora – são instrumentos vitais para o equilíbrio da vida. Você pode saber se eles são "tenho de fazer" ao se perguntar o que acontece quando não os pratica:

- O que acontece quando você não legitima as suas expectativas, quando age baseado em paradigmas incompletos, errôneos ou distorcidos?
- O que acontece quando você dá um duro danado, mas o que está fazendo não está alinhado com as expectativas legítimas nem alavancado para proporcionar resultados excelentes?

- O que acontece quando você não tem uma inteligência orientadora, quando não possui discernimento para decidir o que, de fato, é mais importante nos momentos de escolha?

Será que você pode enxergar o impacto da sua capacidade de estabelecer equilíbrio e força na sua vida?

Legitime.

Maximize.

Oriente-se.

Para examinarmos especificamente o trabalho, a família, o tempo e o dinheiro, passaremos a usar esses "tenho de fazer" em um quadro. O objetivo dos próximos quatro capítulos é explorar as maneiras como pensamos sobre essas questões para alinharmos nossas expectativas com aquilo que é tanto "real" quanto "realista". Dessa forma, seremos capazes de identificar os instrumentos que aumentarão o grau de eficácia de cada uma dessas áreas e acentuarão sua sinergia.

Finalmente, no capítulo sobre o bom senso, examinaremos com mais profundidade como podemos criar uma sinergia e uma força positiva e assim aumentar igualmente a nossa inteligência orientadora para que façamos uma boa escolha todos os dias.

3

CAPÍTULO TRÊS

O TRABALHO É IMPORTANTE

O trabalho é a face visível do amor.
– Kahlil Gibran

Você já teve a oportunidade de conhecer pessoas que realmente odeiam o emprego que têm? E você consegue se lembrar de como é tê-las por perto – entediadas, irritadiças, frustradas, deprimidas e rabugentas? Em geral, estar com elas, em casa ou no trabalho, não é nada agradável.

ROGER

Uma vez, quando eu estava ministrando um seminário e começamos a falar sobre trabalho, vi expressões desanimadas nos rostos de vários funcionários de uma mesma organização. Percebi que teríamos de abordar alguns assuntos.

Uma mulher em especial estava bastante agressiva. Ela parecia muito agitada, a ponto de explodir. Pronunciou palavras amargas, cheias de ódio, e, em tom de desafio, perguntou: "E se você trabalhar em um lugar no qual quanto mais você se esforça pior ele fica?" Suas palavras e atitudes demonstravam que ela estava convencida de que não havia uma solução para o problema.

Nas duas horas que se seguiram, enquanto conversávamos sobre problemas de trabalho e soluções, vi algumas expressões desanimadas passarem gradativamente a manifestar esperança e interesse quando as pessoas começaram a compreender como poderiam melhorar de fato suas situações específicas – com exceção daquela mulher. Por alguma razão, ela parecia inatingível.

Durante o intervalo do almoço, ela veio falar comigo. "Trabalho nessa empresa há 25 anos, e essa outra mulher, que está aqui há poucos anos, acabou de receber uma promoção, subiu cinco níveis. O senhor sabe o que ela está fazendo!", disse com amargura. Ela estava zangada e frustrada e parecia querer continuar a desabafar.

Enquanto eu escutava o que ela dizia, me vi pensando em duas coisas. Em primeiro lugar: "Que tragédia!" Senti muita tristeza ao perceber que aquela mulher via a sua situação específica como muito difícil e que a amargura a impedia de enxergar a possibilidade de melhorar a vida.

Em segundo lugar: "Estou muito feliz por não ser casado com ela!" Eu sabia o que ela devia falar em casa, do que falava nos fins de semana e sobre o que falaria quando se aposentasse. Se nada mudasse, aquela mulher se tornaria uma daquelas pessoas infelizes, amargas, que depois que se aposentam passam o tempo todo contando histórias sobre os horríveis anos de trabalho, sobre as pessoas que se aproveitavam delas, sobre como eram prisioneiras de seus empregos, mas que tinham de resistir para depois terem direito à pensão.

Com toda a certeza, ela só pensava e dizia: "Como eu detesto o meu trabalho!"

Comparemos agora a reação dessa mulher a seu "trabalho" com o sentimento expresso na citação de Kahlil Gibran que abre este capítulo: "O trabalho é a face visível do amor."

Sabemos que para algumas pessoas "trabalho" significa algo penoso, árduo, um mal necessário que as afasta da família e limita suas horas de lazer, um ambiente muito carregado, politicamente injusto e preconceituoso, uma ocupação desprovida de atrativos. Para outras pessoas, porém, ele representa carreira, fama, reconhecimento, fortuna, status, identidade. E há ainda quem o tenha como uma missão de vida, uma grande contribuição, um esforço gratificante ou um belo presente de amor confeccionado com perícia, talento próprio e atenção individual.

Fica claro, então, que existe uma diferença na forma como as pessoas *vêem* o trabalho. E essa diferença no *ver* leva a diferenças no *fazer* e, no fim das contas, aos resultados que elas *obtêm* na vida. É o ciclo "Ver-Fazer-Obter", que discutimos no capítulo dois.

Quando você detesta o seu trabalho, ninguém ganha – nem você, nem o seu patrão, nem a sua empresa, nem os seus colegas, nem os seus clientes, nem os seus fornecedores, nem mesmo a sua família. Mas, se você realmente gosta do que faz, todos ganham. Na realidade, ser excelente, alegre e participativo na profissão pode representar uma das maneiras mais importantes de contribuir para a família. Neste capítulo pediremos que você analise:

- Como você vê o trabalho.
- Como você vê o *seu* trabalho.
- Como você se vê como trabalhador.

Com base nessa análise, examinaremos maneiras alinhadas e muito eficazes para que você possa maximizar a sua participação nessa área e administrar com competência assuntos relacionados à profissão e ao equilíbrio da vida.

No final deste capítulo apresentaremos sugestões para ajudá-lo a transformar o seu trabalho em um fator de união, e não de desintegração familiar. Sua ocupação não deve causar frustrações, tampouco conflitos; ela pode ser uma excelente fonte de integração familiar – particularmente quando você se concentra em *por que* e *como* trabalha. O objetivo é fazer com que você e a sua família sejam capazes de dizer com alegria e satisfação: "Nosso trabalho é a face visível do nosso amor."

COMO VOCÊ VÊ O TRABALHO?

Trabalho é uma palavra bastante complexa. Falamos sobre "ter de ir trabalhar". Queremos "encerrar a jornada de trabalho". Para quê? Para que possamos nos divertir "trabalhando os músculos". Um fotógrafo profissional vê a atividade de tirar fotos como "trabalho" e trabalhar no jardim como um passatempo, enquanto um paisagista vê a jardinagem como um "trabalho" e tirar fotos como um passatempo.

Muitos de nós damos um duro danado em jogos e esportes, mas chamamos isso de "jogar". Alguns fazem um esforço imenso e gastam uma energia enorme treinando para participar de uma maratona. Adolescentes que se recusam a arranjar um emprego ou a limpar seus quartos submetem-se a dores e sacrifícios inacreditáveis em um campo de futebol para se tornarem aptos a praticar o esporte que adoram. De uma forma ou de outra, essas atividades não são, de maneira alguma, consideradas "trabalho".

O que, então, define o que é trabalho e o que não é? No momento em que você passa a receber para "trabalhar", a atividade deixa de ser atraente ou imediatamente assume determinada importância ou significado? Quando um jogador de golfe amador passa a jogar profissionalmente, o jogo deixa de ser prazeroso? Será que o trabalho doméstico é, de fato, um "trabalho"? Será que é, de alguma maneira, menos nobre, menos gratificante, mais humilhante do que outros "trabalhos"? Será que o único "trabalho" que conta é aquele que é reconhecido como tal porque é remunerado?

A Física descreve o trabalho como "gasto de energia". Por definição, então, qualquer atividade que requer energia é considerada trabalho.

Rebecca

Antes de eu começar a escrever profissionalmente, as pessoas me perguntavam:

– Você trabalha? – e eu tinha de rir.

– Você está brincando? – eu perguntava. – Tenho sete filhos. É claro que eu trabalho!

Trabalho é aquilo que fazemos. Seja remunerado ou não, executado em casa ou na rua, ele pode ser enobrecedor e gratificante. Tem a capacidade de contribuir para a saúde e o bem-estar, assim como de servir de exemplo. É capaz de transformar pessoas e situações. Pode enaltecer e estimular.

Como muitos já afirmaram, o trabalho é um princípio eterno e universal de qualidade de vida.

O homem feliz é aquele que trabalha. O homem infeliz é aquele que não faz nada.

– Benjamin Franklin

O mundo é movido não apenas pelos potentes empurrões dos heróis, mas também pelo conjunto dos minúsculos movimentos de cada trabalhador honesto.

– Helen Keller

E o seu próprio trabalho – o trabalho de sua vida (inclusive aquele dentro do seio da família) – é uma manifestação profunda e significativa do seu ser.

COMO VOCÊ VÊ O SEU TRABALHO?

E, então, como é que você vê o seu trabalho? Seja ele dentro ou fora de casa – como dono/dona-de-casa, ligado ao escritório através do computador ou, quem sabe, de ambas as maneiras –, você se sente gratificado? Você o aprecia, sente-se grato por tê-lo, tem prazer em executá-lo bem? Ele significa uma forma de crescimento pessoal? Ou está mais para fuga, monotonia, tédio? Você mal pode esperar que o dia acabe para que possa "sair fora", divertir-se ou fazer qualquer outra coisa?

Além daquilo que *fazemos*, o prazer e a satisfação que sentimos em decorrência do trabalho dependem de *por que* e *como* o fazemos. Tradicionalmente, o *que* executamos é considerado o fator mais importante. Mas acreditamos que o *porquê* e o *como* são, no mínimo, tão importantes quanto o *quê*.

Na Itália, costuma-se contar uma história interessante. Um padre se aproxima de três operários que estão trabalhando sob o sol quente da tarde. Ele se dirige ao primeiro e pergunta:

– Meu filho, o que é que você está fazendo?

E o homem responde:

– Eu estou quebrando pedra.

Então, ele pergunta ao segundo homem:

– O que você está fazendo?

O operário responde:

– Estou ganhando cem liras por dia.

Finalmente, ele faz a mesma pergunta ao terceiro homem. E o operário responde:

– Estou construindo uma bela catedral.

Qual é a diferença? A diferença está no *contexto*. É o motivo pelo qual trabalhamos.

É muito fácil ver como você pode adorar seu trabalho se você ama o que faz – especialmente se não está se sentindo pressionado pela família ou por outros assuntos. Mas, na verdade, *todas* essas razões podem proporcionar satisfação e prazer. Se você adora quebrar pedra, é gostoso quebrar pedra. E, se essa for a melhor maneira de sustentar aqueles que você ama, então quebrar pedra é fantástico. E, finalmente, se você adora a idéia de que está construindo uma catedral, quebrar pedra é um serviço maravilhoso – mesmo que ele não seja sua ocupação favorita. Você pode não gostar da atividade em si, mas o contexto do amor está lá.

REBECCA

Embora eu adore morar em uma casa bem limpa, jamais apreciei lavar o chão ou limpar privadas. Ainda que eu me sinta feliz em dar minha contribuição com o que escrevo, não gosto dos prazos finais, do ritmo intenso, da luta para encontrar as palavras mais adequadas e de ter de deixar várias coisas de lado para poder escrever.

Mas, em ambos os casos, o contexto esteve sempre presente. Eu adoro a minha família. Adoro ajudar pessoas. Adoro o material fantástico que tive o privilégio de poder usar no meu trabalho. E esse amor me fez superar todos os desafios, todas as dificuldades, todos os reveses.

Para mim, o contexto do meu trabalho – meu amor pelas pessoas e princípios – representa um sincero "sim!" que faz com que dizer "não!" seja algo muito fácil de praticar.

E, então, por que motivo você trabalha? Como isso afeta o modo como você vê o seu trabalho e se sente em relação a ele?

Para a grande maioria das pessoas, a razão principal é de ordem econômica: "Eu devo. Eu devo. Lá vou eu trabalhar." Ou "preciso trabalhar". Ou "tenho de sustentar minha família". Ou "não conseguimos sobreviver sem os dois salários".

Para muitos, o fator econômico é muito importante e causa um grande impacto na maneira como vêem seu trabalho. Muito do sofrimento relacionado ao equilíbrio é, de fato, causado pelo medo em termos econômicos, especialmente quando tantos negócios estão reduzindo suas operações ou cerrando as portas. Existe uma preocupação constante: "Não posso perder o emprego. Se isso acontecer, teremos sorte se conseguirmos pagar as contas durante dois meses." Como resultado, as pessoas se sentem prisioneiras de suas ocupações e compelidas a trabalhar longas jornadas, além de terem medo de fazer qualquer coisa que crie inquietação.

É verdade também que nos últimos anos se passou a dar um grande valor social ao trabalho como fonte de satisfação pessoal e de auto-estima, de crescimento profissional, de reconhecimento e de "tudo aquilo" que o dinheiro pode comprar. Esse enfoque causou um grande impacto no modo como nos sentimos em relação ao trabalho. Quando o motivo primordial pelo qual trabalhamos é de ordem econômica – mas o enfoque social significa trabalhar visando ao reconhecimento individual, à valorização pessoal e à recompensa material –, é fácil compreender por que o trabalho não remunerado é menosprezado, por que trabalhar para proporcionar o bem-estar da família é visto como algo menos enobrecedor e menos gratificante do que trabalhar para se satisfazer, se autopromover, ganhar dinheiro e fama. Impensadamente, a tarefa passou a ser valorizada à custa do valor do trabalho em si.

É óbvio que é formidável poder executar algo que se gosta de fazer. E existem muitas iniciativas que você pode tomar para criar esse tipo de alinhamento. Mas não se esqueça: as pesquisas demonstram que a maioria das pessoas que hoje está entrando no mercado de trabalho provavelmente terá de mudar de emprego várias vezes e algumas dessas mudanças poderão ser tão significativas que, na verdade, representem até mudanças de carreira.[1] As pesquisas também mostram que a maioria das pessoas que acumularam grandes fortunas e que possuem um expressivo grau de equilíbrio na vida não têm empregos glamourosos. Elas trabalham como "empreiteiros de obras, leiloeiros, fazendeiros, são donas de áreas de estacionamento, colecionadores de selos e moedas". E, embora tenham aprendido a lidar com altos investimentos em seus negócios, em sua vida privada pouco consomem.[2]

O ponto é o seguinte: você não precisa ter um emprego empolgante, emocionante e importante para ser bem-sucedido ou gostar do que faz. Essa própria expectativa pode lhe trazer anos de insatisfação e decepção. E essa perda representa um prejuízo para todos – para você, para a sua família e para a empresa na qual você trabalha.

Na verdade, saber que o seu trabalho efetivamente representa o amor que você sente por sua família pode lhe dar imenso prazer e satisfação.

E, como veremos no capítulo seis, existem muitas maneiras de gerenciar o seu dinheiro para que você não se sinta sempre pressionado por questões financeiras.

Roger

Certa vez, organizei um seminário para uma empresa muito conhecida, famosa por contratar pessoas inteligentes e bem-sucedidas. Durante o debate, dois participantes relataram uma situação que tinham vivido na noite anterior.

Eles disseram que, durante a hora do jantar, haviam decidido pegar suas Mercedes para dar uma volta pela orla marítima antes das reuniões previstas para aquela noite. Estacionaram seus carros perto da praia e, enquanto estavam sentados curtindo a brisa marinha, viram um homem tirando algumas coisas de dentro de um carro velho. Enquanto observavam, o homem começou a inspecionar a área e a recolher garrafas velhas, pratos de papel e o resto do lixo que as pessoas haviam deixado na areia. Por causa da sua roupa, podiam dizer que aquele era o trabalho dele – quem sabe até um segundo trabalho.

Esses homens comentaram um com o outro: "Olha aquele cara, coitado. Que desperdício! Limpar a praia é tudo que é capaz de fazer." Ao mesmo tempo, essa atitude da parte deles indicava implicitamente: "Olhe para nós. Somos instruídos, somos inteligentes. Ganhamos muito dinheiro e temos esses carros lindos. Somos muito melhores do que ele."

Após alguns minutos, uma menina se aproximou do homem e começou a ajudá-lo. Até então, ela estava sentada em um cobertor com várias pessoas – evidentemente a família dela – a poucos metros de distância. Enquanto os dois observavam, ficou claro que a família que estava sentada no cobertor era a família do homem. Ao acabarem de lanchar, um a um, todos se levantaram e foram ajudá-lo.

Em muito pouco tempo eles acabaram de limpar e guardar tudo. Começaram, então, a brincar juntos, a rolar na areia, a rir e a correr uns atrás dos outros na praia. Era óbvio que estavam se divertindo bastante.

A atitude inicial dos dois homens lentamente passou de desprezo para uma inveja imensa. Eles perceberam que, enquanto tinham permanecido sentados, saboreando seus sucessos e preparando-se para mais uma noitada cansativa de reuniões, ali estava alguém que havia, de alguma maneira, integrado sua família a parte de seu trabalho e que, em muitos aspectos, parecia estar muito mais feliz do que eles.

Trabalhar para sustentar aqueles que amamos é provavelmente a atividade mais enobrecedora e gratificante que alguém pode exercer na vida. É um dos meios mais importantes pelos quais nos dedicamos à família. Como mostrou uma pesquisa, ganhar o pão-nosso-de-cada-dia talvez seja a forma de medir de maneira "ativa, responsável e escrupulosa o quanto estamos emocionalmente envolvidos e o verdadeiro grau de nossa dedicação".[3] E quando executada com excelência, além de proporcionar bem-estar financeiro, pode fornecer um maravilhoso legado de caráter para os filhos. Como mencionamos, na realidade o "trabalho" e a "família" não estão em desacordo. O que é incompatível com essas duas áreas é a noção cultural da *minha carreira* e o enfoque em *tudo aquilo* que acompanha o sucesso no mundo material. E é a busca obstinada por essas coisas – em vez da busca pelos princípios do trabalho e da família – que, muitas vezes, se apresenta como "desequilíbrio".

ROGER

Quando entrevistadas individualmente, algumas pessoas me contaram que, quanto mais tentavam harmonizar trabalho e família, pior ficava a situação. Por algum tempo, isso pareceu não fazer sentido.

Mas, quanto mais eu escutava, mais facilmente pude ver que essas pessoas não haviam entendido como lidar com a insuperável precedência da família sobre o resto. Na verdade, elas estavam pondo a família – que significa um compromisso sério, permanente e duradouro – no mesmo patamar do emprego, que, mesmo que seja excelente, é, por natureza, temporário, instável e sujeito a mudanças.

Como resultado, os membros da família estavam se sentindo inseguros. Suas esposas consideravam-se meras companheiras de quarto. Os relacionamentos estavam se desgastando, e os esforços para apaziguar os membros da família davam a impressão de serem simbólicos e falsos.

A verdade é que relacionamentos emocionais temporários jamais gerarão um amor permanente. Enquanto as pessoas se questionarem sobre o que é mais importante de fato – a família ou a carreira –, as relações serão vistas como temporárias.

Se você sente uma necessidade constante de se justificar perante a sua família por causa do seu trabalho, procure perguntar a si mesmo: "Será que estou fazendo o *nosso* trabalho – que é parte vital de uma contribuição física, mental, social e espiritual para a economia familiar – ou será que estou fazendo o *meu* trabalho – estou me concentrando na *minha* carreira, na *minha* satisfação pessoal, na *minha* realização individual?" Se a resposta for o *meu* trabalho, talvez você deva refletir sobre o impacto disso no seu esforço para estabelecer um equilíbrio. Se for o *nosso* trabalho, certifique-se de que a sua família sabe disso.

Na verdade, o equilíbrio entre *minha carreira* e lar e o equilíbrio entre *objetos de consumo* e lar – diferentemente do equilíbrio entre *trabalho* e lar – não pode ser programado, pois ele está vinculado ao fator emocional. E, por mais que você se esforce, enquanto não aceitar por completo o seu lado emocional, não conseguirá estabelecer uma harmonia que o satisfaça totalmente.

O desafio dos dois salários

O fato de o pai e a mãe trabalharem fora quando há crianças na casa é outro fator que interfere no modo como nos sentimos em relação ao emprego. Sob muitos aspectos, essa questão se tornou o símbolo da luta pelo equilíbrio entre trabalho e família.

Para muitos pais jovens, essa é uma perspectiva que está fora de análise: "É óbvio que nós dois trabalhamos. Todo mundo trabalha." Para outros, trata-se de um assunto bastante delicado, incluído em todas as perturbadoras estatísticas sociais sobre crianças que ficam sozinhas a maior parte do dia, pais que controlam os filhos pelo telefone celular, trabalho comunitário, crenças religiosas e direitos da mulher. Embora hoje em dia as mulheres estejam na berlinda por causa de seu progressivo envolvimento com o trabalho fora de casa, esse assunto tem sido cada vez mais objeto da atenção de muitos homens que se preocupam com o bem-estar dos seus filhos, principalmente agora que as mães, assim como eles, saem de casa para trabalhar.[4]

Muitos pais gostariam de estar com os seus filhos pequenos quando esses dão seus primeiros passos e pronunciam as primeiras palavras. Alguns não querem que as crianças encontrem a casa vazia ao voltarem da escola. Esses pais estão a par das estatísticas sociais que apontam um expressivo aumento do uso de drogas e de bebidas alcoólicas, da gravidez na adolescência, do número de suicídios entre jovens, além de vários problemas sérios agravados pelo fato de os pais estarem ausentes.

Mas eles também se sentem compelidos a trabalhar fora para poderem dar aos filhos tudo de que eles precisam – assim como pagar prestações da casa e do carro, consultas de médicos e dentistas, despesas com colégios e educação, fraldas, aparelhos ortodônticos, aulas de piano e tudo mais. Como conseqüência, esses pais se sentem divididos e desequilibrados. Tendem a ver o trabalho como um "mal necessário" porque, embora esse seja o meio de sustentar os filhos, ele acaba com aquele tempo especial que não volta atrás e que deveria estar sendo dedicado à família.

Se você está se sentindo incomodado pelo fato de ambos, pai e mãe, trabalharem fora, talvez se interesse por uma pesquisa sobre o "segundo turno" que apresentou alguns dados interessantes.

Em lares americanos formados por casais, o percentual daquelas famílias tradicionais do passado, sustentadas por um único provedor, caiu para os atuais 21%.[5] Além de vários artigos importantes, dois livros – *Two Incomes and Still Broke?* (Duas fontes de renda e duros mesmo assim?), de Linda Kelley, e *Shattering the Two Income Myth* (Destruindo o mito das duas fontes de renda), de Andy Dappen – dão a entender que, na maioria dos casos, razões financeiras não justificam um segundo salário. Para simplificar, um segundo salário precisa, em média, alcançar $30.000 para que apenas um único dólar possa ser gasto com a família. E mais, para cada três dólares recebidos, apenas um estará disponível para gastos.[6]

Vejamos algumas razões para isso:

- O segundo salário o coloca em uma categoria mais alta do imposto de renda.
- Você precisa pagar por bens e serviços extras – coisas que não necessitaria comprar se não tivesse o emprego, tais como:

- roupas e ferramentas para o trabalho;
- creche ou babás (para famílias com crianças);
- transporte adicional;
- refeições fora;
- serviços domésticos (faxina, jardim, reparos, compras);
- artigos de lojas de conveniência (comida congelada, comida pré-preparada, quentinhas);
- presentes para compensar ausências ("mamãe e papai vão ficar fora e por isso compramos esse videogame novo").

• Você contrai dívidas maiores (salário bruto), mesmo que seu salário líquido não suba tanto ("Veja: você está ganhando $50.000 e eu estou tirando $45.000. Juntos estamos ganhando $95.000! Podemos comprar isso!")

Em muitos casos, a única coisa que o segundo salário "acrescenta", de fato, é o enorme estresse de ter de gerenciar a casa e as necessidades da família quando nenhum dos pais está presente. A desgraça realmente acontece quando um pai, ou uma mãe, que não deseja trabalhar fora acaba sendo obrigado a isso e, no fim das contas, não há um ganho financeiro.

É óbvio que nem todas as situações são iguais. Mas conhecer os fatos e as opções em relação ao segundo salário pode ajudá-lo a tomar a decisão mais adequada ao seu caso. Para não agir impensadamente, é importante certificar-se de que você está conectado à sua bússola interna e bem seguro quanto ao que é importante para você e ao *porquê* do seu trabalho. Também é essencial ter a certeza de que você e sua esposa estão plenamente de acordo sobre as decisões prioritárias relacionadas ao trabalho.

REBECCA

Quando Roger e eu começamos a sair juntos, havia uma enorme pressão social para que as mulheres procurassem uma carreira. Eu adorava estudar e estava muito feliz por ter recebido uma bolsa de estudos integral para uma universidade ótima. Eu havia começado a trilhar um caminho que incluía planos de estudos de graduação e pós-graduação, por isso não pensava em me casar. Mas, depois de alguns poucos encontros com ele, comecei a achar que talvez eu devesse mudar os planos.

No verão seguinte nós nos casamos. Continuei a faculdade por mais um ano, mas, quando tivemos nosso primeiro filho, vi que teria de tomar uma decisão muito importante. Embora continuasse a ir às aulas esporadicamente, percebi que dentro de mim crescia a convicção de que a maior contribuição que eu poderia fazer seria a de me concentrar nos cuidados e na educação daquela criança e das outras que queríamos ter. Eu não compreendia bem o meu sentimento. Ao meu redor tudo parecia contradizê-lo. Mas eu sentia e de alguma forma sabia que aquilo que aquela voz interior me dizia era o que na realidade me traria as maiores alegrias e satisfações. Foi, então, que decidi dedicar meu tempo, meu talento e minha energia exclusivamente à minha família.

Com o passar dos anos, nem sempre foi fácil manter aquela decisão. Houve momentos em que montes de fraldas sujas, joelhos machucados, narizes escorrendo e crises de identidade de filhos adolescentes pareciam me abater. Épocas em que me senti mentalmente desestimulada, fisicamente sobrecarregada e ocasionalmente menosprezada. Fases em que precisamos apertar o cinto, economizar e viver sem alguns daqueles itens que dois salários poderiam ter nos proporcionado.

Mas houve épocas também em que senti uma profunda alegria ao descobrir maneiras criativas de aplicar meu talento, liderar a família e gerenciar a casa. E também períodos em que eu sabia que apenas o fato de estar disponível – ouvindo e cuidando – realmente fazia diferença.

Agora, quando vejo minha família reunida ao redor da mesa – quando sinto o amor e vejo as decisões que nossos filhos tomaram em relação às suas vidas –, sinto que não há nada que se compare a isso. Sinto-me muito feliz por aquela voz interior ter sido mais forte do que o clamor das vozes externas. E sinto-me agradecida por Roger ter, de bom grado, me apoiado quando decidi ficar em casa.

Também estou muito feliz por nos últimos 15 anos ter tido a oportunidade de trabalhar com Roger e com Stephen Covey. Sinto uma grande satisfação em poder contribuir com aquilo que escrevo. E sou muito grata por a chance de escrever ter surgido como surgiu, e não da forma ou no momento que eu teria imaginado. Nunca me arrependerei de ter participado integralmente da criação de meus filhos. Viver e aprender com eles me deu algo para escrever a respeito.

Uma das vantagens do mercado de trabalho em todo o mundo hoje é o considerável aumento de opções. Embora ainda seja bastante difícil, agora está muito mais fácil afastar-se desse mercado e depois voltar a fazer parte dele. As empresas estão adotando políticas mais voltadas para o bem-estar da família, como a divisão de tarefas e o meio expediente. A tecnologia deu a muitos pais a possibilidade de trabalhar em casa.

Além disso, como discutiremos no capítulo seis, se você conseguir resistir às tendências atuais e adotar um estilo de vida no qual investe muito e gasta pouco, esse conflito pode ser minimizado.

O DESAFIO DE SER PAI E MÃE AO MESMO TEMPO

Quando você é o único responsável por uma família, não pode se dar ao luxo de se perguntar se deve ou não trabalhar. O trabalho remunerado é, certamente, uma necessidade financeira. E, mais uma vez, surge a tentação de vermos o trabalho como um "mal necessário".

No entanto, alguns chefes de família que se encontram nessa situação nos disseram que é possível transformar esse fato em motivo de união – principalmente se você procura sempre dizer aos seus filhos que os ama muito, que adora a companhia deles e que sustentá-los é uma das poucas razões importantes o suficiente para manter-se afastado deles uma boa parte do dia.

Mais uma vez analisaremos maneiras que lhe permitam administrar os seus recursos para que possa economizar e melhorar sua situação financeira e não precisar passar horas demais fora de casa (ver o capítulo seis). Além disso, você talvez queira pesquisar outras opções, como a divisão de tarefas ou, quem sabe, até mesmo abrir um negócio em casa. Por sinal, esse é um dos segmentos do mercado de trabalho que mais crescem hoje em dia.

Mas, se sua ausência é realmente necessária, use o seu próprio exemplo para ensinar a seus filhos o significado da nobreza do trabalho e do sacrifício por aqueles que amamos. Será também um meio de motivá-los a ter mais disposição quando se virem desafiados. Através do trabalho que você realiza, das tarefas que eles têm em casa e dos empregos que conseguirem quando forem mais velhos, os seus filhos terão a oportunidade de reconhecer a importância de os membros da família trabalharem em prol uns dos outros. Você também poderá envolvê-los em seu trabalho para que eles entendam da sua atividade e talvez até para ajudarem-no a executá-la. Em ambos os casos, cultivar um sentimento de gratidão pela contribuição de cada um é muito mais saudável, em termos psicológicos e emocionais, do que cair na armadilha de culpar os outros pelas sensações de impotência, injustiça e sacrifício.

No final deste capítulo examinaremos algumas maneiras práticas pelas quais chefes de família – únicos ou não – podem interligar trabalho e lar, assim como ajudar os filhos a aprenderem a gostar de suas próprias ocupações.

Outros motivos para trabalhar fora

É claro que existem outras razões além daquelas de ordem financeira. Algumas são bastante óbvias, como contribuir, estabelecer associações relevantes e produtivas, encontrar uma forma de exprimir um talento especial, aliviar o sofrimento humano ou melhorar o mundo. Trabalhar por um desses motivos pode lhe proporcionar uma enorme alegria, pode ajudá-lo a estabelecer uma vida rica e equilibrada, pode estimular o princípio do trabalho em sua família e, até mesmo, unir a família através do compartilhamento do esforço, *desde que as suas prioridades estejam claras e você esteja seguro de que está dedicando tempo e energia suficientes para aquelas coisas que lhe são mais importantes.* Mais uma vez: o sucesso significa estar conectado ao seu próprio sistema de orientação e alinhado com ele.

As outras razões para se trabalhar fora talvez sejam menos óbvias. Algumas, na realidade, são muito sutis e, não raro, não são notadas. Mas é muito importante que sejam compreendidas também. Como é apontado no livro *The Time Bind* (A complicada questão do tempo), da socióloga Arlie Hochschild, muitas pessoas sentem mais satisfação quando estão no trabalho do que quando estão em casa. No lar, elas se deparam com "brigas não resolvidas e roupa suja"; no trabalho, encontram compensação, reconhecimento, promoção, "arrumação confiável, harmonia e incentivo".[7] Quase sempre, sem perceberem, homens e mulheres são convencidos a passar horas desnecessárias no trabalho só porque, a curto prazo, isso lhes parece mais gratificante.

Ao verem "a felicidade" em termos de alívio pessoal imediato e não de relacionamentos familiares duradouros e qualidade de vida, algumas pessoas podem, durante um breve período, adorar o trabalho ou a válvula de escape que ele oferece. Mas esse não é o princípio do trabalho baseado no amor, aquele que proporciona uma profunda satisfação íntima e o equilíbrio da vida. E, se esperarmos que isso aconteça, ficaremos muito decepcionados.

Mais uma vez, voltamos a legitimar expectativas. A dúvida é a seguinte: será que estamos fazendo aquelas coisas que, a longo prazo, nos trarão os resultados que tanto desejamos?

Você deveria trabalhar fora?

E, então, você deveria trabalhar fora? Caso a resposta seja sim, o quanto? E quando?

É claro que as necessidades financeiras básicas têm que ser atendidas. Mas, para se ter uma família adorável e unida, é preciso atender também as suas necessidades mentais, sociais e espirituais básicas. E, em geral, essas necessidades são maiores em algumas épocas – quando as crianças são muito pequenas, quando os pais são muito idosos ou quando existe outro tipo de situação desafiadora dentro de casa.

Para concluir, não existe uma resposta "correta" para todos ou para alguém em algum estágio de vida. As pessoas são diferentes. As situações são diferentes. As ocasiões são diferentes. Essa é a razão pela qual, mais uma vez, nós afirmamos que o verdadeiro "equilíbrio" está em saber "equilibrar". Em fazer boas escolhas com freqüência. Em certificar-se de que você está *vendo* a sua vida e as suas opções segundo a sua inteligência orientadora, e não através de paradigmas sociais. Em estar convicto de que o que você está *fazendo* tem como base os princípios eternos e que, de fato, é o mais importante.

Independentemente da situação em que você esteja, criar sua declaração de missão pessoal e refletir com seriedade sobre ela é uma maneira muito eficiente de se manter conectado. Essa declaração é o padrão que lhe permite avaliar alternativas e opções. Ela o ajuda a compreender melhor o *porquê* do seu trabalho e a razão pela qual você faz o que faz em todas as épocas da sua vida.

Como você se vê como trabalhador?

Não é preciso ter muita experiência de vida para compreender que existe uma enorme disparidade na maneira como as pessoas trabalham. Você pode entrar em uma loja e ser atendido por vendedores que o recebem com um sorriso e que fazem o possível para ajudá-lo a encontrar o que você está procurando, enquanto outros permanecem sentados atrás do balcão conversando e agindo como se as suas perguntas estivessem interrompendo o bate-papo deles. Você encontra construtores, empreiteiros, fornecedores e artesãos que não se importam de demorar para executar um trabalho bem-feito, prestar atenção nos detalhes e sentir orgulho do que fazem. Mas também se depara com outros que correm para terminar uma tarefa, para economizar tempo e custos, e cujos interesses estão mais voltados para o aumento dos lucros do que para a execução de um serviço de qualidade.

A forma como essas pessoas vêem o trabalho e vêem *seus* trabalhos, bem como a qualidade do serviço que fazem, tem origem no modo como elas *se vêem como trabalhadores*, e, conseqüentemente, isso determina a sua visão de como trabalham.

Em um ambiente social em que existam muitas mensagens conflitantes sobre o trabalho, onde será que os trabalhadores fantásticos encontram seus modelos de trabalhadores fantásticos?

Alguns cresceram em famílias ou culturas que valorizam uma ética do trabalho árduo. Os imigrantes asiáticos nos Estados Unidos, por exemplo, conquistaram uma extraordinária reputação no mercado de trabalho por causa de sua sólida ética profissional.[8]

Outros trabalham em organizações altamente centradas no valor, que ensinam os funcionários a se verem como profissionais excelentes. É um prazer entrar nesses ambientes. Quando essas empresas são parte de uma cadeia nacional ou internacional, você pode ter certeza de que receberá o mesmo serviço de alta qualidade em qualquer lugar em que elas estejam estabelecidas. Espera-se que, onde quer que seja que esses funcionários venham a trabalhar no futuro, eles mantenham a visão que adquiriram nos programas de treinamento.

Alguns aprenderam a ser excelentes através da observação e do aprendizado. Identificaram as qualidades que levaram ao reconhecimento e à promoção de outros e optaram por incorporá-las à sua própria vida.

Outros parecem ter uma disposição inata para o trabalho. Apesar da educação que receberam e do ambiente em que foram criados, eles parecem reconhecer a satisfação e a gratificação que são obtidas quando se trabalha arduamente para alcançar metas e objetivos expressivos.

Independentemente de possuir uma influência familiar ou cultural positiva, treinamento empresarial, experiência ou mesmo uma personalidade desse tipo, você pode optar por ser um trabalhador fantástico. Tem a liberdade de decidir ser excelente naquilo que faz.

E por que não? Se você vai trabalhar, por que não desempenhar sua função com excelência? Funcionários medíocres são maus líderes e maus companheiros de equipe. São preteridos na hora de receber aumentos e promoções. Em geral, sentem-se frustrados e entediados. Encontram pouca ou quase nenhuma satisfação no que fazem.

Por que, então, não se empenhar para alcançar a excelência? Sua contribuição será maior. Você se sentirá melhor. Ganhará mais dinheiro. Merecerá mais credibilidade e terá oportunidades melhores. Não importa se o seu trabalho é dentro ou fora de casa: quanto mais você aprender a vê-lo em termos de excelência, mais gratificação encontrará nele.

MAXIMIZADORES EM AÇÃO

Já se escreveu e ensinou um número altamente significativo de métodos e técnicas sobre como melhorar o desempenho profissional. Roger sente-se privilegiado por trabalhar há muitos anos nesse campo específico e por ter podido acompanhar de perto a evolução de idéias excepcionais. No final deste livro, incluímos uma bibliografia sobre aquilo que consideramos ser o material mais relevante sobre esse tema.

Neste ponto, no entanto, gostaríamos de discutir sete dos maximizadores mais alinhados e eficazes nessa área. Ao chamarmos a atenção para eles, não pretendemos sugerir que a eficácia na administração do tempo e do dinheiro não está entre os maximizadores mais eficientes no campo do trabalho. Ela está. Reflita sobre o seguinte:

- **Tempo.** De acordo com um artigo publicado na *Harvard Business Review*, 90% dos gerentes desperdiçam tempo em várias atividades inúteis.[9] Além disso, uma pesquisa do FranklinCovey/Harris Interactive[10] mostra que, nos Estados Unidos, os empregados:
  – Destinam apenas 49% de seu tempo a atividades diretamente relacionadas às prioridades-chave da empresa.
  – Dedicam 32% do seu tempo a atividades que exigem atenção imediata, mas que são pouco relevantes para os objetivos mais importantes da empresa.
  – Despendem 19% de seu tempo com politicagem e burocracias irrelevantes.

- **Dinheiro.** A capacidade de um funcionário administrar o dinheiro afeta não apenas os aspectos da sua atividade que estão relacionados ao orçamento da empresa como também outras questões relativas ao trabalho. A pesquisa revela que:
  – Dois terços dos trabalhadores dizem ter dificuldade em pagar suas contas em dia e afirmam que "se preocupam com dinheiro".
  – Na média, 15% dos trabalhadores nos Estados Unidos sentem-se tão estressados por causa de suas péssimas situações financeiras que sua produtividade sofre um impacto negativo. (Essa taxa é de 20% na área militar e em alguns locais de trabalho fica entre 40% e 50%.)[11]

Tempo e dinheiro são áreas tão críticas, tanto no trabalho quanto em casa, que dedicamos um capítulo inteiro a cada uma delas neste livro.

Além disso, sugerimos os sete maximizadores que descreveremos a seguir como meios eficazes para você melhorar seu desempenho profissional. Eles não são novos, mas o tempo já mostrou que são eficientes. Escolhemos esses sete não apenas porque eles se baseiam em princípios universais e eternos mas porque são fundamentais quando lidamos com os desafios do mundo atual.

Maximizador um: seja proativo

Quando você está infeliz, frustrado ou as coisas não estão andando bem, pode ser tentador dizer: "É a economia (ou o conselho-diretor, as políticas imbecis, a mudança no mercado de trabalho, o que está acontecendo na área tecnológica ou o idiota do meu supervisor)!" As pessoas sempre procuram culpar alguém ou algo pelo serviço que não está sendo executado.

Mas, se sua intenção é ser mais eficiente, você precisa ver as coisas de maneira diferente. Os trabalhadores eficientes reconhecem suas "responsabilidades" (em inglês, *response-ability*, ou seja, capacidade de responder) quando têm que agir para efetuar uma mudança. Eles concentram seus esforços naquilo que sabem que podem resolver.

Em *Os 7 hábitos das pessoas altamente eficazes*, Stephen Covey cita a conduta proativa como "Hábito Um".[12] Ser proativo é aceitar responsabilidades pelo seu próprio trabalho, pensamentos, sentimentos, ações e vida. É agir com base nos princípios e valores em vez de reagir segundo as emoções e as circunstâncias. Significa concentrar tempo e energia nas atividades em que você pode exercer uma influência maior e deixar as outras de lado. Ser proativo é fundamental para se alcançar o sucesso, tanto o pessoal quanto o profissional, assim como para qualquer outro hábito relativo à eficácia.

Pessoas proativas são muito valiosas para qualquer organização. Elas geram as idéias e as ações que fazem a diferença. Tomam iniciativas. Agarram as oportunidades que fazem as coisas acontecerem.

Roger

Há alguns anos, recebi a incumbência de desenvolver um programa de treinamento para uma organização de grande porte. Quando cheguei, herdei uma assistente administrativa que já trabalhava lá há algum tempo. Em meio aos meus afazeres, rapidamente a classifiquei como "assistente competente" e passei para ela coisas mais importantes.

No entanto, nas semanas que se seguiram, pude constatar que ela era um dos meus recursos "mais valiosos". Essa mulher fazia tudo o que eu esperava que uma assistente administrativa fizesse bem. Mas, gradativamente, ela passou a fazer muito mais. Após algumas sessões em que ditei respostas para cartas, um dia ela me trouxe novas cartas, abertas e classificadas, e disse: "Se o senhor quiser responder a essas cartas da mesma maneira que fizemos com aquelas ontem, posso fazer rascunhos das respostas para economizar tempo. O senhor poderá examiná-los e dizer o que achou." Como eu estava com problema de tempo, pensei: por que não? Os rascunhos que ela me entregou estavam bem escritos e demonstravam uma grande sensibilidade – estavam melhores do que se eu mesmo os tivesse redigido. Logo, ela estava escrevendo 95% das cartas sem que eu precisasse ditá-las.

Impressionado com sua habilidade para escrever, perguntei-lhe se gostaria de participar da criação de um manual de treinamento. Ela concordou. Confiei-lhe, então, uma parte específica e pedi que fornecesse algumas sugestões. Ela não se limitou a dar idéias, simplesmente produziu um excelente esboço para o material proposto. Como resultado, acabou como encarregada do treinamento e gerente-adjunta no departamento. No fim, descobri que essa funcionária tinha mestrado em Comunicação e que havia aceitado o cargo de assistente administrativa porque era o que estava disponível. Ela foi um dos principais motivos do enorme sucesso do programa de treinamento.

Sempre levei em consideração o potencial humano, mas essa mulher me fez de fato ver como uma pessoa proativa pode desempenhar uma função no trabalho com eficácia. Desde então, minha concepção sobre assistentes administrativos mudou para sempre e afetou também a maneira como eu me relaciono com cada um deles. Alguns de meus melhores companheiros de trabalho são pessoas que começaram como assistentes administrativos que aumentaram seu nível de conhecimento, cresceram profissionalmente ou se tornaram assistentes administrativos incríveis porque era isso que eles queriam fazer.

Ser proativo proporciona satisfação pessoal no trabalho, além de sucesso na empresa e na vida em sociedade.

REBECCA

Alguns anos atrás, quando estávamos trabalhando em um projeto sobre "literatura de sabedoria", encontramos por acaso um exemplo incrível de como ser proativo no ambiente de trabalho e na sociedade como um todo. Estávamos na Austrália e tivemos a oportunidade de entrevistar alguns líderes de tribos indígenas em várias cidades ao longo da costa e também em Yuendumu, um vilarejo no centro do país.

Ao compartilharem suas idéias conosco, esses líderes tribais nos falaram sobre o que eles chamavam de "genocídio cultural" de seus povos: assim que podiam, os caucasianos que chegavam procuravam "civilizar" e "educar" as crianças indígenas, afastando-as de suas famílias e terras – duas coisas que estavam profundamente relacionadas a seu sentido de identidade – e transferindo-as para lares adotivos brancos, de modo que pudessem crescer nas cidades. Os problemas sociais resultantes do deslocamento desses indígenas foram imensos, manifestando-se na forma de alcoolismo, abuso doméstico, etc.

No entanto, esses líderes nos contaram que as mulheres de suas tribos são muito proativas. Ao perceberem o que estava acontecendo, elas tomaram para si a responsabilidade de iniciar esforços que dessem um sentido de identidade e de objetivo aos membros de seus grupos naquela nova e difícil situação. Elas trabalharam muito para abrir negócios ou "cooperativas" e obtiveram sucesso. Depois, pediram aos homens que dirigissem aqueles negócios. Elas também lhes pediram que voltassem a ser os líderes espirituais de seu povo.

A maneira respeitosa com que os anciãos das tribos se referiam às mulheres nos causou um profundo impacto. Embora esse tipo de liderança não representasse o papel tradicional que exerciam na sociedade, foi fácil perceber como aquelas mulheres haviam reagido e tomado atitudes importantes para restaurar o sentido de dignidade e de objetivo tão fundamental para seu povo.

Ser proativo é aprender a se *ver* como um "ser responsável" e "*tomar* atitudes responsáveis".

Como fazer isso? Tome a iniciativa. Pergunte-se sempre: "O que eu posso fazer?" Aprenda a escutar a si mesmo. Se alguma vez você se pegar se culpando ou acusando alguém ou algo pelo seu descontentamento – seja em palavras ou em pensamentos –, pare! Concentre a sua mente e a sua energia naquilo que *você* pode fazer para mudar a situação para melhor.

Roger

Em seminários, muitas vezes eu ensino o princípio de ser proativo, agrupando os participantes em duplas. Então, peço a eles que pensem sobre um problema ou desafio que enfrentam no trabalho e que se revezem para descrever essa dificuldade para os seus parceiros. Também peço que façam o possível para convencerem um ao outro de que eles não tinham, de maneira alguma, *causado aqueles problemas e de que não havia absolutamente nada que pudessem fazer a respeito daquilo.*

Após o que costuma ser uma conversa bem animada, eu lhes pergunto como se sentem. Não raro, as respostas mais imediatas são "Sinto-me justificado!" ou "Sinto-me tão leve e aliviado!".

Mas, depois de alguns momentos, ouço cada vez mais: "Sim, mas não me sinto realmente satisfeito" e "Isso me parece tão familiar – familiar demais. Acho que sou muito bom nisso".

Solicito, então, que peguem o mesmo problema e aceitem a "responsabilidade" (capacidade de responder). Peço-lhes que usem somente a linguagem proativa:

"Eu posso..."

"Eu acho..."

"Eu sinto..."

"Meu próximo passo será..."

Em seguida, peço que cada um deles faça o possível para convencer seus parceiros de que é capaz de fazer uma grande diferença.

Novamente, eles interagem. Dessa vez, quando lhes pergunto como se sentem, as respostas são bem diferentes:

"Sinto-me com muito mais energia!"

"Sinto-me poderoso."

"Sinto-me esperançoso."

Eles começam a compreender que as únicas pessoas que os estão transformando em vítimas são eles próprios.

Reflita sobre o expressivo contraste entre essas duas abordagens. Na maior parte do tempo, *vermos* algo como um problema ou como uma oportunidade é o que *faz* aquilo ser um problema ou uma oportunidade.

Maximizador dois: focalize a "Atividade Número Um"

Ao assumirem um compromisso com a excelência, muitas pessoas tendem equivocadamente a interpretar essa situação da seguinte forma: "Agora tenho de fazer com perfeição tudo aquilo que esperam de mim."

Isso é impossível e é estrategicamente irreal também.

Qualquer que seja o seu trabalho, é bem provável que você jamais consiga fazer tudo aquilo que poderia ser feito ou tudo aquilo que você gostaria de fazer ou tudo aquilo que as outras pessoas desejariam que você fizesse. A solução está em ser proativo ao determinar o que nós chamamos de "Atividade Número Um" e executá-la muito bem. Realizar *essa única atividade* com excelência é muito mais importante do que fazer todo o resto de maneira medíocre.

Um grande desafio no que se refere à "Atividade Número Um" é a dicotomia entre enfoque e percepção que descrevemos no capítulo dois – a tensão entre a necessidade de nos concentrar e a necessidade de estarmos atentos e de reagirmos ao que está acontecendo ao nosso redor. Mais do que em qualquer outro lugar, essa dicotomia fica evidente nos ambientes de políticas de "altas cobranças", comuns em muitas empresas. Enquanto os funcionários enfrentam a necessidade de se concentrar nos projetos prioritários, eles também se vêem forçados a reagir a disputas pelo poder, a rumores, a insinuações e a especulações que ocorrem na organização. Como conseqüência, uma enorme quantidade de tempo e de energia é desperdiçada. Não é apenas a empresa que perde, o prejuízo é de todos; os funcionários vão para casa se sentindo inúteis e insatisfeitos. Qual é a solução então?

Fazer tudo o que for necessário para se concentrar na "Atividade Número Um".

Em primeiro lugar, compreenda a sua organização. Seja qual for o seu ramo de negócio – fornecer pães para supermercados, projetar ou construir prédios, renovar carteiras de motoristas, consertar carros, vender computadores –, faça algumas perguntas-chaves:

- Por que estamos neste negócio?
- Quais bens e serviços nós fornecemos?
- Quem são os nossos clientes?
- De que maneira contribuímos para a vida dos clientes?
- Como os clientes pagam pelo serviço que fornecemos?
- Que resultados estamos tentando alcançar?

Tente compreender a sua organização considerando o ponto de vista do seu supervisor, de seus colegas, de seus clientes e de seus concorrentes. Se ela possui uma declaração de missão organizacional, reveja-a cuidadosamente. Investigue. Observe. Faça tudo o que for necessário para entender a organização para a qual você trabalha.

Em segundo lugar, compreenda qual é o seu papel dentro dela. Como afirma o consultor de negócios Peter Drucker: "O executivo eficiente concentra-se na contribuição. Ele desvia o olhar de seu trabalho para procurar novos objetivos e pergunta: 'Como a minha contribuição pode afetar, de maneira positiva, o desempenho e os resultados da instituição a que sirvo?'"[13] Defina a sua colaboração em termos de resultados, e não em termos de atividades. Crie uma declaração de missão de "trabalho" se quiser. Certifique-se de que a contribuição definida por você está alinhada com a organização como um todo e alavancada para o máximo de impacto positivo.

Em terceiro lugar, assegure-se de que a sua visão sobre o seu papel está alinhada com o ponto de vista de seu supervisor e de seus colegas – de que existe um acordo sobre o que a sua "Atividade Número Um" deve ser. O ideal é que esse alinhamento parta de um alinhamento de objetivos ou de um planejamento de desempenho iniciado pelo seu supervisor. Mas, se não for assim, seja proativo. Certifique-se de que você e ele compartilham a mesma visão.

Roger

Certa vez, um consultor recebeu um telefonema do diretor executivo de uma empresa para a qual ele estava trabalhando.

O diretor disse:

– George, preciso de sua ajuda. Ao que tudo indica, vamos ter de despedir o Fred. Isso me aborrece muito, mas os resultados não estão aparecendo. Será que você poderia visitá-lo e ver se existe alguma possibilidade de impedir que isso aconteça?

– Claro, terei muito prazer em fazer uma visita a ele – George respondeu.

Durante a conversa com Fred, George lhe perguntou:

– Você se importaria de me contar quais são as suas obrigações perante esse diretor?

– De maneira alguma – disse. Então, citou uma lista de responsabilidades, e George as anotou. Ao acabar, ele mostrou a lista para Fred.

– A lista está correta? – perguntou George.

– Perfeitamente! – confirmou Fred. E deu a entender que na sua concepção ele estava cumprindo bem todas as suas obrigações.

Mais tarde, quando estava conversando com o diretor executivo, George perguntou:

– O senhor se importaria de me dizer quais são as atribuições do Fred?

– Com muito prazer. – George anotou tudo o que ele disse.

Quando George pôs as duas listas lado a lado, constatou que havia diferenças expressivas. Ele voltou a procurar Fred e lhe perguntou:

– Você gostaria de ver a lista das atribuições que o diretor me entregou quando fiz a mesma pergunta a ele?

– Claro – respondeu. Ele examinou a lista com um espanto crescente. – Puxa! – exclamou. – Isto é surpreendente!

Alguns meses depois, George recebeu outro telefonema do diretor executivo.

– Mal posso acreditar em como Fred mudou! – disse. – Houve uma reviravolta total. Você precisa vir até aqui e fazer a mesma coisa com o departamento inteiro. O que é que você fez com ele?

E George respondeu:

– Mostrei a ele a sua lista!

Empregados eficientes sabem o quanto é fundamental que suas listas de obrigações e as listas de atribuições de seus supervisores sejam iguais, mesmo quando o supervisor não sabe. Na situação que acabei de descrever, o que realmente ocorreu quando George disse "Mostrei a ele a sua lista!" foi que o diretor executivo pensou por quase um minuto e depois respondeu: "Eu sabia! Sabia que ele estava me enganando!"

Isso pode parecer absurdo, mas a verdade é que, na cabeça de algumas pessoas, os bons funcionários simplesmente *devem saber*. E, se sentirem necessidade de falar sobre o assunto, é porque não estão devidamente qualificados para a função ou são fracos.

Mas os empregados excelentes não aceitam não saber quais são as atividades-chaves pelas quais são responsáveis. Se eles se vêem em uma situação com um supervisor que não os compreende, agem para fazer com que isso aconteça. Aproximam-se dele e dizem algo como: "Fiz uma lista das minhas tarefas estratégicas para o próximo mês e deixei uma cópia na sua mesa. Se o senhor não concordar com algo, poderia me informar?" Ou: "Estou planejando minhas prioridades para o próximo ano e quero ter certeza de que está tudo em ordem. O senhor se importaria de dar uma olhada e ver se me esqueci de alguma coisa?"

Se você não fez nada para se assegurar de que as listas são semelhantes, elas provavelmente não serão. E nenhuma outra pessoa vai tomar uma providência nesse sentido. Portanto, seja proativo. Assuma a "responsabilidade" de certificar-se de que existe um alinhamento entre o que você faz e os objetivos estratégicos da organização, e de que você e seu supervisor – e seus colegas – compartilham a mesma visão.

Concentre-se, então, na "Atividade Número Um". Como afirma Peter Drucker: "Aniquile os problemas; fortaleça as oportunidades."[14] Deixe a politicagem dentro da empresa morrer por falta de estímulo. Confie na sua inteligência orientadora para saber se existe algo que exija a sua atenção. E mantenha-se concentrado naquilo que é mais importante.

ROGER

Atualmente estou trabalhando com uma empresa pequena que desenvolve softwares de primeira linha. Dentro da organização, o nível de confiança é tão alto que não há espaço para politicagem. Os pesquisadores concentram-se exclusivamente nos seus trabalhos, e, como conseqüência, a criatividade e a produção do grupo são impressionantes. Alguns de nossos clientes que pertencem a organizações de grande porte ficam impressionados com a quantidade e com a qualidade do trabalho que essas pessoas são capazes de apresentar.

Ao executar bem a "Atividade Número Um", você contribuirá para um aumento substancial no grau de eficácia da sua empresa. Isso também lhe proporcionará uma grande sensação de satisfação pessoal no trabalho. Além disso, enquanto estiver se dedicando ao desenvolvimento de outras aptidões, você será visto com mais complacência.

Se você for um vendedor e, por exemplo, o seu desempenho for apenas medíocre, o nível de tolerância poderá ser muito baixo caso você tenha dificuldade em aprender a elaborar um relatório de vendas correto e entregá-lo no prazo. Por outro lado, se o seu desempenho for fantástico e exceder em muito as expectativas, é quase certo que a tolerância com relação ao seu aprendizado dos relatórios crescerá sensivelmente. É bem provável que você jamais receba uma bonificação ou um aumento por entregar bons relatórios, mas, ao fazer bem aquilo que é de fato importante e que beneficia toda a equipe, você assegura o apoio de que precisa para alcançar os resultados necessários para uma recompensa e promoção.

MAXIMIZADOR TRÊS: PENSE EM "EQUIPES"

Por causa do intenso enfoque em carreira e competição, é fácil visualizarmos o trabalho pelo prisma de uma conquista independente, isto é, pensarmos nele em termos de *minha* carreira, *minha* realização, *meu* sucesso. Quando refletimos sobre isso, porém, fica óbvio que esse "sucesso" significa um grande esforço interdependente. Estamos todos apoiados nos ombros daqueles que nos precederam. Todos nós dependemos dos talentos e das habilidades dos profissionais que nos cercam. Até mesmo empreiteiros "independentes" contribuem para projetos interdependentes e, muitas vezes, recebem suporte técnico – de assistentes administrativos a fornecedores – que os ajuda a prestar suas contribuições.

Na verdade, atuamos muito melhor em equipe do que sozinhos. E, para sermos excelentes, é fundamental que tenhamos a habilidade de maximizar a eficácia da nossa interdependência.

REBECCA

Dois anos atrás, me pediram que aceitasse um cargo em uma organização feminina a que pertenço. Minha tarefa seria planejar e pôr em prática uma atividade mensal para as cerca de cem mulheres da organização que fosse capaz de enriquecer suas vidas pessoais e familiares e lhes proporcionasse oportunidades de desenvolver novas habilidades e prestar serviços.

Fiquei muito feliz em poder assumir o encargo, mas percebi que minha contribuição seria muito maior se outras mulheres estivessem envolvidas. Uma boa parte do objetivo da tarefa seria alcançada de forma mais completa quando essas mulheres começassem a se conhecer, a colaborar para o planejamento e a execução das atividades e a dividir seus talentos e habilidades com as outras.

Minha primeira decisão foi escolher duas delas como assistentes. Juntas, estabelecemos um revezamento na responsabilidade principal pelas atividades – seríamos as responsáveis um mês a cada três; nos outros dois meses teríamos apenas de dar apoio. De imediato, essa decisão deu a cada uma de nós um sentido de enfoque, de liberdade e de criatividade no planejamento, assim como uma rede de suporte confiável.

Em seguida, examinamos as funções pertinentes aos nossos papéis e decidimos criar um comitê de especialistas para administrar tarefas necessárias, como as relacionadas à alimentação e a relações públicas. Terminamos com oito mulheres no comitê, que contribuíram, todas elas, com tempo e talento para que os encontros mensais fossem um sucesso. Depois, fizemos um grande esforço para aprender tudo o que podíamos sobre os talentos e interesses de cada mulher da organização e para estruturar nossas atividades em torno do ensino e do aprendizado daqueles talentos e interesses.

Foi muito emocionante ver como o comitê se desenvolveu, assim como ver a enorme contribuição de cada um de seus membros e de cada integrante da organização para o sucesso total. Por trabalharmos juntas, fomos capazes de fazer coisas muito boas – sem criar demandas excessivas em relação ao tempo e aos recursos de qualquer uma de nós.

Em determinado mês, por exemplo, durante as duas horas que passávamos reunidas, conseguimos montar cinqüenta kits para crianças que haviam fugido da violência doméstica. Confeccionamos cobertores e recolhemos contribuições, como animais de pelúcia, livros para colorir, lápis de cor e artigos de higiene pessoal para crianças que, em geral, fogem de casa apenas com as roupas do corpo. Em outro mês conseguimos juntar duzentos kits contendo artigos de higiene, produtos para recém-nascidos, além de material de costura e educativo para serem enviados a países pobres.

Por trabalharmos efetivamente juntas, fomos capazes de maximizar tempo e recursos para a realização de algo que nenhuma de nós conseguiria fazer sozinha.

Para alcançar objetivos comuns, pense em termos de equipes – independentemente de você estar em posição de liderança. Isso o capacitará a dividir tarefas, a maximizar forças e a compensar fraquezas. Esse tipo de atitude o fará apreciar os talentos e as habilidades dos outros e a comemorar o sucesso de todos.

Maximizador quatro: estabeleça acordos de parceria

Um dos mitos mais destrutivos da nossa sociedade – muitas vezes não mencionado e não reconhecido – é o de que você pode ter um equilíbrio de vida ou ser um empregado altamente produtivo, mas não consegue as duas coisas ao mesmo tempo. Na verdade, em sua grande maioria, os trabalhadores estão muito ocupados. Veja, porém, o que mostra a pesquisa Franklin Covey/Harris Interactive Survey sobre os trabalhadores norte-americanos (disponível gratuitamente em www.franklincovey.com/lifematters):

- Apenas 44% deles compreendem de maneira clara as metas mais importantes de sua empresa.
- Apenas 19% deles têm metas de trabalho bem definidas.
- Apenas 9% deles acreditam que seu trabalho tenha uma forte relação com as principais prioridades de sua empresa.
- Apenas 19% deles possuem um alto grau de comprometimento com as principais prioridades de sua empresa.

Você pode imaginar o impacto dessa falta de comunicação e de alinhamento não apenas na organização mas também no sentido de objetividade e satisfação que os funcionários sentem em relação ao trabalho? Consegue perceber como paradigmas que não reconhecem a realidade dessa situação exprimem a pressão para que eles trabalhem jornadas mais longas e assim consigam realizar as atividades?

Na verdade, não é uma questão de trabalhar mais horas, mas de trabalhar com mais eficiência. E isso é algo que pertence ao seu controle proativo.

Esteja você trabalhando com o seu supervisor ou com um colega, a sua capacidade de se alinhar e de se concentrar faz uma diferença enorme na satisfação que obtém com o emprego, no quanto você vale para a organização e na sua capacidade de estabelecer um equilíbrio de vida. Como dissemos, funcionários proativos se certificam de que suas listas de obrigações são semelhantes às de seus supervisores. Eles também se asseguram de que eles e os outros membros da equipe compartilham as mesmas visões.

O estabelecimento de acordos de parceria é uma maneira de criar uma visão compartilhada, vertical ou horizontalmente. Esses acordos podem ser formais, informais, escritos ou verbais – e simples como uma conversa de cinco minutos. O objetivo é garantir que exista uma visão compartilhada e alinhada no que se refere a três aspectos:

- *Aquilo* que você está conseguindo alcançar.
- *Por que* você está tentando alcançar aquilo.
- *Como* você está planejando alcançar aquilo e como vai saber se conseguiu.

Ao estabelecer acordos de parceria que funcionem bem, você fará com que seja possível dedicar tempo e energia às prioridades principais da empresa em vez de desperdiçá-los com atividades que não estejam alinhadas e em politicagem interna. Com isso, estará abrindo as portas a uma sinergia efetiva e à alegria de um sucesso compartilhado. Sua reputação passará a ser a de um empregado confiável e "participante de uma equipe". E assim você aumentará em muito o seu valor para a organização.

Tenha em mente: não é necessário ser o "chefe" para iniciar o processo de acordo de parceria. Qualquer que seja a sua posição na empresa, você pode, de maneira proativa, procurar estabelecer um entendimento. Assegure-se, porém, de que os acordos que planeja firmar sejam sinceros e vantajosos.

A chave para o sucesso dos acordos de parceria está em honrá-los sempre ou, caso necessário, modificá-los conjuntamente. A única surpresa que seus parceiros poderão ter é ver você superar as expectativas.

Maximizador cinco: ponha as suas habilidades em prática

Roger

Alguns anos atrás, trabalhei com o departamento pessoal de uma corporação de grande porte. Don, um consultor de recrutamento e contratação da minha equipe, desempenhava seu trabalho de maneira inexpressiva.

Um dia, tive a oportunidade de perguntar-lhe se ele gostaria de executar uma das tarefas que eu costumava delegar aos membros da equipe em sistema de rodízio. Era um projeto que exigia uma análise estatística de vários elementos do departamento. Embora ele nunca tivesse realizado essa tarefa antes, concordou em aceitá-la.

Fiquei muito surpreso quando Don apresentou o trabalho. O relatório exibia uma qualidade e uma profundidade que eu jamais o vira apresentar quando ele fazia seu trabalho rotineiro. Fui procurá-lo imediatamente.

– Don! – exclamei. – Isto está fenomenal! Você fez um trabalho excelente neste relatório!

Ele me deu um sorriso. – Adorei fazê-lo – respondeu. – Sempre fui muito bom com números.

Foi quando ele me deixou intrigado. – Por que, então, você está no departamento de recrutamento e contratação? – perguntei. – Você trabalha direito, mas é óbvio que tem grande potencial no campo de análises. Por que escolheu esse emprego em particular?

Don parecia encabulado. – O motivo é apenas este – respondeu. – Sei que sou bom em análises, mas nunca me relacionei bem com as pessoas. Achei que precisava melhorar esse aspecto da minha personalidade.

Conversei com ele sobre um importante conceito de eficácia que já vi legitimado muitas vezes. Ao nos concentrarmos em nossas habilidades específicas, não apenas aumentamos nossa produtividade e felicidade pessoal como também pomos em prática nossos próprios talentos e, conseqüentemente, fazemos contribuições que, caso contrário, não teriam acontecido. É evidente que precisamos melhorar os nossos pontos fracos. Mas uma concentração exclusiva nessas deficiências nos impede de nos conectarmos à nossa força interna e àquelas áreas que mais nos permitem contribuir.

Pouco tempo depois, quando surgiu uma vaga para analista em outro departamento, Don concordou que eu o indicasse para o cargo. Ele adorou a função e a desempenhou com excelência. No espaço de um ano, tornou-se gerente daquele setor. Foi interessante observar que, quanto mais seguro ele se sentia em relação ao novo trabalho, mais descontraído ficava com as outras pessoas e mais conseguia dominar a sua deficiência.

Como mencionamos antes, para amar o trabalho não é necessário ter o "perfil perfeito". Mas, quando você pode alinhar o seu trabalho e o seu talento sem sacrificar as suas prioridades mais importantes, por que não o fazer? Trabalhar na área para a qual está mais preparado o fará maximizar a sua contribuição e aumentar a sua satisfação com o emprego.

MAXIMIZADOR SEIS: NÃO PARE DE MELHORAR

A única ocasião na qual você pode ir em frente sem fazer nenhum esforço é quando está descendo uma ladeira. Se quiser ser um excelente trabalhador, terá de se manter em constante aperfeiçoamento. E existem, no mínimo, duas maneiras eficazes de tornar isso possível:

A primeira é buscar avaliações.

A maioria de nós não gosta de receber opiniões sobre o que faz. Preferimos executar aquilo que queremos fazer e determinamos que, se alguém discordar ou nos criticar, o problema será dele. No entanto, trabalhadores eficientes reconhecem que todos temos pontos cegos – problemas e fraquezas que não conseguimos ver. Ao pedirmos avaliações, ao ouvi-las com atenção, ao examiná-las à luz dos nossos próprios anseios e ao executarmos aquilo que o nosso bom senso nos manda fazer, podemos nos tornar muito mais eficientes e, no processo, estabelecer relacionamentos.

REBECCA

Como escritora, lembro-me do medo e da inquietação que senti quando recebi de volta do editor um dos meus primeiros artigos. Na minha mente, estava a nítida imagem de Jo no livro Mulherzinhas, *de Louisa May Alcott, quando ela viu as anotações do editor em seu trabalho e se sentiu "como se sentiria um pai amoroso se lhe pedissem que cortasse as pernas do bebê para que este pudesse caber no berço novo".*[15]

Mas, quando abri o envelope e cautelosamente comecei a examinar o que ele tinha feito ao meu "bebê", fui ficando cada vez mais impressionada. Esse editor fantástico não havia diminuído o conteúdo nem alterado o estilo; pelo contrário, suas bem colocadas sugestões melhoraram a capacidade de comunicação das minhas palavras de maneira autêntica e eficaz.

Com o passar dos anos, aprendi a respeitar um bom editor. Aprendi também a importância de ter vários olhos revisando o meu trabalho. Após dedicar centenas de horas a um projeto, descubro que há pequenos erros que posso ler vinte vezes e não perceber. E, quando outros expressam idéias e perspectivas diferentes sobre o conteúdo e o estilo, sinto-me com mais capacidade de analisar meu trabalho com mais objetividade e de mudá-lo para poder atingir um círculo maior de pessoas.

Muitas vezes, eu ouço e implemento. Outras vezes, ouço e decido não fazer alterações. Mas aprendi a ouvir sempre. E, no processo, fiquei muito grata a todos aqueles que se prontificaram a opinar.

Quando alguém respeita verdadeiramente os outros e lhes dá atenção, essa atitude realça o seu próprio trabalho e a pessoa consegue, quase sempre, aumentar sua capacidade de interagir com eficiência e de solucionar problemas.

Selecionar um grupo de pessoas – supervisores, colegas, clientes – e enviar-lhes um questionário anônimo é uma forma simples e eficaz de procurar respostas. Acrescente um bilhete com o seguinte teor: "Estou tentando descobrir como melhorar. O senhor poderia fazer a gentileza de me dar uma resposta honesta?" Para preservar o total anonimato daqueles que responderem, peça a outra pessoa para digitar os resultados.

Você poderia fazer as seguintes perguntas:

- Para você, qual das tarefas que executo tem mais utilidade?
- Quais são as áreas em que mais posso melhorar?
- O que acha que eu deveria continuar fazendo?
- O que acha que eu deveria parar de fazer?
- O que acha que eu deveria começar a fazer?

Se esse questionário for enviado uma ou duas vezes por ano, você obterá respostas muito úteis. Leia as informações, analise-as e procure maneiras de implementá-las.

É claro que você não precisa ficar obcecado pelo questionário. Não é necessário agir como o político que, ao lhe perguntarem que opinião tinha sobre determinado assunto, respondeu: "Não sei. Ainda não li as pesquisas de opinião!" Você pode preferir ter primeiro a sua declaração de missão pessoal bem definida e depois examinar a avaliação que fazem dela.

Ao procurar obter respostas, seu objetivo é saber como os outros vêem o que você está fazendo, analisar de que maneira o que eles percebem está relacionado ao seu próprio conjunto de princípios e valores e, mais importante, descobrir aqueles pontos cegos que você talvez tenha.

Em geral, mandar uma nota de agradecimento àqueles que responderam é uma boa idéia: "Obrigado por ter tido a gentileza de contribuir para as respostas que acabei de receber. Por causa delas, aqui estão algumas coisas a que me dedicarei mais." Esse tipo específico de agradecimento aumentará muito a probabilidade de que essas pessoas venham a responder a outros questionários seus no futuro. Ele é a confirmação do esforço e do tempo que elas investiram e faz com que saibam que você está prestando atenção nas palavras delas. Também é uma demonstração de que você está de fato querendo e tentando melhorar.

Talvez você diga: "Espera aí! Não estou tão certo assim de que desejo fazer isso. Posso ouvir algo que eu não esteja a fim de ouvir." E nossa resposta para isso é: "Isso é a melhor coisa que você pode ouvir, e é melhor ouvir agora do que mais tarde!" Se for algo negativo, o ideal é que saiba agora – enquanto você pode tomar uma atitude a respeito – do que por meio de um comunicado de demissão alguns meses depois. E mais, se você não souber já, talvez nunca saiba. É possível que ninguém venha lhe contar qual é o verdadeiro problema, e você irá de emprego em emprego sentindo-se perseguido, desvalorizado, questionando-se sem saber jamais e sem obter informações suficientes para identificar o problema e mudar de atitude.

ROGER

Há alguns anos, eu estava trabalhando para uma grande corporação. Quando chegou a época da apreciação dos méritos, não recebi a avaliação que esperava. Do meu ponto de vista, eu havia feito tudo o que era esperado, e bem. Mas recebi apenas um "regular" na avaliação.

Quando expressei a minha preocupação ao meu supervisor, ele me disse que havia outros fatores envolvidos. É óbvio que alguns dos meus colegas achavam que eu estava mais interessado em subir os degraus da escada profissional do que em ser um bom companheiro de equipe, e que essa visão estava prejudicando a minha capacidade de contribuir.

Fiquei arrasado. Eu não tinha a menor idéia. Durante todo o tempo em que lutei para galgar os degraus, trabalhei muito para solucionar diversas questões e me senti satisfeito, tanto racional quanto emocionalmente, por acreditar que meu direcionamento estava correto. Por isso, me senti péssimo ao pensar que qualquer coisa que eu tivesse feito poderia ter me impedido de ganhar a confiança e a credibilidade de que precisava para ser eficiente e que, como resultado, nosso trabalho pudesse ter sido prejudicado.

Por mais que eu tenha ficado magoado com a avaliação naquela época, agora aprecio a coragem que aquele supervisor teve em fazê-la. Vejo que se eu, de maneira proativa, tivesse procurado respostas mais cedo, poderia ter feito algumas coisas para solucionar o problema e evitar que chegasse ao ponto em que chegou.

Nunca me esquecerei da lição que aprendi naquele trabalho: busque respostas! Algumas vezes, é muito difícil. Algumas vezes, elas nos magoam. Mas, para você, será muito melhor saber e fazer algo a respeito do que viver as conseqüências de não saber.

Se você está se sentindo menosprezado no trabalho, isso pode ser o sinal de alerta de que talvez seja *a hora* de buscar respostas. E, se as respostas o magoarem, aqui vai uma maneira de lidar com a dor:

Em primeiro lugar, sinta-se grato pela dor. Você é normal. Você está vivo. Diga para si mesmo: "Tudo bem! Agora está confirmado – eu sou uma pessoa normal!"

Depois, pegue as respostas, guarde-as por uma noite e, em seguida, faça qualquer coisa que as ponha em perspectiva. Por exemplo, vá assistir a um filme sobre um desastre – uma catástrofe completa, em uma tela grande e com som digital. Quanto maior e mais dramática for a destruição, melhor. Após passar duas horas vendo terremotos, enchentes, asteróides ou monstros devastarem metade do planeta, você será capaz de examinar as respostas com uma perspectiva muito mais abrangente. Com metade da população do mundo sendo dizimada, o fato de uma pessoa não estar satisfeita com algo que você fez no trabalho não vai lhe parecer tão terrível.

E, no final, examine as respostas dentro de um *contexto*. Lembre-se de que tão importante quanto o que elas lhe dizem a respeito de você mesmo é o que elas lhe falam sobre os outros – sobre como eles se sentem e o que julgam relevante. Por isso, compare as respostas à luz da sua própria missão e dos seus objetivos. E as use também para descobrir como melhorar o seu relacionamento com aqueles que se deram ao trabalho de responder.

Outra maneira de aplicar o princípio da melhora contínua é investir no aperfeiçoamento profissional. Como indicamos antes, as pesquisas mostram que as pessoas que estão entrando no mercado de trabalho agora talvez cheguem a mudar de seis a oito vezes de emprego durante sua vida profissional. E os avanços tecnológicos estão surgindo tão rapidamente que, se você não se mantiver atualizado, logo será deixado para trás.

Então, quem vai capacitá-lo para a próxima oportunidade ou para a próxima mudança? Quem vai atualizá-lo sobre as novas tecnologias? Se está esperando que alguém o faça, é melhor se preparar para uma longa espera. Felizmente, muitas empresas oferecem recursos, e existem outras oportunidades disponíveis. Mas agora – mais do que nunca – é o indivíduo que assume a responsabilidade de aprender, de crescer e de se qualificar.

Por isso, faça com que "nunca parar de aprender" seja uma forma de vida. Leia livros. Ouça fitas. Assista a aulas. Folheie publicações especializadas – em seu próprio campo e em áreas afins. Se você é um construtor, instruase sobre assuntos imobiliários. Se possui um restaurante, informe-se sobre propaganda turística e viagens. Leia sobre novas tecnologias, questões polêmicas e tendências. Expanda seus horizontes. Esteja preparado para não ser deixado de lado, caso suas oportunidades de emprego mudem.

No capítulo cinco, discutiremos como você pode gerenciar o seu tempo com eficiência para investir no aperfeiçoamento profissional e manter-se a par dos avanços tecnológicos da sua área.

Maximizador sete: apenas trabalhe!

Como observamos antes, algumas pessoas simplesmente sabem como trabalhar. Talvez tenham sido criadas em uma fazenda ou em uma cultura familiar que valorize o trabalho pesado. Também podem ter aprendido através da experiência e da observação o que é necessário para alcançar resultados e tenham desenvolvido a capacidade de executá-lo.

Independentemente da forma como tenham aprendido, quando essas pessoas começam no emprego você imediatamente percebe: "Cara, aquele sujeito trabalha muito!" Ou: "Ela realmente sabe como executar o serviço!" Por outro lado, você também nota aqueles que fazem muito movimento e barulho, mas não produzem quase nada.

As pessoas que aprenderam a trabalhar são muito úteis a qualquer organização. Elas desenvolveram a habilidade que produz resultados e conseguem transferi-la para qualquer emprego que tenham.

REBECCA

Meu pai realmente sabia como trabalhar. Ele foi criado em uma fazenda. Passou horas ordenhando vacas, colhendo algodão e juntando fardos de feno. Aos oito anos já estava ganhando dinheiro para comprar suas roupas e outros artigos pessoais.

Após um surto de brucelose humana, quando já era adulto, ele foi forçado a conseguir um emprego que não tivesse nada a ver com animais. Por isso, minha mãe, meu pai e eu (na época com três anos) nos mudamos para a cidade, onde ele trabalhou em uma oficina mecânica durante vários anos.

Meu pai era um excelente atendente de oficina mecânica. Não importava quanto tempo a maioria dos mecânicos levava para consertar um freio, meu pai usava sua habilidade para conseguir fazer o serviço na metade do tempo. Para construir a casa em que viveu com minha mãe por trinta anos, ele trabalhou 18 meses à noite e no seu único dia de folga semanal. Em determinada ocasião, decidiu que queria fazer algo que lhe proporcionasse uma renda maior e lhe permitisse estar com a família aos domingos. Então, trabalhou e estudou para passar nos rigorosos testes para se tornar um corretor da State Farm Insurance. Lembro-me de que na adolescência o ajudei a estudar para aqueles exames.

Logo depois que ele foi aceito como agente, a empresa estabeleceu o nível universitário como requisito obrigatório para o cargo. Mas a falta de um diploma universitário não o impediu de nada. Durante os vinte anos de sua carreira na State Farm, ele quebrou todos os recordes de sua região. Naquela época, em que um formulário por dia era o padrão, ele escreveu centenas de formulários com a ajuda de minha mãe. Recebeu muitos prêmios municipais, estatais e nacionais por seu sucesso e, no fim, foi considerado um dos cinqüenta mais importantes corretores dos Estados Unidos.

Após a aposentadoria, meu pai trabalhou auxiliando os nossos vizinhos a cuidar de seus jardins e ajudou minha mãe a criar um centro de apren-

dizado familiar em nossa comunidade. Ele trabalhou enquanto pôde – mesmo com graves problemas de saúde que facilmente teriam desanimado outras pessoas.

Meu pai era um homem que sabia como trabalhar, e eu acredito que seu legado de trabalho será um exemplo a ser seguido por várias gerações de nossa família.

Hoje em dia, é fácil confundir "atividade" com "trabalho". As pessoas podem estar ocupadas – ao ponto de passarem longas horas no trabalho e chegarem em casa exaustas – sem terem verdadeiramente "trabalhado". E os resultados medíocres não correspondem à quantidade de tempo e de esforços despendidos.

ROGER

Lembro-me de quando nos mudamos para a nossa fazenda. Eu estava cavando valas de irrigação quando dois vizinhos mais idosos, que tinham sido fazendeiros a vida inteira, foram nos fazer uma visita. Após me observarem por um minuto, um deles fez o seguinte comentário: "Pelo menos ele sabe o que o fazer com a parte certa da pá!"

Em seguida, pegaram duas pás e começaram a me ajudar. Embora consideravelmente mais idosos, aqueles dois homens foram capazes de remover um monte de terra em pouco tempo. Durante suas vidas de trabalho, eles obviamente haviam obtido a competência de lidar com os princípios de alavancagem, enfoque, ritmo, uso eficiente de energia e persistência.

Esse é um exemplo simples, mas me impressionou pela verdade de que, não importa o que você faça, você só aprende a trabalhar, de fato, trabalhando.

Aprender a trabalhar *antes* de entrar no competitivo ambiente de trabalho o deixará numa situação muito mais confortável. Mas, onde quer que você esteja aprendendo a trabalhar, aprenda. Se não o fizer, é bem provável que se veja preso na "armadilha da atividade", em que o fato de estar completamente ocupado o faz pensar que está realizando algo essencial quando, na verdade, não está!

Se sabe como trabalhar, você possui aquela habilidade fundamental que o tornará capaz de alcançar o sucesso em qualquer situação profissional.

Inteligência orientadora

Existem duas maneiras que lhe permitem aproximar-se dos sete "maximizadores" que acabamos de descrever. Você pode adotá-los e conseguir os resultados. Ou usar a percepção para colocá-los em prática. No segundo caso, há a opção de agir de uma maneira que proporcione resultados *e*, no processo, desenvolver a sua inteligência orientadora.

Lembre-se do capítulo dois. Você é capaz de desenvolver a sua inteligência orientadora:

- Valorizando os princípios.
- Avaliando as experiências.
- Atraindo a inspiração.

O uso desses maximizadores lhe permitirá descobrir e deduzir os princípios que eles encerram. Na essência dos maximizadores, você encontrará princípios eternos, como a *responsabilidade*, o *enfoque*, o *alinhamento*, a *confiabilidade* e a *contribuição*. Assim, à medida que for aprendendo a reconhecer e valorizar tais princípios de forma consciente, você desenvolverá e fortificará a sua própria estrutura de orientação baseada neles. Avaliar a sua experiência quando estiver pondo em prática os maximizadores o fará aumentar a capacidade de perceber quando não está em sintonia com os princípios eternos. Se começar a se sentir prejudicado no trabalho, por exemplo, poderá reconhecer que não está harmonizado com o princípio da responsabilidade. Se notar que está sendo desviado da "Atividade Número Um", será capaz de constatar que não está afinado com os princípios do enfoque e do alinhamento. Assim, aprende a sentir o desvio com mais rapidez e a corrigir o curso mais prontamente.

Ao levar esses aperfeiçoadores em consideração, você também conseguirá atrair a inspiração, e esta lhe sugerirá maneiras eficazes de aplicá-los – assim como os princípios envolvidos – na sua situação específica. Você será capaz de encontrar maneiras personalizadas de se tornar mais proativo, por exemplo, ou de contribuir de forma mais decisiva.

O aprimoramento da sua inteligência orientadora mais aguçada o ajudará a tomar decisões melhores no que concerne ao seu trabalho – tanto as mais importantes, relativas ao que você faz e quando faz, quanto as aparentemente pequenas mas vitais que precisa tomar todos os dias.

REBECCA

Alguns anos atrás, fui convidada para trabalhar em um projeto com Stephen Covey. Ele queria passar para um livro todo o material sobre mudança de vida que havia desenvolvido e ensinado durante 25 anos, pois assim atingiria muito mais pessoas além daquelas que haviam participado de seus seminários e palestras.

Eu estava muito empolgada. Adoro as idéias marcantes de Stephen e a maneira extraordinária que ele tem de captá-las e expressá-las. Eu tinha uma forte premonição de que Os 7 hábitos das pessoas altamente eficazes *seria um trabalho muito especial que atingiria muitas vidas para sempre.*

Mas eu também tinha dúvidas. Por mais de vinte anos, por opção própria, o meu foco de atenção principal havia sido a nossa família e o nosso lar. Embora eu tivesse assistido a algumas aulas, participado de ações comunitárias e colaborado com Roger em alguns artigos e em um livro sobre gerenciamento de tempo, havíamos estruturado nossa vida de forma que eu, na maior parte do tempo, estaria onde mais queria estar – em casa, com a minha mente e o meu coração voltados para a educação de nossos filhos.

Nós ainda tínhamos filhos em casa, e tudo indicava que o projeto de Stephen exigiria uma grande quantidade de tempo e de esforços e que isso era algo que eu não poderia "encaixar" entre todas as coisas que eu estava tentando fazer por nossa família. Após refletir bastante, porém, também senti que era algo que eu realmente devia fazer. Por essa razão, contratamos uma pessoa para ajudar na casa. Inspirada pelo material e por Stephen, refugiei-me no porão e comecei o projeto com muito entusiasmo.

Com o passar dos dias, o conflito que eu imaginara tornou-se real. Cada vez mais, eu via as coisas que sempre tinha feito para a família e que naquele momento estava impedida de realizar. Descobri que, além da incrível decisão de trabalhar no livro, havia pequenas decisões diárias – o número de horas que eu trabalhava, a maneira como eu me relacionava com a família naquele horário especial reservado para ela, o modo como eu reagia a interrupções, a prioridade que eu dava a várias atividades familiares

– que fluíam conjuntamente para estabelecer a direção que a minha vida e a nossa família estavam seguindo. No começo foi muito difícil. Mas, com o tempo, descobri que, quanto mais eu trabalhava para desenvolver e prestar atenção na minha inteligência orientadora, melhor eu reagia à necessidade prioritária da ocasião.

Quando o produto final foi entregue, voltei correndo e mergulhei com tanto ímpeto naquelas atividades características de uma dona-de-casa e mãe que eu mesma me surpreendi. Estava muito feliz em estar de volta à minha carreira por opção. Mas também estava muito grata pela oportunidade que tive de contribuir. Descobri que os meses de trabalho com o material do livro tinham me tornado uma pessoa melhor. O conteúdo havia se infiltrado mais profundamente na minha vida pessoal e na vida de minha família. Ao que tudo indica, apesar do desequilíbrio temporário que aquele trabalho causou em nossa vida, a situação de todos nós melhorou como resultado do esforço.

Roger

Em uma ocasião, a empresa para a qual eu estava trabalhando passava por uma fase de grande crescimento. Rebecca e eu tomamos a decisão consciente de vivermos um período de desequilíbrio. Embora isso significasse que, segundo os nossos padrões, eu estaria afastado de minha família por um tempo maior do que o normal, nós concordamos que eu passaria mais tempo viajando. Sentimos que isso significaria uma contribuição valiosa para o negócio e que nos ajudaria alcançar alguns objetivos que há tempos buscávamos.

Tudo deu certo. Atingimos as metas da empresa, e Rebecca e eu nos organizamos para que as atividades domésticas não fossem prejudicadas. Mas, quando aquele período determinado acabou, encontrei muita dificuldade em retomar o antigo esquema. A pressão para continuar era muito grande. Aquele estilo de vida desequilibrado havia se tornado um modo de viver.

Cada vez mais, eu me perguntava: "Será que eu estou permitindo que coisas boas tomem o lugar de coisas ótimas?" Enquanto eu avaliava a situação e, ao mesmo tempo, escutava o meu coração, comecei a sentir a necessidade de tomar uma atitude cuja implicação imediata seria limitar o número de noites de cada mês que eu estaria longe de casa.

Não foi nada fácil estabelecer aquele limite. Havia pressões para que isso não ocorresse. Mas estou convencido de que, para mim, a decisão foi correta. Ela aumentou a quantidade daquele tempo especial que eu passava com minha família, me deu mais liberdade para contribuir para os programas da igreja e da comunidade, além de permitir que eu trabalhasse nos livros que, caso contrário, jamais teriam sido escritos.

No trabalho, a qualidade de nossas decisões – das grandes às pequenas – está diretamente relacionada ao grau de inteligência orientadora que desenvolvemos.

Eu e Rebecca temos um enorme respeito pelo poder da inteligência orientadora. As melhores decisões de nossa vida ocorreram porque desenvolvemos essa inteligência e prestamos atenção nela. Cometemos nossos piores erros quando a ignoramos. Estamos convencidos de que, para vivermos em harmonia com aquilo que é mais importante, nada consegue ser mais poderoso do que dispormos da combinação dos princípios eternos, da experiência avaliada e da inspiração.

ESTABELECENDO A LIGAÇÃO ENTRE TRABALHO E FAMÍLIA

Como mencionamos, o trabalho e a família não são inimigos naturais. Na verdade, quando se trata de trabalho, uma das coisas mais fantásticas é o fato de que ele pode ser uma ferramenta muito útil no estabelecimento de relações familiares e de força de vontade.

Um de nossos filhos nos relatou a seguinte experiência:

Quando eu tinha dez anos, tive a oportunidade de pegar um avião e ir passar duas semanas com meus avós. Na época, meu avô era um dos mais importantes corretores de seguros do país – ele tinha placas honoríficas e prêmios espalhados por todas as paredes da casa. Minha avó administrava o escritório dele. Era uma mulher admirável – na verdade, ela havia sido gerente do departamento de pessoal de uma grande loja de departamentos. Eles tinham cerca de 12 empregados e dirigiam o escritório com mão-de-ferro.

Foram eles que primeiro me apresentaram a um escritório bem administrado. Levaram-me para trabalhar com eles. Eu podia ficar sentado em cima dos arquivos enquanto todos aqueles funcionários preenchiam propostas de seguros, as secretárias atendiam telefonemas, meu avô atendia clientes e minha avó supervisionava tudo. Acho que, mais do que tudo na minha vida, ter podido observar aquela máquina bem lubrificada e a energia agressiva com que as metas eram perseguidas incutiu em mim um sentido de excelência em termos de desempenho e de carreira.

O mais interessante foi o fato de que eles não me deixaram simplesmente observar – eles efetivamente me incluíram no negócio. Permitiram que eu entrasse e me mostraram como era de verdade. Explicaram-me o que estavam fazendo e por que o faziam. Trataram-me como uma pessoa – e não como um garotinho que estivesse atrapalhando. E eu me senti como se tivesse três metros de altura.

Aquela experiência foi muito educativa. Fez uma profunda diferença na minha forma de estudar na escola e na maneira como desenvolvi meus hábitos de trabalho. Acho que as experiências adquiridas durante as décadas de vida de nossos avós são muito instrutivas, e é uma pena que a nossa cultura não lhes dê a devida atenção.

De modo geral, no mundo de hoje não é possível ter os filhos trabalhando a seu lado nos campos ou na cozinha. Mas existem muitas coisas que você pode fazer para envolver a sua família de maneira significativa, para estabelecer relações entre trabalho e lar, para ajudar os seus filhos (ou netos) a se tornarem adultos participativos e para aumentar o sentido de completude na sua própria vida.

Para concluir este capítulo, gostaríamos de apresentar algumas idéias que podem ajudá-lo a fazer com que isso ocorra. Enquanto estiver lendo, lembre-se de que nós não estamos sugerindo que você não se concentre no seu trabalho quando o estiver realizando. É necessário que faça isso. Mas, se algumas dessas relações estiverem bem definidas, a sua concentração ocorrerá com mais facilidade.

COMPARTILHE A VISÃO

Compartilhar a visão é uma das maneiras mais eficazes de cuidarmos do princípio do trabalho e de criarmos uma sinergia entre trabalho e lar. Esteja você trabalhando dentro ou fora de casa, permita que a sua família participe. Deixe-os ver o que você *faz* e *por que* o faz. Deixe-os ver como você *executa* a sua atividade. Deixe-os saber que, para você, o "*meu* trabalho" é uma parte do "*nosso* trabalho". Deixe-os ver como o que você faz contribui para os outros e para eles.

Uma maneira de fazer isso é compartilhar os elementos relacionados na sua declaração de missão pessoal ou na sua declaração de missão de trabalho, se você tiver uma. Outra opção é mantê-los regularmente informados sobre os benefícios decorrentes do seu trabalho e sobre como os produtos e serviços que você oferece estão ajudando as pessoas. Também seria útil que você se esforçasse para ser franco sobre as finanças familiares. Ajude os seus filhos a compreenderem a relação entre o seu trabalho, a sua renda e o sustento da família.

É excelente quando os filhos podem sentir orgulho do trabalho dos pais. Não importa se o seu emprego não é o mais empolgante do planeta – seja você uma costureira, uma secretária, um cientista espacial, um engenheiro sanitário ou uma dona-de-casa, é possível ensinar a seus filhos o valor de princípios como a excelência, a interdependência e a contribuição. E, se por algum motivo você não quiser que eles saibam qual é o seu trabalho, talvez seja bom se perguntar se deveria estar fazendo o que faz!

Uma vez que sua família adquire uma compreensão maior daquilo que você faz e começa a se sentir parte do seu trabalho, este deixa de ser um mal misterioso e necessário que o mantém afastado dos acontecimentos domésticos. A sua ocupação passa a ser uma avenida clara e bem definida de contribuição através da qual eles vêem como você investe seu tempo, sua energia e a sua criatividade para melhorar o bem-estar deles e dos outros. Isso os fará entender melhor certas decisões que você precisa tomar às vezes. E pode vir a estimular um interesse – se não pelo trabalho em si, talvez, então, por algum aspecto dele ou até mesmo pela maneira como você o executa – capaz de influenciar os seus desempenhos futuros ou as suas escolhas de emprego.

Compartilhar a visão pode dar aos seus filhos o contexto para que compreendam que os seus trabalhos – as suas tarefas na escola, a sua participação nos projetos da família ou as suas tarefas domésticas – também contribuem para o bem-estar de todos vocês. Além disso, essa atitude proporciona muitos momentos de aprendizado nos quais as crianças aprendem que o trabalho – quando bem executado – é um dos princípios fundamentais e uma das experiências de vida mais ricas e satisfatórias.

Ensine os seus filhos a trabalhar

Hoje em dia, um dos maiores desafios no mercado de trabalho – assim como na escola e no lar – deve-se ao fato de que muitas crianças não aprendem a trabalhar. Em geral, os pais não estão em casa para atribuir-lhes tarefas, supervisioná-las e acompanhá-las. No pouco tempo que possuem, eles acham mais fácil fazerem eles mesmos do que ensinar os filhos a executar algumas atividades. Para muitos adolescentes, as obrigações que envolvem trabalho são limitadas ou não existem.

Mas eles precisam aprender. Lembre-se de que o *trabalho é um princípio*. Realizá-lo proporciona dignidade. Causa contentamento. Na realidade, as crianças se sentirão mais felizes, não só agora mas também quando adultas, à medida que forem se tornando capazes e aprendendo a contribuir.

Sem dúvida, a maneira mais eficiente de lidar com esse problema é servir de exemplo. Trabalhe muito. Seja excelente no que faz. Trabalhe com alegria. Deixe os seus filhos perceberem a manifestação do princípio do trabalho na sua própria vida. Seu exemplo pode ajudá-los a ver o trabalho de um ângulo que os estimulará a amar seus próprios empregos e encontrar prazer no trabalho, tranqüilidade nas prioridades baseadas em princípios, significado na contribuição e não no reconhecimento, além de satisfação em valorizarem mais a segurança financeira e uma boa vida familiar do que o excesso de brinquedos.

Você pode também encarregar os seus filhos de algumas tarefas em casa – mesmo que a curto prazo isso não seja conveniente, mesmo que você despenda muito mais tempo ensinando a eles do que se as executasse sozinho. Existem vários livros bons que ensinam como organizar as atividades domésticas para a formação de caráter. (Veja as referências na seção "Notas" para o capítulo quatro.)

Outra coisa que você pode fazer é estimular a excelência no trabalho escolar. Vá à escola com suas crianças. Saiba quem são seus professores. Veja onde os seus filhos se sentam, o que eles fazem. Deixe-os saber que, quando o desempenho escolar deles é bom, todos se beneficiam. "Sei que essa não é a sua matéria favorita, mas estou vendo que você está se esforçando, tem feito o seu dever de casa. Isso vai ajudá-lo. Vai me ajudar. Vai ajudar a família. Vai tornar o mundo melhor. Obrigado por perseverar." Quando julgar apropriado, ofereça-se para auxiliar. As crianças podem adquirir uma experiência de trabalho positiva fazendo o que fazem; parte disso se encontra, simplesmente, na maneira pela qual nós mostramos isso a elas.

Qualquer que seja o trabalho que os seus filhos estejam executando, manifeste o valor que você atribui a essa atividade. Faça elogios. Ajude-os a compreender que o trabalho deles representa uma grande contribuição para todos.

Ensine os seus filhos a amar o trabalho

Roger

Em um verão, quando nossos filhos ainda eram bem jovens, decidi ensiná-los a trabalhar. O principal veículo para isso foi a horta da família.

Ao entardecer, eu levei as crianças para fora, com enxadas na mão, e comecei a ensiná-las a capinar. No momento em que as enxadas bateram no chão, brotos de feijão, batatas e cenouras, assim como ervas daninhas, sofreram um ataque violento. Fui ficando cada vez mais agitado. "Ei, cuidado com a planta!" "Espera aí! Seja mais cuidadoso!" "Não, não faça assim!" Trinta minutos depois, eu estava histérico e as crianças totalmente desestimuladas.

Foi então que Rebecca foi para a horta. Durante alguns segundos, ela observou o que estava acontecendo e, então, pegou uma enxada e começou a capinar. Levou um bom tempo para fazer uma fileira, mas, enquanto trabalhava, ela constantemente fazia pequenos comentários. "Ah, veja essa fileira! Não estamos fazendo um bom trabalho?" "Vamos remover todas essas ervas daninhas para que os brotos possam receber os nutrientes de que precisam." "Vocês podem imaginar como, no inverno, essas batatas estarão deliciosas quando as tirarmos do forno e colocarmos manteiga derretida em cima delas?" Ela parecia tão entusiasmada e feliz com o que estava fazendo que até eu tive vontade de tirar aquelas ervas daninhas dos nossos deliciosos jantares futuros.

Rebecca não fez um comentário sequer sobre o que as crianças estavam fazendo, mas, no momento em que ela terminou a primeira fileira, todas estavam trabalhando como pequenos castores e adorando aquilo. Minha confiança de que elas algum dia talvez quisessem, de verdade, voltar a trabalhar no jardim foi restabelecida.

Como registrou Albert Schweitzer, "o exemplo não é o fator que mais influencia os outros. É o único fator". Se queremos que os nossos filhos adorem os seus trabalhos – e todos nós desejamos isso –, então precisamos aprender a amar os nossos trabalhos. Ao fazermos isso, o tom dos comentários que fazemos sobre o trabalho muda, o que levanta o ânimo de toda a família. Passamos a escutar muito menos "Coitado de mim!" e muito mais afirmações entusiasmadas sobre o trabalho no ambiente familiar.

Leve os seus filhos para o trabalho

Leve os seus filhos para o seu local de trabalho de vez em quando. Ajude-os a compreender o que você faz e como isso é útil. "Este é o lugar onde trabalho. Eu preencho esses documentos. Aquelas pessoas os recebem e fazem o seguinte com eles... Em seguida, eles são levados em caminhões grandes e ajudam as pessoas lá fora. Às vezes, algo sai errado. Meu supervisor fica zangado. Eu me sinto péssimo. Mas, quando tudo dá certo, me sinto ótimo. Sei que o que eu faço é importante."

Em geral, nós só falamos do trabalho quando as coisas vão mal. Como conseqüência, estamos criando uma geração de crianças que têm medo de ir trabalhar. Podemos ajudá-las a compreender a existência do bom e do mau convidando-as a conhecer o mundo do nosso trabalho e fazer com que se sintam confortáveis como observadores – talvez, até mesmo, como participantes – em ocasiões adequadas.

Uma de nossas noras relatou a seguinte experiência:

Meu pai era fantástico. Ele nos deixava vivenciar seu trabalho. Como médico, nos levava para percorrer suas salas de exame e nos mostrava o material com que trabalhava. Permitia que experimentássemos o estetoscópio e olhássemos uma série de slides pelo microscópio. Quando ensinava os residentes a tirar sangue, ele nos deixava vê-los praticar uns com os outros.

Às vezes, após fazer um parto, meu pai nos levava até o hospital para dar uma olhada no bebê recém-nascido. Ele nos mostrava as radiografias. Também nos levava para comer na lanchonete do hospital. Era o máximo! Eu me sentia amada e especial. Tinha muito orgulho dele e de seu trabalho.

No Dia do Médico, meu pai sempre ia à escola e distribuía luvas de borracha e abaixadores de língua para meus colegas de classe. Parecia que eu ia explodir de tanto orgulho, pois sabia que ele era muito especial.

Sabia que meu pai era um bom médico. Mais do que tudo, sabia que ele ajudava as pessoas e que realmente se importava com elas.

Por causa de tudo isso, para mim não era difícil aceitar quando ele não tinha tempo para ir a um concerto da banda ou a um jogo. Ele ia quando podia, e eu sabia que ele me amava. Ele me incluía quando era possível e me fazia sentir orgulho de mim, dele e de seu trabalho.

Embora nossa nora não tenha optado por se tornar médica, sua vida demonstra com clareza os enormes benefícios daquele legado maravilhoso através da maneira pela qual ela assume seus próprios papéis na vida e na forma como interage de modo carinhoso e instrutivo com as pessoas.

Participe dos dias da carreira na escola

Muitas escolas dão às crianças a oportunidade de ouvir pais e pessoas da comunidade falarem sobre suas profissões. O objetivo é mostrar-lhes a grande variedade de possibilidades profissionais.

Por isso, participe. Faça com que seja algo fantástico. Prepare-se para esse dia. Dê o máximo de si.

Explique aos seus filhos não apenas o *que* você faz, mas *por que* e *como* o faz. E rejeite a tentação de fazer comparações. Ensinar sobre o prazer e a beleza de ser um ótimo supervisor de manutenção representa uma contribuição muito mais produtiva para o futuro de uma criança do que dar destaque especial à carreira de um advogado medíocre.

Qualquer que seja o seu emprego, o seu *que*, *por que* e *como* "mostrar e contar" pode significar um grande investimento no futuro de seu filho, assim como no seu relacionamento com ele.

Compartilhe experiências de trabalho positivas com a sua família

Roger

Anos atrás, lembro-me de ter voltado para casa deprimido pelas atitudes de um supervisor na empresa para a qual eu trabalhava. Quando Rebecca me perguntou como tinha sido o meu dia, comecei a "botar para fora". Contei para ela o que esse homem havia feito e como eu achava a atitude dele injusta. Falei sobre como era difícil para mim apoiá-lo e como outras pessoas também estavam tendo dificuldades. Disse-lhe como as características particulares dele estavam nos prejudicando e causando problemas.

Enquanto eu relatava todas as deficiências do supervisor, ela me ouvia cada vez mais surpresa até que, no final, me fez a seguinte pergunta: "Roger, você quer que eu vá lá e dê um soco na cara dele?"

As palavras dela me fizeram parar no meio da frase. De repente, comecei a rir. Abracei-a e saboreei o carinho de alguém que me amava e que estava pronta para me defender.

A reação de Rebecca melhorou o meu estado de ânimo naquele momento, mas, mais tarde, ao refletir sobre aquilo, percebi que a percepção que ela tinha sobre meu trabalho vinha essencialmente de mim e que eu havia lhe passado uma visão bastante distorcida. Decidi que eu precisava compartilhar mais – tanto as coisas boas quanto as más – para dar a ela (e a mim) uma visão mais isenta da minha situação no trabalho.

É óbvio que existem dias em que as coisas não vão bem no trabalho e que você precisa de um coração amigo e de um ouvido camarada. Mas, se você compartilhar apenas as coisas ruins e jamais as coisas boas, como isso irá afetar as atitudes da sua família em relação à sua ocupação? Como as pessoas poderão perceber como você vê o seu trabalho? Como serão capazes de compreender o que você faz? Como conseguirão ver os seus próprios trabalhos?

Procure sempre o que há de bom e não o guarde para si. Quando você dá a sua contribuição no trabalho, quando acontece algo que faz diferença, quando o produto ou o serviço que a empresa oferece melhora a qualidade de vida de alguém, compartilhe! Fale sobre isso. Comemore. Você se sentirá bem e as pessoas da sua família também se sentirão assim quando compreenderem melhor o valor do trabalho que você executa.

Leve para casa histórias de heróis do trabalho

Pense em alguém que você admira no trabalho. Você já falou a respeito dessa pessoa para a sua família? Você já lhes contou sobre como ela fez mais do que era necessário, que ela executou um trabalho excelente ou demonstrou ter um grande caráter? Você já lhes falou sobre a contribuição que essa pessoa está prestando?

Histórias sobre heróis do trabalho são assuntos excelentes para a hora do jantar, além de proporcionarem uma ótima oportunidade para você consolidar os valores na sua família e em si mesmo.

Rebecca

A primeira vez que tive a oportunidade de ajudar Stephen Covey em um de seus livros, fiz a maior parte do trabalho em casa. Mas houve uma hora em que eu precisei ir ao escritório para ajudar a completar, copidescar e enviar o material ao editor. Ao entrar naquele ambiente como uma pessoa "de fora", logo descobri que havia muita coisa que eu desconhecia.

Jamais esquecerei um homem que me recebeu de braços abertos e que se ofereceu para me ajudar no eu precisasse. Ele foi muito sincero e fez com que eu me sentisse em casa. Embora não fosse sua função, quando me deparei com problemas técnicos, ele chamou alguém para me ajudar. Quando eu necessitava de assistência, ele dava um telefonema e arrumava alguém. Mesmo sem que lhe tivesse pedido, em várias ocasiões ele eliminou dificuldades, e eu me senti profundamente agradecida.

Desde então, esse homem e sua esposa se tornaram grandes amigos nossos, e eu sempre tenho o maior prazer em relatar a história da gentileza dele aos membros da nossa família. Isso me dá a oportunidade de agradecer, com sinceridade, a um ser humano muito especial e de ensinar aos meus filhos a importância de percebermos as dificuldades dos outros e de tentarmos ajudá-los a superá-los.

Fique atento e mantenha-se informado

Você, por acaso, sabe o que os membros de sua família fazem a maior parte do tempo? Você aproveita as oportunidades para estimulá-los em seus trabalhos, para ajudá-los a ver o trabalho deles dentro do contexto maior do *nosso* trabalho?

Já pensou no que aconteceria se antes de uma apresentação importante de seu marido/mulher aparecesse na tela do computador uma mensagem sua: "Boa sorte, querido/a – estou pensando em você"? Ou se um de seus filhos encontrasse um bilhete em cima da escrivaninha na manhã de uma prova difícil: "Boa sorte na prova de hoje – estou torcendo por você!"?

Rebecca

Após a publicação de Primeiro o mais importante, *acompanhei Roger em duas viagens internacionais nas quais fizemos várias apresentações conjuntas. Gostei muito de viajar com ele, pois nos anos anteriores não vínhamos fazendo isso com freqüência. Mas, após alguns dias, ao fim das apresentações eu começava a sentir falta da minha família.*

Antes de nossa partida, as crianças nos entregaram um envelope com alguns bilhetes. Fomos instruídos a ler um deles em cada dia da viagem. Que experiência maravilhosa foi abrir os envelopes a quilômetros de distância e ler:

"Se vocês se sentirem tristes ou sozinhos na viagem, lembrem-se do quanto nós amamos vocês! – Dan."

"Como está o tempo? Como é a vida selvagem na Ásia? Espero que os programas sejam recompensadores e que vocês estejam se sentindo satisfeitos com a contribuição que estão fazendo. Rezo por vocês e adoro os dois. – Mary."

"Queridos mamãe e papai, vocês já compraram as lembrancinhas? Estou brincando! Ah! Ah! Ah! – Debbie."

Esses bilhetes trouxeram sorrisos a nossos rostos e alegria a nossos corações. Eles embalaram nossas almas e nos ajudaram a nos manter ligados às pessoas que mais amamos neste mundo.

Às vezes, o simples fato de saber onde estão os membros da família e de enviar pequenas mensagens pode fazer uma diferença enorme na preservação do contexto pelo qual o trabalho de cada um deles contribui para o bem-estar de todos. E esse contexto cria um sentido de unidade que proporciona esperança, estímulo e companheirismo.

Envolva a sua família em projetos de trabalho

Eventualmente, e se a situação permitir, você talvez queira envolver a sua família em projetos de trabalho. Se vai precisar de alguns folhetos para uma apresentação, você pode, por exemplo, levar o material para casa e pedir aos seus filhos que o ajudem a montá-los. É possível que isso leve apenas alguns minutos, mas dará às crianças a satisfação de estarem contribuindo de maneira especial. Quando voltar da apresentação, diga-lhes: "Muito obrigado/a pela ajuda que me deram! Fez uma diferença enorme! Todo mundo adorou os folhetos. Eles estavam perfeitos."

Tente também descobrir maneiras de envolver seu marido/mulher. Você pode até selecionar determinado trabalho tomando como base um interesse comum e a oportunidade de compartilhar uma atividade.

Uma das coisas que nós dois particularmente adoramos em nosso relacionamento é a oportunidade de trabalharmos juntos em projetos nos quais temos um profundo interesse. Escrever, cuidar dos filhos e participar de serviços religiosos lado a lado nos forneceram ótimas oportunidades de estabelecer um companheirismo e de vivenciar o imenso prazer de uma realização compartilhada. É empolgante! É divertido!

Nós dois pensamos de maneira bastante diferente – um é mais teórico e holístico; o outro, mais concreto e direto. E, no início, essas desigualdades causaram frustrações. Mas, quando aprendemos a lidar com as diferenças, especialmente no contexto dos valores mais profundos que compartilhávamos, descobrimos que elas são a chave para o "todo" melhor que criamos quando estamos juntos. E é precisamente *por* pensarmos de maneira diversa, por exemplo, que conseguimos escrever juntos. Apesar de nossas diferenças – talvez por causa delas –, o trabalho é melhor porque nós dois estamos envolvidos nele.

Existem outras maneiras de fazer a família participar – até mesmo indiretamente.

Rebecca

Durante a maior parte dos 18 meses em que trabalhamos no livro Primeiro o mais importante, *eu conseguia escrever enquanto as crianças estavam na escola e me concentrava em ser mamãe durante o resto do dia.*

Nos últimos meses, contudo, cheguei a um ponto em que precisava me dedicar mais. Para cumprir prazos de entrega, às vezes eu tinha de trabalhar até uma ou duas horas da madrugada, dormir e estar de pé às 6h. Aquela foi, de fato, uma época de desequilíbrio.

Para nós, um dos fatores que mais contribuíram foi ter tido toda a família "no mesmo barco". Sabendo que quanto mais intenso fosse o cronograma mais afetada ficaria a vida familiar, reunimos todo mundo e revimos nossa declaração de missão de trabalho.

Ao envolvermos os nossos filhos, descobrimos que, para tornar o projeto viável, eles estavam dispostos a trabalhar juntos e ajudar de várias maneiras. As crianças menores concordaram em cuidar da lavagem da roupa e em assumir outras responsabilidades. Uma filha adolescente ofereceu-se para gerenciar a casa em vez de arrumar um trabalho de verão. Alguns de nossos filhos já casados envolveram-se no projeto. Em um sábado, alguns deles, acompanhados de seus maridos/mulheres, apareceram para auxiliar nas atividades externas que tinham ficado relegadas por causa do livro.

Direta ou indiretamente, o livro foi resultado do esforço de cada membro da família.

Embora os membros da família talvez não possam contribuir para um projeto de trabalho diretamente, eles podem fazê-lo indiretamente e sentir a mesma sensação de vitória compartilhada que acompanha um trabalho "conjunto" bem-feito.

Lembre-se: o trabalho e o equilíbrio são princípios

Para que o trabalho seja de fato a face visível do nosso amor, precisamos vê-lo como o princípio nobre, edificante, formador de caráter e de união familiar que ele pode ser.

Temos de alinhá-lo – tanto em sua natureza quanto em sua ênfase temporal – com aquilo que é verdadeiramente mais importante.

Devemos alavancar o trabalho para conseguirmos o máximo de eficiência.

Precisamos desenvolver o discernimento para, de maneira adequada, decidirmos no que, quando e como trabalharemos para melhor sustentarmos nossa família e contribuirmos para o ambiente de trabalho e para a sociedade como um todo.

É necessário reconhecermos que, tanto no escritório quanto em casa, podemos executar o trabalho com excelência e prazer e que, quanto mais o compartilharmos com a família e a envolvermos quando possível nos aspectos positivos dessa atividade, "mais trabalho" pode se tornar um fator de união, e não de separação.

Também é essencial nos lembrarmos de que o trabalho *e* o equilíbrio são princípios eternos. Não podemos nos deixar iludir pela idéia de que aqueles que realmente progridem são fanáticos "comedores de pizza fria" e "ratos de escritório", e que, de certa forma, estamos em desvantagem porque tentamos estabelecer um equilíbrio em nossa vida.

As pesquisas mostram que os workaholics muitas vezes criam sérios problemas, tanto no trabalho quanto em casa,[16] e que investir no equilíbrio propicia enormes benefícios para o indivíduo e para a empresa. De acordo com um artigo publicado na *Harvard Business Review*:

> *Um pequeno mas crescente número de gerentes age com a hipótese de que trabalho e vida pessoal não são prioridades que competem uma com a outra, mas que se complementam. Na essência, eles adotaram a filosofia do "vantajoso para ambos". E, ao que tudo indica, estão certos: "Nos casos que analisamos, a nova abordagem tem rendido resultados palpáveis, tanto para as organizações quanto para os próprios funcionários."*[17]

E mais:

> *Quando um gerente ajuda os funcionários a estabelecerem um equilíbrio entre o trabalho e as demais áreas de suas vidas, esses colaboradores passam a sentir um comprometimento mais forte com a organização. A con-*

fiança, assim como a lealdade e a energia que investem no trabalho, duplica-se. Não é, portanto, surpreendente que seus desempenhos melhorem e que a empresa se beneficie. Resultados mais concretos permitem que os gerentes continuem a pôr em prática os princípios que auxiliam os funcionários a alcançarem o equilíbrio entre trabalho e vida.[18]

Na realidade, quando você aprende a estabelecer um equilíbrio em várias épocas da sua vida, todos os envolvidos se beneficiam: o seu supervisor, a sua família e você.

4

CAPÍTULO QUATRO

A FAMÍLIA É IMPORTANTE

O seu sucesso como família e o nosso sucesso como sociedade não dependem do que acontece na Casa Branca, mas do que acontece dentro da sua casa.

– Barbara Bush

Nos seminários, geralmente nos divertimos quando perguntamos aos participantes se eles gostariam de aumentar a felicidade de 70 a 80% dentro de seus lares com apenas uma idéia. A resposta esmagadora é: "Claro! Se existe algo que eu possa fazer para conseguir uma diferença tão expressiva, é óbvio que eu quero saber do que se trata!" Depois, nós os organizamos em grupos menores e pedimos a eles que façam uma experiência – os convidamos a realizar o seguinte teste.

Primeira parte: Elabore uma lista dos seis ou sete tipos de atitudes mais comuns e corriqueiros em sua casa – coisas que a família costuma fazer – e cujos resultados, em geral, não são positivos.

1.
2.
3.
4.
5.
6.
7.

Talvez você queira comparar as suas respostas com algumas das que são dadas com mais freqüência pelos participantes dos seminários:

- Não guardar objetos de volta no armário (pente, roupas, etc.).
- Comer o resto de um doce que alguém guardou na geladeira para saborear mais tarde.
- Deixar a tampa da privada levantada (ou abaixada).
- Não expressar opiniões e preocupações.
- Ser sarcástico e rabugento.
- Não prestar atenção no que os outros dizem.
- Interromper uma pessoa que está falando.
- Ter de pedir várias vezes a alguém que faça uma coisa.
- Criticar ações de membros da família.
- Monopolizar o controle remoto quando outra pessoa está tentando assistir à televisão.
- Acender a luz quando alguém está dormindo.
- Não cumprir promessas.
- Deixar farelos de biscoito na cama.

Reveja a sua lista e certifique-se de que você tenha identificado as atitudes que "sintetizem" o que está acontecendo na sua casa. Durante os seminários, é divertido ouvir as risadas quando os participantes reconhecem algumas dessas "muito conhecidas" ações que parecem "levar membros da família à loucura".

SEGUNDA PARTE: Elabore uma lista dos quatro ou cinco tipos de atitudes mais comuns e corriqueiros em sua casa, cujos resultados em geral são positivos – aqueles que costumam deixar as pessoas felizes.

1.
2.
3.
4.
5.

Algumas das respostas dos participantes dos seminários mencionam:

- Surpreender alguém com algo agradável (levar flores ou a bandeja com o café da manhã para a cama).
- Massagear pés e costas.
- Ouvir com atenção.
- Respeitar o espaço de cada um.
- Demonstrar interesse pelas atividades dos outros.
- Cumprir promessas.
- Dizer "Muito obrigado!".
- Fazer tarefas domésticas sem que lhe peçam.
- Executar os trabalhos e as tarefas de outra pessoa para ela.
- Reservar um horário especial para a família – com a televisão desligada.
- Chegar cedo do trabalho sem ser esperado.

Enquanto vamos fazendo esse exercício com um grupo, encorajamos cada participante a elaborar uma lista pessoal das coisas "agradáveis" e "desagradáveis" de sua própria família.

Em seguida, após terminarmos esse compartilhamento, contamos a eles qual é o "grande segredo" que garante uma mudança radical na qualidade de vida da família em apenas poucas semanas e que, com toda a probabilidade, resolve de 70 a 80% dos problemas em casa. Pedimos, então, que leiam as suas próprias listas e que assumam o seguinte compromisso:

Parar de fazer coisas desagradáveis!
Começar a fazer coisas agradáveis!

Em outras palavras:

Pare de fazer coisas como:

- Não prestar atenção.
- Interromper alguém que está falando.
- Não manter promessas.
- Fazer com que alguém precise repetir o mesmo pedido várias vezes.
- Ser sarcástico ou rabugento.
- Não guardar objetos de volta no armário (pente, roupas, etc.).

Comece a fazer coisas como:

- Ouvir com atenção.
- Respeitar o espaço do outro.
- Cumprir promessas.
- Executar tarefas sem que precisem lhe pedir.
- Dizer "Muito obrigado!".
- Surpreender fazendo algo inesperado (levar flores ou a bandeja do café da manhã para a cama).

Após alguns instantes de espanto, o silêncio é quebrado pela risada das pessoas. Posso até dizer o que algumas delas estão pensando: "Você quer dizer que eu paguei para ouvir isso?" Mas, então, elas começam a perceber: "É, paguei. E era exatamente o que eu precisava ouvir."

É simples.
Mas não é simplista.

Nos relacionamentos, as pequenas coisas *significam* grandes coisas. Elas demonstram carinho e comprometimento. Elas dizem: "Para mim, você é mais importante do que meus hábitos ou conveniências." E também: "Essas coisas são importantes porque *você* é importante para mim."

Na realidade, não são as pequenas coisas em si que importam, mas a atitude, o modelo, o caráter que você demonstra ao decidir torná-las prioritárias.

Dê uma olhada na sua lista de coisas "agradáveis". Você *poderia* fazer aquelas coisas? Será que ali existe algo muito difícil ou impossível de realizar?

Ao analisar desempenhos, um consultor às vezes pergunta a um gerente: "Se eu colocasse um revólver na cabeça desse funcionário, ele poderia executar a tarefa?" Se a resposta for não, o problema está no treinamento. Se a resposta for sim, o problema está na motivação. Portanto, se alguém encostasse um revólver na sua cabeça, você conseguiria fazer as coisas que mencionou na segunda parte?

Nosso palpite é que poderia.

Por que, então, você não as faz? E o que aconteceria se você, *de fato*, as fizesse? E se você estivesse, na realidade, decidido a colocá-las em prática por trinta dias? Faria alguma diferença?

Temos certeza de que faria. A experiência já nos ensinou que compreensão, acompanhada da execução de coisas agradáveis, com constância e perseverança, faz uma diferença *enorme* na qualidade de vida da família. E, seja você um esposo ou uma esposa, um pai ou uma mãe, um avô ou uma avó, um filho ou uma filha, uma tia, um tio ou um primo, existem "pequenas coisas" que você pode fazer para melhorar a qualidade de vida da sua família.

Antes de continuarmos, queremos lhe assegurar que, embora o enfoque deste capítulo seja o núcleo familiar, os princípios vinculados são também fundamentais para aqueles que são solteiros ou não têm filhos. Práticas como a que acabamos de discutir são vitais para relacionamentos familiares duradouros e para todas as relações que você possa ter agora ou vir a ter no futuro.

Portanto, não restrinja seus pensamentos ao estado atual do seu núcleo familiar. Leve em consideração todos os relacionamentos próximos. Pense na família que você pode querer ter no futuro. No final da seção "Maximizadores", nós sugeriremos maneiras de você aplicar essas idéias altamente eficazes em diversas situações.

A FAMÍLIA É A PRIORIDADE PRINCIPAL

Todos sabemos que a família é importante. Nos seminários, quando pedimos aos participantes que identifiquem o que é mais importante para eles, quase todos sempre põem a família no topo ou perto do topo da lista. No entanto, a maioria revela que não está satisfeita com a quantidade e a qualidade do tempo que está dedicando à família – ou com os resultados.

Então, como podemos efetivamente dar mais prioridade à família? O que é possível fazer para nos assegurarmos de que estamos realizando aquelas coisas que melhorarão a qualidade da vida familiar?

Esperamos que já esteja convencido de que a maneira como você *vê* a família determina o que você *faz* dentro dela, e que o que você *faz* estabelece os resultados que obtém. Portanto, a forma mais eficiente de empreender mudanças e de investir na sua família é começar pelo modo como você *vê* o conceito de família.

Neste capítulo, lhe pediremos que dê uma olhada em:

- Como você *vê* o conceito de família.
- Como você vê a *sua* família.
- Como você vê o *seu papel* como membro da família.
- Como a posição de líder da família pode lhe dar o poder de levar alegria ao seu lar.

Como você vê o conceito de família

Alguns anos atrás, estávamos assistindo a um desenho animado que mostrava o que se passava na mente de todos os membros de uma família. De repente, um deles sugeriu: "Vamos comprar um cachorro." Pelo que me recordo, na mente da mãe havia um minúsculo chihuahua sentado em uma almofada. Na mente do pai, havia um cão dinamarquês caminhando elegantemente ao seu lado. Na mente da filha, havia um lindo poodle francês, tranqüilamente acomodado no seu colo enquanto ela fazia o dever de casa. Na mente do filho, havia um são-bernardo brincando com ele no quintal. Para cada pessoa, a palavra "cachorro" tinha um significado diferente. Assim, para cada uma delas, a decisão de "comprar um cachorro" tinha implicações distintas.

Hoje em dia, a palavra "família" em geral evoca a mesma variedade de imagens mentais. De Brady Bunch aos Simpsons, dos Cosbys aos Sopranos, os meios de comunicação e os acontecimentos criaram nas cabeças das pessoas uma grande variedade de imagens da família.

Portanto, de onde vem a sua *imagem* da família?

- Da experiência da sua própria infância – boa ou má?
- Da sua experiência como um ser adulto – boa ou má?
- De estatísticas sociais, noticiários, filmes e programas de televisão que geram uma percepção cínica ou resignada da vida familiar?
- Dos seriados de televisão e programas cômicos que retratam uma visão sarcástica e irônica do relacionamento familiar?
- De suas observações da vida familiar de seus vizinhos e amigos?

Até que ponto essas ou outras influências afetam a maneira como você *vê* o conceito de família, as suas expectativas em relação à família, a sua interação com os seus familiares e a qualidade da sua vida familiar?

Estamos vivendo uma época em que as mensagens sociais sobre esse aspecto da vida são incrivelmente confusas e desconcertantes. Até mesmo o propósito da família em si parece incompreensível. Enquanto no passado a família era, em geral, vista como uma instituição sagrada, necessária para a sobrevivência física, para a procriação, para a formação do caráter de várias gerações, para o treino de habilidades e para o fortalecimento emocional e espiritual, hoje em dia muitos a consideram opcional e essencialmente social e recreativa.

Também estamos vivendo um tempo em que nos encontramos divididos e voltados para muitas outras questões da vida, o que torna difícil parar para pensar sobre a qualidade da vida em família e como isso nos afeta e poderá afetar as gerações futuras.

Mas, se nós, com sinceridade, quisermos aumentar a incomparável satisfação e a alegria decorrentes de uma boa vida familiar, precisamos arranjar um tempo para refletir sobre a forma como percebemos essa instituição.

Como confirmam séculos de civilização, a família é o próprio DNA da sociedade.

A força de uma nação tem como origem a integridade do lar.

– Confúcio

A família é o cerne da civilização.

– William J. Durant

Como Allan Carlson, secretário-geral do Segundo Congresso Internacional de Famílias, mencionou no discurso de abertura desse evento:

Como seres humanos, a nossa própria identidade nos empurra para a vida familiar, para o matrimônio e os filhos. Uma pessoa religiosa provavelmente explicaria isso como conseqüência da vontade Divina, na Criação. Um cientista poderia explicar esse fato como decorrência de dez mil gerações de evolução humana. A conclusão, no entanto, seria a mesma: ser humano é ser familiar.[1]

Ao analisarmos as perturbadoras estatísticas atuais sobre a família nos Estados Unidos, é fácil nos sentirmos desencorajados. Veja o seguinte:

Nos últimos trinta anos:

- O número de suicídios juvenis aumentou quase 300%.
- Um quarto dos adolescentes contrai doenças sexualmente transmissíveis antes de terminar o segundo grau.
- O número de bebês nascidos de mães solteiras aumentou em mais de 400%.
- A taxa de divórcio mais do que dobrou.
- A percentagem de famílias chefiadas por uma única pessoa mais do que triplicou.
- A média de acertos nos testes de avaliação escolar caiu 73%.[2]

Além disso, atualmente o problema número um de saúde das mulheres norte-americanas é a violência doméstica. Todos os anos, quatro milhões de mulheres são surradas por seus parceiros.[3] E um número cada vez maior de crianças não possui pais participativos. Uma em cada três crianças norte-americanas vai todas as noites para a cama em uma casa onde o pai não mora.[4]

Talvez o benefício de tais estatísticas seja o de nos conscientizar – de forma dramática e inesquecível – sobre a função fundamental e insubstituível da família. Como conseqüência de uma vida familiar estável e sólida como a que existia no passado, muitos de nós talvez não tenhamos percebido que a família é o eixo central em torno do qual todo o resto da sociedade gira. Mas, quando as partes começam a se soltar, a necessidade intrínseca desse eixo central torna-se inequívoca.

George Haley – ex-embaixador dos Estados Unidos em Gâmbia e irmão de Alex Haley, autor de *Raízes*, saga sobre várias gerações de uma mesma família – fez o seguinte comentário:

> *Assim como os prótons, os nêutrons e outras partículas subatômicas constituem os tijolos de nosso mundo físico, a família é a pedra angular da nossa existência social e do nosso desenvolvimento individual. Dizem que, para se criar uma criança, precisa-se de um vilarejo, mas eu lhe digo que, para se formar um vilarejo, precisa-se de famílias sólidas.*[5]

Fica evidente, portanto, que famílias sólidas produzem sociedades sólidas. Uma sociedade sólida gera famílias sólidas. Por conseguinte, famílias saudáveis e felizes representam tanto as raízes quanto os frutos de uma civilização estável e duradoura.

E o que produz uma família saudável e feliz? Pesquisas extensas investigam uma série de fatores, mas quase todos aqueles que analisam com seriedade assuntos relativos à família concordam que:

- Um casamento sólido e afetuoso tende a gerar uma família sólida.
- Em geral, as famílias são felizes e bem-sucedidas, desde que seus membros:
  – confiem uns nos outros,
  – amem uns aos outros,
  – acreditem uns nos outros,
  – ajudem uns aos outros,
  – confortem uns aos outros,
  – perdoem uns aos outros,
  – trabalhem juntos,
  – contribuam juntos,
  – orem juntos,

– divirtam-se juntos,
– comemorem juntos.

- As famílias que possuem relacionamentos saudáveis com seus familiares mais próximos são, em geral, mais felizes e enfrentam os desafios da vida com mais tenacidade.[6]

Embora os meios de comunicação projetem imagens que contradigam isso, as pesquisas mostram que, em geral, casais vivem mais,[7] são os que menos adotam comportamentos arriscados – como dirigir embriagado, fumar e usar drogas –, apresentam taxas de suicídio e de alcoolismo mais baixas,[8] não contraem doenças com tanta facilidade e recuperam-se mais rapidamente quando ficam doentes.[9] Também são menos propensos a ter depressão e distúrbios psíquicos.[10] Encontram-se em situação financeira melhor, tendem a economizar mais e a investir mais recursos em fundos de educação e de aposentadoria.[11] E casais fiéis relatam estar mais satisfeitos com a intimidade física em seus relacionamentos do que todos os outros tipos de pessoas sexualmente ativas.[12] Repetindo as palavras de um pesquisador: "Entre a população não casada, nenhum grupo – separados, divorciados, viúvos ou os que nunca se casaram – se considera tão feliz e satisfeito com a vida quanto o grupo dos casados."[13]

As pesquisas também mostram que as crianças provenientes de famílias sólidas e estáveis apresentam uma probabilidade maior de serem felizes e bem-sucedidas em todos os aspectos – físicos, mentais, espirituais, econômicos e sociais – e que aquelas com um amplo sistema de suporte familiar conseguem enfrentar os desafios da vida com mais facilidade.[14]

Agora, deixe as pesquisas de lado e consulte sua própria inteligência orientadora. Será que você, com toda a sinceridade, consegue imaginar qualquer coisa que possa gerar mais felicidade pessoal e contribuir de maneira mais efetiva para a estabilidade de uma sociedade do que uma família composta por pais que se amam de verdade; que recebem os filhos de braços abertos e que juntos se comprometem a cuidar de todas as suas necessidades físicas, emocionais, sociais e espirituais; que ensinam os seus filhos a amar e ajudar uns aos outros; que transmitem uma maravilhosa herança de princípios, como a honestidade e a integridade; que produzem qualidade de vida; que, em seus esforços, recebem o apoio de uma carinhosa rede de avós, primos, sobrinhas, sobrinhos, tios e tias?

Uma das principais características de um princípio é ser incontestável – ele faz o seu oposto parecer absurdo. Será que alguém poderia supor que o oposto do que acabamos de descrever propicie mais benefícios para as pessoas ou para a sociedade: pais que se desprezam ou são indiferentes um com o outro; que não toleram a presença dos filhos; que agem de maneira egoísta e independente; que não conseguem cuidar das necessidades físicas, emocionais, sociais e espirituais de seus filhos; que brigam e discutem e parecem não se importar quando os filhos fazem a mesma coisa; que os ensinam a ser desonestos, sujos e a não se controlar; que criticam e, como resultado, se afastam de tias, tios, primos ou de outros parentes próximos?

Tanto faz se você considera esse princípio incontestável ou se o justifica através da sociologia, da biologia, da teologia ou da sua própria inteligência orientadora – na realidade, uma vida familiar boa é essencial e fundamental para a felicidade e o bem-estar de um indivíduo e da sociedade. Mesmo com os enormes desafios do casamento e da criação dos filhos, os componentes essenciais para uma família ideal são – e têm sido – em toda a história da humanidade e no mundo inteiro a principal experiência de vida para muitas pessoas. Mesmo diante dos imensos problemas políticos, econômicos e sociais, e cercada por desafios, a "família" continua sendo o esteio da sociedade.

Para concluir, diríamos que não existe um modo de vida melhor, mais sólido, mais profundamente satisfatório, altamente recompensador, produtivo e eficiente.

Como você vê a sua família

Quando pensamos na nossa própria família, poucos – ou até mesmo nenhum de nós – se identificam inteiramente com o ideal que acabamos de apresentar. Na realidade, a maioria das pessoas provavelmente destacaria as fraquezas e falhas da família e declararia com segurança que não é possível alcançar tal modelo. Algumas – talvez "escaldadas" por suas próprias experiências dolorosas – reagiriam a essa descrição de ideal com cinismo e amargura.

Mas nós sugerimos que você analise as suas próprias expectativas em relação a essa área e que, ao fazer isso, leve em consideração três coisas:

Primeira: qualquer que seja a situação da nossa família, "ideal" não significa "livre de obstáculos". A vida familiar, por sua própria natureza, é *cheia* de desafios. Após 35 anos de casamento, lidando com problemas de saúde e de ordem financeira – além dos curativos diários em joelhos machucados, lenços para limpar narizes escorrendo, crises existenciais de filhos adolescentes e das inevitáveis dificuldades do dia-a-dia –, *sabemos* que até mesmo a melhor vida familiar enfrenta desafios!

Um dos maiores benefícios da vida em família é a incomparável interdependência e força de caráter resultante do esforço conjunto despendido diante desses desafios. Na realidade, é a capacidade de *vermos* o "ideal" como *força para enfrentarmos os desafios* – e não a ausência de dificuldades – o que nos desperta os pensamentos e as ações que geram aquela força familiar duradoura implícita no ideal.

Segunda: até mesmo a vida familiar ideal é uma saga do "tornar-se". O nascimento e o crescimento de uma criança são uma metáfora perfeita para o nascimento e o crescimento de uma família. Existem períodos complicados nos quais aprendemos a andar e a cair, em que descobrimos como atender as necessidades dos outros e a interagir bem com eles. A família "perfeita" simplesmente não existe. Existe a família que cresce, a família que aprende e a família que "se torna". E o rumo pelo qual você, como família, se orienta é muito mais importante do que o ponto em que você possa estar em determinado momento porque, com o passar do tempo, é o rumo que fará toda a diferença!

Terceira: qualquer que tenha sido a sua experiência, você, com toda a honestidade, pode imaginar algo capaz de causar agora um impacto maior na felicidade das pessoas de sua família e na felicidade das gerações futuras do que educá-las segundo os princípios que regem uma vida familiar feliz? Mesmo que a sua própria situação esteja longe da ideal, mesmo que seu marido ou esposa seja agressivo, mesmo que você tenha filhos que estejam desencaminhados, mesmo que tenha herdado um legado de alcoolismo, que enfrente problemas com a família do seu marido ou de sua mulher ou que possua um histórico de opções que preferiria não ter feito – com tudo isso, será que, para os seus filhos, poderá haver alguma coisa mais benéfica do que os ensinamentos e a adoção dos princípios da família ideal?

Nada é tão importante quanto prepararmos os nossos filhos para desempenharem seus próprios papéis na família com excelência e satisfação. E o que poderia ser mais significativo do que transformar as suas próprias experiências negativas e a sua herança de uma formação deficiente em um degrau, uma fundação sobre a qual se possam construir famílias mais sólidas no futuro?

Considere a alternativa: como poderia ser melhor para a nossa família manter a amargura, alimentar a dor, repetir os erros e deixar como herança uma formação deficiente?

Rebecca

Minha mãe cresceu em uma família que poderia, sob certos aspectos, ser considerada malformada. Minha avó ficou órfã aos cinco anos de idade e se casou aos 15. Ela dependia emocionalmente da aprovação de meu avô – um homem que na época era muito severo. Quando as pessoas faziam algo que ele não aprovava, eram cortadas de seu convívio – às vezes, passava anos sem falar com elas. Após dar à luz cinco filhos, minha avó ficou arrasada quando ele lhe disse que se dava por satisfeito.

Embora o meu pai tenha sido criado em um lar mais estável, trabalhando com seus seis irmãos na fazenda da família, ele me disse que, enquanto estava crescendo, nunca chegou a ouvir as palavras "eu amo você". A primeira vez que um aniversário dele foi lembrado foi quando fez 22 anos – e isso porque, naquela ocasião, já estava noivo de minha mãe, que o amava e que achava natural comemorar a data.

Como criança, eu não tinha realmente consciência de todas essas coisas. Tudo o que eu conhecia era o aconchego e a maravilhosa segurança de crescer em um lar cheio de amor. Na minha casa, todos os dias escutávamos "eu amo você" e comemorávamos todos os aniversários. Meu pai cantava e lia para mim e me ajudava com o dever de casa. Minha mãe passava horas a fio me ensinando canções e costurando fantasias para que eu pudesse me apresentar. Meus pais freqüentemente perguntavam a minha opinião, me incluíam em tudo, e carinhosamente me ajudavam a desenvolver meus talentos e a participar de qualquer projeto proveitoso.

Agora, como adulta e com mais de três décadas de experiência na criação da minha própria família, quanto mais eu penso sobre isso, mais impressionada fico. De onde meus pais conseguiram a visão de criar algo tão diferente de suas próprias experiências? Será que, em seus afazeres diários, eles percebiam que suas opções afetariam de maneira profunda os meus próprios esforços de criar uma família? Será que sabiam que estavam deixando um legado de segurança, amor e aprendizado de vida que influenciaria as próximas gerações?

Em todas as ocasiões em que pude conversar com meus pais a respeito disso, eles reconheceram de imediato as coisas boas de suas famílias. Mas, para mim, é óbvio que várias das muitas decisões importantes de suas vidas foram tomadas muito mais como conseqüência de suas inteligências orientadoras do que do ambiente dos lares em que cresceram. No fundo de seus corações havia uma bússola que reconhecia e ensinava os princípios de uma família ideal. E foi o reconhecimento dessa bússola que lhes permitiu deixar – a despeito de suas próprias experiências e trajetórias – um maravilhoso legado de amor para mim.

Apesar de nossas circunstâncias atuais, por sermos proativos, cada um de nós possui a força e a liberdade de ensinar aos membros da nossa família o que é "real" e "realista" no que se refere à família e à busca do ideal. Essa talvez seja a maior contribuição que possamos dar à nossa felicidade pessoal, à felicidade e ao bem-estar de nossos filhos e à solidez da sociedade em que vivemos.

Como você vê o seu papel como membro da família

Roger

Uma noite, há muitos anos, eu estava chegando em casa após um dia exaustivo de trabalho e tudo o que eu queria era apenas descansar.

Eu me recordo de que no momento em que a minha mão tocou a maçaneta da porta, algo dentro de mim sussurrou: "Você tem um monte de pessoas em casa esperando a chegada do 'papai'. Eles querem a sua companhia. Eles precisam de você."

A minha primeira reação foi dar a volta e ir para outro lugar. Eu esta-

va extremamente cansado, precisava demais que as outras pessoas satisfizessem as minhas necessidades. Eu não queria nem pensar na possibilidade de ter de fazer alguma coisa para alguém aquela noite.

No fundo do meu coração, porém, eu estava convencido da verdade daquela voz íntima. Eu sabia que as pessoas que eu mais amava neste mundo estavam dentro daquelas paredes. Será que na minha vida poderia haver algo mais importante do que amá-las e confortá-las?

Resolvido a fazer exatamente isso, ergui os ombros e entrei. Fui imediatamente recebido pelo olhar e pela exclamação alegre de "papai!", de minha filha de quatro anos. Seu abraço apertado confirmou a minha resolução. Passei o resto da noite descobrindo maneiras de ajudar e abençoar os membros da minha família. Ouvi com atenção, consertei brinquedos quebrados, mudei fraldas, ajudei a lavar os pratos e coloquei as crianças na cama.

O que mais me surpreendeu naquela experiência foi o fato de naquela noite, quando, exausto, finalmente fui me deitar, ter percebido, no momento em que coloquei a cabeça no travesseiro, que estava sorrindo.

Para mim, aquele foi um momento decisivo. Meu paradigma mudou. Descobri que o verdadeiro prazer na família chega quando você vê o lar como um lugar onde damos em vez de recebermos. E descobri também que o paradoxo é verdadeiro: "Quanto mais você dá, mais você recebe."

Muitas vezes, tendemos a ver o trabalho como um lugar em que se contribui e o lar como um lugar onde se descansa. Ao voltarmos exaustos para casa, esperamos encontrar tudo em ordem, todos felizes, e podermos nos recuperar da "luta" do dia.

Quando nos deparamos com o impacto da realidade de que criar filhos dá trabalho, de que os relacionamentos exigem esforços e de que manter a casa limpa e em ordem é uma tarefa cansativa, nos sentimos transtornados porque esse quadro não corresponde àquela expectativa inconsciente e não questionada de que os enormes benefícios de um lar e de uma vida familiar estável simplesmente estariam lá à nossa espera sem que precisássemos nos empenhar para tê-los. E, por não atingirmos essa expectativa, começamos a culpar, a acusar e a punir os outros de diversas maneiras.

Embora seja verdade que os maiores prazeres e satisfações da vida venham da família, também é verdade que essa incrível realização só acontece quando nos dedicamos totalmente à família, trabalhamos para ela e nos sacrificamos por ela. Essa realidade está em sintonia com o fantástico princípio da *contribuição* – um dos mais importantes princípios da vida.

Ninguém consegue aprender o significado da vida sem antes sacrificar o ego por outros seres.

– W. Beran Wolfe

Dar apenas porque é correto dar em uma hora oportuna, em ocasiões adequadas, a pessoas que mereçam, sem esperar nada em troca, é um dar iluminado. Dar com reservas ou na expectativa de receber algo ou algum favor em troca é um dar egoísta.

– Bhagavad Gita

As boas notícias estão no fato de que, assim que você alinha as suas expectativas com aquele princípio crucial, as portas se abrem não apenas a uma satisfação pessoal maior mas também a uma dimensão de equilíbrio de vida totalmente nova que lhe permite ver tanto o trabalho *quanto* o lar como formas de contribuir. Isso também lhe dá a capacidade de ultrapassar a competitividade e o comprometimento e transformar trabalho e lar em atividades complementares. Gera igualmente uma terceira opção para o dilema trabalho/lar. Para concluir, torna-o capaz de reconhecer que essa questão não se restringe a *um/ou*, mas a *e*. Significa viver e contribuir para o todo, unificador e totalizador, do qual o trabalho e o lar são partes integrantes. O alinhamento ao princípio da contribuição também o levará a descobrir maneiras pelas quais a sua contribuição fará diferença. Seja você um marido ou uma esposa, um pai ou uma mãe, um avô ou uma avó, um filho ou uma filha, um sobrinho ou uma sobrinha, um tio ou uma tia, um primo ou uma prima, existem coisas que você pode realizar para melhorar a sua família. Podem ser aquelas "pequenas coisas" que sugerimos antes: lembrar-se de dizer "muito obrigado", guardar os objetos que você mesmo pegou, arranjar um tempo para ouvir com atenção ou, até mesmo, deixar o assento da privada na posição adequada. Ou podem ser coisas maiores, como ajudar um filho em um trabalho escolar importante, passar um fim de semana fora com seu cônjuge, pedir desculpas a um parente próximo ou esforçar-se para restabelecer uma amizade que estava rompida há anos.

Lembre-se de que uma *boa vida familiar nunca acontece por acaso; ela significa, sempre, uma conquista.* É resultado de um esforço proativo e de uma dedicação consciente àqueles relacionamentos que são mais importantes.

CRIAR E MANTER A VISÃO

E, então, como é que você pode se tornar aquele membro da família proativo e participativo que faz diferença?

Um modo eficiente de começar é criar e manter uma visão clara do tipo de membro da família que você quer ser. Em meio aos desafios diários da vida familiar, é mais fácil ser um doador – ser honesto ou corajoso e bom – quando você já definiu com clareza os princípios importantes que pretende seguir e os tem à sua frente.

Uma forma de captar e reter essa visão é incorporá-la como parte de uma declaração pessoal de missão.

REBECCA

Há muitos anos, como parte da minha declaração de missão pessoal, escrevi o meu objetivo como mãe: "Receber de braços abertos no mundo e amar, honrar, acolher e capacitar para a vida aqueles espíritos especiais que serão meus filhos e eternos amigos." Quando escrevi essas palavras, eu não tinha idéia da força que elas teriam na formação do meu relacionamento com meus filhos.

Embora meus pais tivessem me dado um bom exemplo, eu, que fui filha única, não tinha como prever os desafios que enfrentaria ao tentar criar sete crianças muito diferentes, especialmente em meio às minhas próprias dificuldades, que incluíam uma síndrome de fadiga crônica e uma forte TPM, além de outros graves problemas de saúde. Muitas vezes, em meio a uma tempestade, a minha declaração de missão pessoal me serviu de âncora.

Houve diversas ocasiões em que me senti tentada a exercer a minha autoridade – a insistir no meu modo de agir simplesmente por me consi-

derar mais experiente e mais inteligente e por ser a "mamãe"! Muitas vezes, desejei simplesmente solucionar um problema e partir para fazer outras coisas em vez de arranjar um tempo para ensinar e explicar e, com isso, desenvolver, além da habilidade ou o conhecimento de base, um relacionamento. Em alguns momentos, criticar ou desmerecer teria sido mais fácil – momentos em que eu queria me dedicar às minhas coisas em vez de fazer coisas para eles ou com eles. E, com certeza, houve situações em que fiz tudo isso.

Mas eu perseverei na visão de relacionamentos maduros com membros altamente responsáveis e participativos da sociedade. E a combinação dessa visão com a fé inabalável de Roger no futuro de cada filho – mesmo quando havia problemas e desafios – me capacitou a enxergar, na maior parte do tempo, além do simples objetivo de "criar essas crianças para que eu possa fazer aquilo que quero na vida". Permitiu que eu me concentrasse no estabelecimento de relações duradouras com algumas das pessoas mais "impressionantes" do mundo.

Nós sugerimos, com toda a força, que você capte a sua visão do membro da família que você quer ser – esposo/esposa, pai/mãe. E isso pode ser feito como parte de sua declaração de missão pessoal ou de qualquer outra maneira que lhe seja útil.

Também recomendamos que seja visceralmente honesto consigo mesmo no que se refere ao tipo de membro da família que você é. Lembre-se do "Paradoxo de Stockdale". Tenha em mente a necessidade de ser tanto "real" quanto "realista". A única maneira de conseguir chegar aonde você quer estar é começar de onde você está. Por isso, capte a visão. Reconheça a realidade. Somente assim poderá traçar o curso que o conduzirá de um lugar ao outro com segurança.

Enquanto estiver percorrendo o caminho, não se esqueça de rever a sua visão periodicamente. Mantenha-a em perspectiva. Isso lhe permitirá manter um curso e o ajudará a corrigi-lo quando se desviar dele.

ROGER

Quando nossas crianças ainda eram muito pequenas, nos mudamos para uma minifazenda onde pretendíamos plantar frutas e legumes e criar fi-

lhos saudáveis. Comprei um trator que não funcionava e passei uma boa parte daquele primeiro inverno montando-o dentro de um antigo galinheiro. Após investir tanto esforço, eu mal podia esperar pela chegada do primeiro dia de primavera em que o tempo estivesse suficientemente bom para levá-lo lá para fora e começar a preparar o terreno onde pretendíamos plantar.

Eu nunca tinha usado um trator antes, mas, quando comecei a primeira fileira e olhei para trás, a sensação de satisfação que senti ao ver a terra sendo revolvida debaixo daquele arado foi indescritível. Eu estava absolutamente fascinado com a maneira como a terra negra e fértil continuava a aparecer, quase como se estivesse voltando a si. Na verdade, fiquei tão maravilhado que me esqueci de olhar para onde estava indo.

Por sorte, levantei os olhos quando cheguei ao final da fileira, mas fiquei desolado ao me virar para inspecionar o campo inteiro. O que eu achava que seria uma fileira linda e reta nada mais era do que um horrendo ziguezague.

Para minha imensa vergonha, um vizinho e fazendeiro de longa data, que (sem que eu soubesse) estava se divertindo enquanto me observava, caminhou até o lugar onde eu me sentara em total desânimo. Com um brilho de sabedoria no olhar, colocou a mão no meu joelho e disse: "Sabe, filho, para manter as fileiras retas, você tem que fixar a sua visão em um marco!" Ele, então, me explicou como eu precisava escolher um ponto no horizonte, fixar o meu olhar nele, continuar me movendo em direção a ele – e não olhar para trás.

Aquele conselho óbvio fez uma enorme diferença no alinhamento e na qualidade de todas as outras "fileiras" nas quais trabalhei na minha vida.

Uma grande parte do sucesso na vida é decorrente dessa estratégia simples. Você mira um marco e continua se movendo em direção a ele. Mesmo que jamais o alcance de fato, o simples mover-se naquela direção da melhor maneira possível fará a distância diminuir e promoverá uma enorme diferença na qualidade de tudo o que você realizar ao longo do caminho.

Pense em "liderança familiar"

Quando estiver refletindo sobre o seu papel na família, nós também recomendamos que você aprenda a pensar em termos de "liderança familiar", isto é, na sua extraordinária oportunidade de influenciar e criar os que estão à sua volta segundo aqueles princípios que sempre produziram famílias e sociedades sólidas e felizes.

Embora todos os membros da família – cônjuges, pais, avós, irmãos, irmãs, tias, tios, primos e primas – tenham a chance de contribuir dessa maneira, nós acreditamos que a liderança exercida pelos pais seja o principal componente para o sucesso da família. Por esse motivo:

A liderança familiar – especialmente aquela exercida pelos pais – é uma das atividades mais determinantes da experiência humana.[15]

Por quê? Porque define, de maneira categórica, como as próximas gerações *verão* a família, a maneira como *agem* com suas atuais e futuras famílias e os *resultados* que obterão.

No que se refere à liderança familiar, os pais possuem quatro funções básicas:

- *Prover* o atendimento das necessidades básicas da vida – físicas, sociais, emocionais e espirituais.
- *Proteger* os membros da família de danos físicos, sociais e emocionais.
- *Cobrir* os membros da família de amor e carinho.
- *Ensinar* aos membros da família os princípios e valores que lhes possibilitem ter relacionamentos gratificantes e alcançar a realização e a felicidade em suas vidas.

Em lares em que o pai e a mãe estão presentes – embora um deles possa assumir total responsabilidade pelo desempenho de uma ou outra função –, pais eficientes estabelecerão uma parceria e se ajudarão mutuamente. Os pais solteiros podem agir de maneira proativa e assegurar a ajuda de amigos e familiares próximos, da igreja ou de grupos de apoio à comunidade para cumprirem essas funções essenciais.

No capítulo três, nos concentramos basicamente no papel do provedor. No restante deste capítulo, focalizaremos os oito maximizadores-chaves que o ajudarão a proteger, acalentar e ensinar aos membros da família a trazer alegria para dentro do lar e a preparar as crianças para desempenharem suas funções de adultos com equilíbrio e tranqüilidade.

Ao refletir sobre essas idéias, lembre-se de que elas representam um vasto conjunto de opções. Dependendo da sua situação atual, talvez apenas uma ou duas sejam úteis. Algumas podem gerar idéias ou maneiras que lhe permitam implementar os princípios específicos com mais eficiência. O objetivo é usar a sua inteligência orientadora e concentrar-se nos maximizadores que produzirão os melhores resultados para a sua situação.

Maximizador um: crie uma declaração de missão da família

Uma das atividades de liderança mais eficazes é estabelecer uma sensação de visão e de valores compartilhados nas mentes e corações de todos os membros da família. E fixar uma declaração de missão da família é uma das melhores maneiras de se conseguir isso.

Esse tipo de declaração produz o mesmo efeito para uma família que uma declaração de missão pessoal produz para um indivíduo. Ela deixa claro quais são os anseios fundamentais. Fornece um sentido de identidade e de objetivos. E, além disso, dá origem a quase todas as questões relacionadas à família.

Quando não existe uma visão compartilhada, os membros da família seguem caminhos individuais, agindo de acordo com seus próprios valores e agendas. O trabalho executado pelos pais não é reconhecido e apreciado. Os recursos da família (tempo e dinheiro) são gastos arbitrariamente, gerando ressentimentos e mal-entendidos. As prioridades de cada um não são compartilhadas com os demais. Não há um entendimento do valor das tarefas familiares nem uma concordância real sobre elas.

Mas, quando existe uma visão compartilhada – quando há união de mentes e corações –, essa situação se inverte. Todos vêem e compreendem o objetivo e a importância suprema da família. Cada indivíduo percebe como o seu papel individual ajuda a realizar aquele propósito compartilhado. Todos se empenham em encontrar soluções para os problemas e as preocupações. As decisões relativas a tempo e dinheiro – quantificadores de valores – são tomadas em conjunto.

Lembre-se: o tipo de visão que a família tem é a causa primordial das ações que ela realiza e dos resultados que obtém. A solução é trabalhar em conjunto até que haja unidade nessa *visão*. E o processo é tão importante quanto o resultado. Quando os membros da família conversam uns com os outros, compartilham idéias e sentimentos, discutem preocupações e pontos de vista diferentes, eles finalmente chegam a um denominador comum.

Ocasionalmente, levam semanas – até mesmo meses – conversando e analisando repetidas vezes. Mas é o próprio processo que aproxima as pessoas. Facilita a comunicação. Aborda e expõe os desejos e sentimentos mais íntimos de cada uma delas. Elucida e aprimora a visão. O resultado final pode assumir qualquer formato: um documento escrito, um poema, uma peça de arte ou uma canção – o que quer que seja que capte a essência da sua família e lhe permita tê-la diante de si constantemente.

Durante anos, nós dois tentamos de várias maneiras captar a visão que norteasse a vida de nossa família. Quando estávamos noivos, encontramos umas belas palavras de aconselhamento que decidimos adotar como uma declaração de missão de casamento – embora naquela época não a víssemos como tal. Desde o início da nossa união, aquelas palavras sempre estiveram expostas nas paredes do nosso quarto e nos ajudaram a viver segundo os mais ardentes anseios do nosso coração.

> *"Vocês dois, criem seu próprio mundo de tranqüilidade." Tudo nesta vida precisa de atenção, de empenho, de cuidados, e o casamento não é exceção à regra. O casamento não é algo que possa ser tratado com indiferença, grosseria, ou como algo que se resolve por si só. Nada que seja negligenciado permanecerá como era ou deixará de se deteriorar. Tudo na vida requer atenção, cuidado e interesse, em especial o casamento, que é o mais sensível de todos os relacionamentos. Não é difícil provar que nenhum de nós é perfeito. Quando procuramos encontrar defeitos, encontramos montanhas de defeitos. E, no casamento, assim como em todas as outras coisas, essa busca inclemente por falhas pode ser destrutiva. "Na primeira hora a sós", disse um autor desconhecido, "...façam, ambos, a promessa sagrada de jamais,*

nem de brincadeira, brigarem um com o outro e de nunca ficarem mal-humorados. Depois, prometam, com sinceridade e seriedade, jamais guardarem um segredo do outro, sob qualquer pretexto ou desculpa. Vocês precisam, ininterruptamente e em todos os momentos, ver de maneira clara o que se passa no coração do outro. Mesmo que um de vocês tenha cometido um erro, confesse. E, ao não ocultarem nada um do outro, muito pelo contrário, vocês preservarão a privacidade do seu lar, o [seu] casamento, o [seu] coração, de... [todas as pessoas] e de todo o mundo. Vocês dois, com a bênção de Deus, criem o seu próprio mundo de tranqüilidade... [Não permitam] que nada se ponha entre vocês. Prometam isso um ao outro. Suas almas crescerão uma em direção à outra até que, finalmente, se tornem uma só." Lembrem-se de encorajar um ao outro, de fortalecer e apoiar, de manter o companheirismo vivo e agradável. Lembrem-se da dignidade e do respeito; da compreensão; de não esperar a perfeição; de não perder o senso de humor e a percepção do que é sagrado e sério; dos objetivos comuns; das convicções comuns e da força de vontade para não quebrar uma promessa e, assim, manter o compromisso do contrato – esses são os ingredientes de um casamento bom e sólido. Lembrem-se "da paciência, da persuasão, da gentileza, da bondade e do amor sincero, sem hipocrisia e sem falsidade, para que você possa saber que a fidelidade é mais forte do que os laços da morte". Todo casamento tem direito a isso. "Vocês dois, com a bênção de Deus, criem seu próprio mundo de tranqüilidade."

– Richard L. Evans[16]

Essa declaração foi – e continua sendo – uma maravilhosa fonte de energia em nosso casamento.

No entanto, quando nossos filhos cresceram, vimos que necessitávamos de algo mais – algo que captasse a visão daquela *família* que queríamos ser. Após várias tentativas malsucedidas, finalmente percebemos que, se quiséssemos criar outra declaração, precisaríamos da participação de nossos filhos.

Naquela época, alguns deles já eram adolescentes, outros eram muito jovens e os demais estavam entre esses dois grupos. O maior desafio foi descobrir como poderíamos envolver cada um deles na criação da nossa missão de família.

Decidimos, então, começar a fazer algumas perguntas simples durante o jantar e no horário semanal reservado à família.

"Do que você mais gosta na família?"

"Na sua opinião, quando é que nós nos divertimos mais?"

"Na sua opinião, quais deveriam ser os nossos valores de família mais importantes?"

Às vezes, a discussão não durava mais do que alguns minutos. Em outros dias, as crianças se entusiasmavam. E também houve ocasiões em que pouco se dizia. Mas nós não desistíamos e continuávamos fazendo as perguntas.

Finalmente, juntamos todas as idéias, as resumimos, as editamos e apresentamos uma declaração que continha os valores e os princípios ao redor dos quais queríamos criar a nossa família.

É impossível, neste livro, analisar em profundidade o poder de uma declaração de missão da família. Contudo, nós podemos lhe afirmar que a nossa declaração tem sido um dos fatores mais positivos e significativos de união e de amizade em nossa família, além de objeto de um grande número de discussões entre nós. Foi a base que usamos para ensinar a nossos filhos muitas lições sobre caráter e interdependência. Serviu de parâmetro para que decisões individuais e da família fossem analisadas e tomadas. Durante muitas tempestades, foi uma âncora para todos nós.

A MISSÃO DA NOSSA FAMÍLIA

Amarmos uns aos outros.
Ajudarmos uns aos outros.
Acreditarmos uns nos outros.
Usarmos nosso tempo, talentos e recursos com sabedoria
para abençoarmos os outros.
Rezarmos juntos.
Para sempre.

Como vários de nossos filhos se casaram e construíram suas próprias famílias, essa declaração foi revista por todos nós – inclusive com a participação de nossos genros e noras – e declarada válida para expressar os valores pelos quais decidimos viver como uma família que se expandiu. Nos encontros anuais que realizamos com toda a família, nós a exibimos em um cartaz. Renovamos o nosso acordo e compromisso com ela. Nós a ensinamos a nossos netos e cantamos com eles canções que expressam os valores contidos nessa declaração. Ela se tornou o parâmetro que reuniu todos os familiares próximos em torno de uma visão compartilhada.[17]

Maximizador dois: tenha um "horário semanal da família"

Muitas organizações importantes, de igrejas a órgãos governamentais, voltadas para a família promovem algum tipo de "horário dedicado à família". As pessoas já começaram a perceber que, quando não reservam um tempo especial para estarem juntas, as relações começam a se deteriorar.

No passado, e em muitas culturas ao redor do mundo, a idéia de que é necessário estabelecer um horário especial para que a família se reúna seria considerada ridícula. Os laços familiares foram e continuam sendo um aspecto fundamental e natural da vida, e sugerir o contrário chega a ser quase absurdo.

Mas na sociedade atual – principalmente no mundo ocidental – reservar um tempo especial para esse objetivo é um verdadeiro desafio. Agora, até mesmo a tradicionalmente sagrada hora do jantar com a família depende de lanchonetes, programas de televisão, atividades esportivas das crianças e compromissos de trabalho fora do horário do expediente. Arranjar um pouco de tempo para reunir a família periodicamente requer um sério esforço proativo.

Transformar a hora do jantar em uma das principais prioridades da família é uma decisão muito sábia. É aquele horário normal, diário, de dialogar, compartilhar e nutrir os membros da família tanto em suas necessidades físicas quanto espirituais.

Além disso, muitas famílias acham extremamente benéfico estabelecer um horário semanal para a reunião de seus membros. E isso é algo que nós sempre consideramos fundamental. Exceto algumas poucas vezes, durante toda a nossa vida de casados, estabelecemos um horário especial – todas as segundas-feiras à noite – para estarmos juntos. Jogamos, cantamos, discutimos assuntos importantes, nos divertimos e ocasionalmente nos entretemos com alguma atividade fora de casa, como ir ao boliche, ao cinema, ao teatro ou mesmo a um jogo ou a um concerto do qual um dos membros da família vai participar. Com o passar dos anos, descobrimos que essas ocasiões são um incrível propiciador de entendimento, comunicação, formação de grupo e estabilidade.

Agora, com quatro de nossos filhos casados e uma filha na universidade morando fora de casa, também estabelecemos um horário mensal para que toda a família possa se reunir. Jantamos, conversamos e nos divertimos vendo os netos brincando juntos. No momento, temos sorte por todos estarem morando perto de nós. Mas sabemos que nem sempre é assim. Somos gratos por podermos, graças à tecnologia moderna, nos comunicar por telefone ou pela Internet com todos os nossos familiares e, é claro, por nos encontrarmos nas reuniões anuais – mesmo que alguns deles estejam vivendo longe.

Não é fácil manter sempre o horário da família. Horários conflitantes, o cansaço, as preocupações e crianças mal-humoradas às vezes criam problemas que nos fazem pensar se o esforço realmente vale a pena. Mas estamos absolutamente convencidos de que vale. Com o passar dos anos, esse tempo reservado para a família tornou-se algo que é aguardado com alegria. Ele também produz padrões e valores que preparam as crianças para viverem vidas produtivas, equilibradas e felizes.

É óbvio que a melhor época para se começar isso é quando os filhos ainda são pequenos. Dessa forma, eles crescem aguardando com ansiedade o momento especial de estarem juntos que tanto apreciam. Quando são mais velhos, a melhor maneira é começar aos poucos. Às vezes, basta se reunirem para que se divirtam e considerem um presente qualquer outra coisa que possa surgir como conseqüência.

O mais importante é continuar tentando, não desistir nunca. Muitas vezes, é a fé no resultado positivo que faz com que ele aconteça.

Maximizador três: faça programas com o seu marido ou com a sua mulher

Dizem que a melhor coisa que você pode fazer por seus filhos é amar a sua mulher ou o seu marido, porque a saúde do casamento afeta tudo o que se relaciona à família, e os exemplos de um casamento exercem influência sobre as próximas gerações.

No mundo de hoje, as responsabilidades e as pressões associadas ao trabalho, à administração e à manutenção da casa, ao desenvolvimento profissional, às obras comunitárias – e, ironicamente, aos próprios filhos – muitas vezes não permitem que o casal tenha tempo para ficar junto. Por isso, na nossa sociedade, se você quiser que isso aconteça, precisará ser proativo.

Descobrimos duas maneiras que parecem dar certo para a maioria das pessoas, inclusive nós dois: saídas semanais e folgas semestrais.

Saídas semanais

Quando estávamos noivos, ficamos fascinados com um casal maravilhoso na faixa dos noventa anos. Eles estavam casados há mais de setenta anos. Com essas pessoas, aprendemos que uma das coisas que os ajudaram a manter o casamento cheio de vida e cada vez mais sólido foi a saída semanal.

Achamos a idéia fantástica, e ela é! Durante todos esses anos, a saída semanal tem sido um dos aspectos mais prazerosos de nosso casamento. Adoramos jantar fora, ir ao cinema, ao teatro, a palestras ou fazer qualquer outra coisa que agrade a ambos. Quando o orçamento estava um pouco apertado, saíamos para dar um passeio a pé, dividíamos um sorvete ou ficávamos juntos em casa.

Durante todos aqueles anos em que criamos nossos filhos, trabalhamos muito e prestamos serviços comunitários, mas as nossas saídas às sextas-feiras sempre foram e continuam sendo um dos principais elementos de renovação do nosso relacionamento. Nossos filhos casados, que também adotaram esse costume, nos disseram que esse hábito vem sendo para eles um importante canal de comunicação.

No nosso modo de pensar, sairmos juntos antes de nos casarmos era bom, mas sairmos juntos depois de estarmos casados é absolutamente imperativo! E é exatamente quando os horários não combinam, o dinheiro está curto e os problemas parecem sufocantes que mais precisamos desse programa.

As saídas semanais são ótimas maneiras de renovar o amor e o compromisso. É impressionante como podemos enfrentar os desafios da semana com mais ânimo quando sabemos que teremos a noite de sexta-feira para sair e ficar juntos.

Folgas semestrais

Durante todos esses anos descobrimos também o poder dessa saída especial, ou folga semestral. Duas vezes por ano, procuramos sair por alguns dias e ir para um lugar onde possamos ficar sozinhos. Em geral, fazemos planos para termos tempo suficiente e ininterrupto para realizar coisas importantes como:

- Sair para pescar ou fazer caminhadas. Ir ao cinema, ao teatro e nos divertir. Sentir prazer em estarmos juntos.
- Rever os últimos seis meses.
- Planejar em conjunto as metas dos próximos seis meses.
- Discutir as nossas necessidades individuais e o crescimento do nosso relacionamento.
- Conversar sobre os nossos filhos e decidir o que podemos fazer para educar, encorajar e apoiar cada um deles.

Esse maravilhoso e renovador tempo que passamos juntos aumentou muito o nosso sentido de união e de objetivos compartilhados. E, embora precisemos deixar as crianças em casa com parentes próximos, sentimos que essas folgas exercem uma enorme influência na nossa capacidade de lidar com os problemas da família e de dar a nossos filhos uma visão antecipada, saudável e feliz de como um relacionamento em um casamento pode ser.

Maximizador quatro: faça "programinhas em casa" e "programinhas fora de casa"

Uma das mais agradáveis tradições da nossa família é fazer "programinhas dentro de casa" e "programinhas fora de casa" com os nossos filhos. Há anos adotamos esse costume.

Um "programinha" significa um encontro entre um pai/mãe e seu filho/filha. Se ficarem em casa, podem assistir a um vídeo, jogar ou fazer qualquer coisa juntos. No caso de optarem por sair, talvez prefiram algo que não leve muito tempo, como ir ao cinema ou ao teatro, fazer compras ou jogar uma partida de futebol. Ou talvez queiram passar a noite fora – acampar ou aproveitar tudo o que um hotel em uma cidade próxima tenha a oferecer.

Enquanto nossos filhos estavam crescendo, instituímos também a tradição de fazermos dois programas especiais – um no verão em que completavam 14 anos e outro quando terminavam o segundo grau. As saídas com os de 14 anos incluíam canoagem, excursões a pé, pescarias no Alasca, uma estada em uma praia no sul da Califórnia, uma ida ao teatro para assistir a uma peça da Broadway ou uma visita a alguns dos monumentos históricos americanos. As viagens de formatura incluíam uma viagem de estudos dentro dos Estados Unidos, patrocinada por alguma universidade, e uma viagem à Europa ou um programa de canoagem no rio Colorado.

Antes de começar a somar os custos, você precisa compreender que essas viagens, na sua grande maioria, não foram caras. Aproveitando promoções especiais, uma semana em um condomínio numa praia da Califórnia custou cinqüenta centavos (por um telefonema) e a passagem de nosso filho para a Europa saiu de graça. Por programarmos com antecedência e ficarmos atentos às ofertas, nos beneficiamos de programas de milhagem e de promoções especiais.

Esse programa feito por um pai/mãe com um filho/filha significa dizer: "Eu amo você. Adoro a sua companhia." Abre canais de comunicação e de camaradagem que terão reflexo em todo o relacionamento porque elimina alguns dos desafios típicos entre pai/mãe e filho/filha e faz com que seja mais fácil lidar com os outros.

Além disso, é divertido! Você aprende muito sobre os seus filhos. É maravilhoso quando os membros da sua família são os seus melhores amigos.

Maximizador cinco: tenha bate-papos periódicos com os seus filhos

Enquanto os "programinhas em casa" e os "programinhas fora de casa" visam ao estabelecimento de uma amizade com os nossos filhos, os bate-papos têm o objetivo de fortalecer o nosso papel e o nosso relacionamento como pai e mãe deles.

Em geral, esses bate-papos se desenrolam ao redor de duas perguntas:

- Em que você está trabalhando?
- Como podemos ajudar?

Essas perguntas são muito importantes. Primeiro, elas sugerem que a criança deveria estar fazendo alguma coisa. Segundo, elas definem o papel do pai e da mãe: "Não sou seu chefe nem ditador. Estou aqui para ajudar."

Se você começar os bate-papos quando as crianças ainda são pequenas, com o passar dos anos elas sentirão cada vez mais prazer em tê-los com você.

Você pode perguntar à sua filha de cinco anos:

– O que é que você está fazendo?

– Hum... não sei.

– Bem, o que você acha que deveria estar fazendo?

A pergunta em si gera a expectativa de que deveríamos todos estar fazendo alguma coisa.

– Hum... guardando os meus brinquedos, talvez.

– Ótimo! Como posso ajudar?

– Guardando os brinquedos para mim.

– Isso não, mas eu posso ajudar *você* a guardar os brinquedos.

– Está bem.

E vocês dois vão guardar os brinquedos juntos. A sua filha aprende que tem a responsabilidade de estar trabalhando e que você – pai/mãe – é uma fonte de ajuda.

Quando ela ficar mais velha, o tom da conversa muda.

– O que você está fazendo?

– Estou estudando para tirar boas notas ou – Estou aprendendo a dirigir – ou – Procurando um emprego.

– Como posso ajudar?

Talvez você possa ajudá-la com o dever de casa, ensiná-la a dirigir no estacionamento da escola ou ler a seção de anúncios de empregos com ela.

Com o desenvolvimento da habilidade de pensar a longo prazo, você talvez ache útil usar essas oportunidades para estabelecer e rever acordos entre pai/mãe e filha vantajosos para ambos, assim como os planos para alcançar o sucesso.[18] Em tal acordo, você (pai/mãe) compromete-se a fazer algumas coisas – fornecer moradia, comida, seguro-saúde, refeições nutritivas, um carro para dirigir e muito amor e carinho. Ela se compromete a fazer algumas coisas – cuidar do que é dela, assumir certas responsabilidades na casa e contribuir para a família com seus propósitos e ações.

Semanalmente ou mensalmente, durante esses bate-papos, você pode rever esse acordo e deixar que *ela* avalie como vocês estão se saindo. Converse sobre as dificuldades. Encontre soluções para os problemas. Se você costuma lhe dar uma quantia para gastar ou uma mesada para comprar roupas, aproveite essa ocasião para fazer isso, para consolidar o aspecto positivo desses bate-papos na mente dela. Com o passar dos anos, cada reunião dessas acentuará nela o propósito de trabalhar em projetos produtivos e relevantes e fortalecerá o seu papel como fonte de ajuda.

Com o costume firmemente estabelecido, você poderá se sentir surpreso em mais de uma ocasião quando sua filha de repente se abrir com você e lhe falar sobre as dificuldades e problemas que está tentando solucionar. Como você já havia estabelecido o seu papel – e se não se mostrar chocado, não fizer julgamentos ou críticas e evitar dar imediatamente um conselho –, ela, com toda probabilidade, pedirá a sua ajuda.

Roger

Fui forçado a tomar conhecimento desse fato durante um bate-papo que estava tendo com uma das minhas filhas. Eu havia começado a lhe fazer as perguntas de sempre – "O que é que você está fazendo? Como posso ajudar?" – quando, de repente, ela começou a falar sobre uma garota da escola que estava grávida. A menina estava apavorada e pensando na possibilidade de fazer um aborto por meios muito arriscados e ilegais. Para nossa filha, isso era chocante e assustador e ela estava se sentindo muito preocupada e arrasada.

Enquanto conversávamos, decidimos que alguma coisa precisaria ser feita. Com alguns telefonemas conseguimos evitar o que poderia ter sido uma tragédia. Embora isso tenha sido difícil, nossa filha sentiu que tinha agido certo e ficou agradecida por eu ter ajudado a resolver o problema.

Mais tarde, ao refletir sobre o que havia acontecido, não pude deixar de me sentir feliz por termos desenvolvido um relacionamento em que ela se sentia confiante ao ponto de me contar o que estava acontecendo. Eu estava muito contente por termos estabelecido aqueles bate-papos periódicos e grato por ela se sentir suficientemente confiante para se abrir comigo e pedir ajuda.

Sei o quanto é importante que os filhos vejam os pais como amigos. Mas essa experiência me mostrou também o quanto é importante que os filhos vejam os pais como pessoas com que possam, de fato, contar. Eu não tenho a menor dúvida de que aquela experiência única compensou todas as horas dedicadas ao estabelecimento de um relacionamento baseado na confiança e no apoio. Desde então, eu tenho me perguntado: "Será que eu teria sabido do problema se nós não batêssemos papo regularmente?"

Com o tempo, esses bate-papos regulares estabelecem a concepção de que você está lá para ajudar. Quando o relacionamento existe, a troca de confidências pode acontecer em outro momento – e não necessariamente durante a conversa. Mas o bate-papo é uma maneira de se construir o relacionamento e fixar as fundações, de forma que os seus filhos não temam fazer confidências e sintam que podem confiar no seu amor e apoio.

Quando um filho/filha lhe confidencia algo, lembre-se de que você está pisando em solo sagrado. Respeite esse amor e essa confiança. Quando seu filho/filha demonstra franqueza, confiança e solicita a sua ajuda, você tem uma oportunidade única de dar bons conselhos. Essas "horas da lição" – e não "horas do sermão" – alteram profundamente os relacionamentos e a capacidade que o pai e a mãe têm de influenciar e ajudar.

Maximizador seis: estabeleça um momento de reflexão diário para a família

E se você e a sua família passassem apenas dez minutos por dia juntos lendo e conversando sobre os grandes pensamentos e as grandes idéias da humanidade? De que maneira esses "momentos de reflexão" afetariam: cada um de vocês, os relacionamentos que mantêm entre si, o modo como interagem e a forma como você passa o seu tempo e o tempo que dedica à família?

Com diferentes graus de sucesso, isso é algo que temos tentado praticar com a nossa família desde o início. Às vezes, fazíamos isso à noite, lendo para as crianças e encorajando-as a decorar algumas breves citações clássicas. Mas costumávamos optar pelo período da manhã – na verdade, com o acréscimo de uma canção, de um planejamento para o dia e de uma oração em conjunto, transformávamos esse momento de reflexão em um momento de devoção. Houve épocas em que nos questionávamos se o esforço valia a pena – manhãs em que alguém estava doente ou já tinha saído para uma reunião de trabalho, manhãs em que começávamos tarde ou estávamos com tanta pressa que podíamos apenas ficar dois ou três minutos juntos, manhãs em que os filhos adolescentes se arrastavam lá para cima, se jogavam no sofá, cobriam a cabeça com cobertores e não faziam nada mais do que emitir grunhidos e lamentos ininteligíveis o tempo todo, e manhãs em que nós simplesmente não conseguíamos nada.

Mas, na maioria das vezes, continuávamos tentando. Com o passar dos anos, os resultados foram surpreendentes. Em termos de formação de caráter e de consolidação dos valores da família, essa foi uma das atitudes mais positivas e úteis que adotamos.

E ela proporcionou outros benefícios também. Esse momento de reflexão da família é uma ocasião excelente para ajudar os seus filhos a aprenderem a ler. Quando os nossos eram pequenos, nós colocávamos os livros nas mãos deles. Eles adoravam virar as páginas e repetir as palavras que líamos. Às vezes seguravam os livros de cabeça para baixo. Quase sempre estavam na página errada. Mas nós os acompanhávamos, os ajudávamos, e, no fim, eles estavam pronunciando as palavras em voz alta e fazendo a leitura. Em uma época em que 21 a 23% dos adultos dos Estados Unidos são funcionalmente analfabetos – incapazes de preencher uma proposta de solicitação de emprego, ler o rótulo de um produto ou uma história para um filho[19]–, tal investimento afeta de maneira crucial o futuro de uma criança. Um de nossos filhos casados, cujos filhos, no curso primário, estão lendo livros dois ou três níveis acima do de seus colegas de classe, acha que essa habilidade de compreender textos mais avançados decorre, em grande parte, desse investimento no momento de reflexão da família.

Assim como no caso de outras medidas, a melhor época para iniciar os momentos de reflexão é quando os filhos são pequenos. Se isso fizer parte do crescimento deles, passará a ser parte de suas vidas. Se você tem filhos mais velhos, talvez deva introduzir esse hábito aos poucos. Como, por exemplo, dizer na hora do jantar: "Li esta citação. Ela não é interessante?" E, em outra ocasião, procurar ler outra citação ou uma história curta. Vá devagar. Até chegar o dia em que você vai comprar algumas obras filosóficas e deixá-las em cima da mesa da sala ou no banheiro. Insista até sentir que o compartilhamento e a discussão de grandes pensamentos sejam vistos como um modo de vida.

Maximizador sete: estabeleça uma liderança inequívoca

Quem paga as contas na sua casa? Quem leva o lixo para fora? Quem lava os pratos, toma as decisões de ordem financeira, prepara as refeições, planeja as férias, muda as fraldas, lava a roupa ou participa de reuniões de pais e professores? Se você não discutir esses assuntos e apresentar soluções satisfatórias, eles podem se tornar uma fonte de descontentamento, de ressentimentos ou, até mesmo, de conflitos em sua casa.

Entre os casais, a não discussão da atribuição de responsabilidades leva ao que tipicamente chamamos de papéis "tradicionais". Mas qual é a tradição? A situação pode ficar muito complicada se você foi criado em uma família em que seu pai era responsável pelo planejamento orçamentário, enquanto a sua mulher cresceu em uma família em que a mãe dela fazia isso. Essa questão torna-se ainda mais complicada quando ambos estão muito ocupados para conversar e, também, porque muitas vezes essas concepções de papéis "tradicionais" não se aplicam mais. Por esse motivo, vocês devem conversar. Precisam definir expectativas. Têm que chegar a um entendimento claro sobre quem faz o que e quando.

Lideranças inequívocas são fundamentais no trato com as crianças. E as tarefas fornecem uma oportunidade de orientação perfeita. Ao receberem a responsabilidade de cumprir certas obrigações, as crianças aprendem a trabalhar e a gostar de trabalhar. Você pode ajudá-las a desenvolver habilidades e qualidades que as beneficiarão em tudo o que fizerem em suas vidas. Você pode estabelecer um relacionamento ao trabalhar lado a lado com elas. Você pode fortalecer os seus propósitos e as suas aptidões para que alcancem algo significativo. Você pode auxiliá-las a colaborar para a família, assim como prepará-las para darem uma contribuição melhor para o mundo. Tudo isso com base nas insignificantes "tarefas" familiares que freqüentemente são fonte de grandes frustrações e decepções!

E, então, como fazer isso?

Durante todos aqueles anos em que estávamos criando os nossos filhos, tentamos diversas abordagens. Fizemos listas, demos mesadas e distribuímos recompensas por atividades. Estabelecemos incentivos por tarefas executadas e castigos por obrigações não cumpridas. Provavelmente, uma das maiores lições que aprendemos foi a de que crianças – principalmente as pequenas – costumam se sentir muito mais motivadas quando os pais trabalham *com* elas e não quando esperam que elas executem suas tarefas sozinhas. Mais uma vez, vemos o poder do trabalho em família. Ao trabalhar ao lado de seu filho ou filha, você tem a oportunidade ímpar de servir de modelo, de mentor, de escutar, de demonstrar amor e de relacionar-se com aquela criança de diversas maneiras importantes.

Também aprendemos que as crianças gostam de variedade. Estimulá-las em seus esforços, usando os mesmos métodos, ano após ano, durante 18 anos, seria muito monótono. Por isso, tente variar um pouco. Procure diverti-las. Cartazes, adesivos, estrelas e prêmios funcionam bem com crianças pequenas. Mesadas e privilégios vinculados a desempenhos parecem ser uma boa abordagem. Com adolescentes, acordos vantajosos para ambos os lados associados a senões intrínsecos fornecem uma responsabilidade final própria e eliminam a necessidade de inspecioná-los – e com isso não os irritamos.

Existem livros excelentes sobre como organizar as tarefas domésticas e vários instrumentos ótimos (listas, agendas, etc.) à venda nas livrarias.[20] Mas, qualquer que seja a abordagem que você escolha, talvez valha a pena levar em consideração os seguintes fatores:

- Convide os seus filhos a participar das decisões relativas às suas futuras tarefas. O envolvimento gera comprometimento. Eles ficarão muito mais propensos a cumprir suas obrigações se a idéia tiver partido deles.
- Lembre-se de que uma tarefa atribuída passa a ser de responsabilidade daquela criança. Não retire jamais a dignidade da sua liderança ao assumir a responsabilidade e executar você mesmo a tarefa. Ensine, treine, ajude, ame, encoraje e corrija quando necessário, mas não assuma.

- Explique, com clareza, o significado de um trabalho "bem-feito". Não pressuponha que "limpar a sala" tenha para eles o mesmo sentido que tem para você. Reveja os resultados desejados. Anote-os e, até mesmo, coloque cartazes com observações sobre as etapas necessárias do lado de dentro da porta dos armários. Faça isso uma ou duas vezes. Certifique-se de que ele/ela compreendeu o que precisa ser feito antes de responsabilizá-lo/a pelos resultados.
- Não inspecione. Estabeleça um horário para que a tarefa seja executada e, com a criança, verifique o que foi feito. Tente não interferir. Dê-lhe a liberdade de conseguir – ou falhar (com conseqüências). Somente assim a vitória será verdadeiramente dela.
- Quando apropriado, enalteça o trabalho bem-feito. Elogie. Encoraje. Dê uma festa. Dê uma cambalhota. Solte fogos de artifício. Descubra, ao lado da criança, a satisfação de vê-la realizar um bom trabalho.
- Em vez de se concentrar em "tarefas executadas por fulano", procure "estimular as pessoas, atribuindo-lhes a responsabilidade de executar uma tarefa". Esse é outro exemplo de como a sua maneira de *ver* uma situação afeta, de maneira substancial, a sua experiência e os resultados.

Maximizador oito: traga heróis para casa

Um menino que salva a vida do pai ao aplicar as técnicas de primeiros-socorros que aprendeu em uma reunião de escoteiros. Um soldado que arrisca a vida e a carreira militar para defender os direitos de cidadãos civis da brutalidade de seus próprios companheiros de tropa. Uma senhora de 75 anos que trabalha mais de quarenta horas por semana dirigindo um centro literário local para ajudar crianças e adultos a aprenderem a ler. Alguém no seu local de trabalho que deu uma "contribuição a mais" e organizou os outros de forma eficiente para conseguir executar uma tarefa que parecia impossível.

Maravilha! Freqüentemente atos de heroísmo ocorrem todos os dias. Nós os exaltamos? Eles nos trazem satisfação? Nós os percebemos?

Para dar um bom exemplo e criar oportunidades para que as crianças participem de trabalhos comunitários, para lhes fornecer uma boa formação de caráter e para ensiná-los a ter caráter não existe nada melhor do que relatar e comentar esses atos de heróis verdadeiros. Eles podem ser assunto de conversa a qualquer hora, mas descobrimos que muitos dos melhores momentos ocorrem na hora do jantar da família – quando a comida e a conversa podem alimentar tanto o corpo quanto a alma – e durante a hora da história para dormir.

Rebecca

Outra maneira divertida de trazer heróis para casa é usar a sua imaginação para transformar os seus próprios filhos em heróis. Muitas das histórias para dormir que contei para minhas crianças foram aventuras novas em que elas desempenhavam o papel de heróis – policiais, bombeiros, professores, matadores de dragões, princesas e príncipes bons e generosos que combatiam bruxas malvadas e governavam seus reinos com sabedoria.

Embora quando eu estivesse cansada e sem imaginação as histórias fossem banais, eu sempre procurava associar os nomes deles às qualidades dos heróis que captavam o seu interesse. Alguns de nossos filhos nos asseguraram que essas histórias foram uma influência muito positiva enquanto estavam crescendo e que por isso mantiveram a tradição em seus próprios lares.

Quando estávamos escolhendo nomes para os nossos filhos, tentamos optar pelos que estão associados a personalidades históricas de grande caráter – heróis, se você preferir –, tanto dentro da família quanto fora dela. Depois de alguns anos, contamos a história dessas pessoas a nossos filhos para ajudá-los a se identificar, de uma maneira muito individual, com os traços de caráter e os valores que esses heróis pregavam. Procuramos, também, ter nas paredes quadros que retratassem indivíduos que exibissem traços de caráter dignos.

A realidade é a seguinte: você terá heróis em sua casa – aqueles que convidar ou aqueles que aparecerem. Muitas vezes, os que aparecem não são os que você convidaria. São aqueles personagens repugnantes – comumente "festejados" pela mídia – que penetram na sua casa por meio de filmes, da televisão, da música e de pôsteres. Será que eles representam o tipo de herói que você quer reverenciar? Se você não fizer algo a respeito, eles se tornarão modelos para os membros da sua família.

Lembre-se de que os heróis de hoje formarão o caráter de amanhã. Sendo assim, por que, então, não convidar aqueles que você prefere? Você estabelece a cultura do caráter do seu lar por meio dos heróis que você convida e, conseqüentemente, com os quais convive.

Fora do núcleo familiar

Esses oito maximizadores fornecem claramente uma intervenção muito eficaz para o núcleo familiar. Mas, no começo deste capítulo, dissemos que sugeriríamos maneiras de usá-los em outras situações fora do âmbito familiar. Por isso, se você está fora do núcleo imediato – se, por exemplo, é solteiro ou é um avô/avó ou se não tem filhos – considere a utilização das seguintes idéias:

Estabeleça uma declaração de missão da família

Crie uma declaração de missão pessoal ou produza uma declaração da missão de familiares próximos, o que pode ser feito com a participação deles. O objetivo dessa iniciativa é definir visões e valores compartilhados.

Determine um horário semanal para a família

Comece com reuniões semanais ou mensais de parentes próximos, crie um site da família na Internet, troque cartas ou estabeleça um horário para que todos participem de chats. Outra idéia é fazer uma árvore genealógica. Aprenda sobre seus antepassados e a herança que recebeu deles. O objetivo é fortalecer e acentuar os valores da família.

Faça programas com seu parceiro/parceira

Saia com possíveis parceiros/parceiras. Veja se eles se encaixam no perfil da vida familiar que você possa querer ter um dia. O objetivo é aprender a cultivar relacionamentos longos.

Faça "programinhas em casa" e "programinhas fora de casa"

Faça "programinhas em casa" e "programinhas fora de casa" com sobrinhas, sobrinhos e netos. O objetivo é estimular relacionamentos individuais na família.

Rebecca

Uma das tradições que iniciei, e que me é particularmente agradável, é fazer um "programinha fora de casa" com os nossos netos nos aniversários deles. É maravilhoso poder estar sozinha com eles e ter a oportunidade de conhecê-los melhor. Em geral, saímos para fazer compras. Dou a eles uma certa quantia e deixo que escolham o que querem, desde que seja algo que sei que os pais aprovariam. Mas, este ano, dei a nosso neto mais velho a opção de assistirmos a uma peça de teatro. Nós nos divertimos à beça vendo Peter Pan.

Tenha bate-papos periódicos com os seus filhos

Embora você possa não ter a mesma autoridade e responsabilidade de um pai/mãe, é possível fazer com que seus sobrinhos, sobrinhas ou irmãos menores, entre outros, saibam que você está disponível para apoiá-los e ajudá-los. Aproveite as oportunidades para ser um bom ouvinte, respeitar confidências e oferecer estímulo e ajuda. O objetivo é fornecer um apoio adulto adicional.

Estabeleça um momento de reflexão diário da família

Aprecie o seu próprio momento de reflexão diário. Compartilhe a motivação com os familiares próximos por telefone, e-mail, correio ou pessoalmente. Mantenha conversas interessantes ou ajude uma pessoa, discutindo conceitos da literatura filosófica com ela. O objetivo é enaltecer e apreciar o valor educacional da sabedoria.

Estabeleça uma liderança inequívoca

Ajude a criar uma estrutura organizacional entre os parentes próximos. Faça com que eles decidam quem pode se encarregar de uma reunião de família, quem vai ficar responsável pela comida ou por arrumar acomodações. Contribua para estabelecer rotinas de responsabilidade, como organizar chats de vocês na Internet, enviar cartas mensais ou manter todos informados sobre os seus endereços residenciais, endereços eletrônicos e números de telefones atuais. O objetivo é encorajar a ordem, a compreensão e a responsabilidade em seus relacionamentos.

Traga heróis para casa

Inspire-se e faça com que os demais membros da família se inspirem ao tomar conhecimento de atos diários de heroísmo e compartilhá-los. Leia e converse com eles sobre heróis antigos ou atuais. Quando você falar sobre parentes, chame a atenção para as experiências que reflitam a maneira como eles demonstraram coragem, compaixão ou fizeram mais do que era esperado. Ajude a criar heróis na sua família. Telefone para um primo ou uma prima e ofereçam-se para atuarem como voluntários em uma instituição. Leve a sua sobrinha ou o seu sobrinho para visitar os residentes de uma clínica de repouso. O objetivo é exaltar e incentivar traços de caráter positivos.

Mais uma vez, queremos lembrá-lo de que, não importa quem você seja, você é parte de uma família e existem coisas que pode fazer para estabelecer e apreciar o princípio da família na sua vida.

Desenvolvendo uma inteligência orientadora

Repetindo, existem duas maneiras de se aproximar desses maximizadores – simplesmente adotá-los e colher os resultados ou praticá-los conscientemente e, no processo, desenvolver a sua inteligência orientadora.

Nós gostaríamos de encorajá-lo a, conscientemente, desenvolver a sua inteligência orientadora. Quando você adotar um maximizador, faça o possível para assimilar os princípios que estão por trás dele – como estes que listamos a seguir:

- Contribuição.
- Criatividade.
- Liderança.
- Confiança.
- Responsabilidade.
- Bondade.
- Coragem.
- Compartilhamento.

- Respeito.
- Amor.
- Ajuda.
- Perdão.
- Exaltação.

Quando você aprender a reconhecer e a valorizar esses princípios fundamentais, será capaz de descobrir outras maneiras mais pessoais de aplicá-los à sua situação.

Avalie, também, a sua experiência e esteja aberto à inspiração para a percepção e os usos futuros. No começo deste capítulo, realizamos um exercício para descobrir as "pequenas coisas" que poderiam fazer uma grande diferença na vida da sua família. Reflita sobre tudo aquilo que você identificou. Foi a sua inteligência orientadora que lhe permitiu se concentrar naquelas coisas específicas, pessoais, que exerceriam um impacto mais substancial na sua situação. E é essa inteligência que pode ajudá-lo a distinguir como e quando realizá-las em seu dia-a-dia de modo mais significativo.

Enquanto você leu essas páginas em que examinamos expectativas e sugerimos maximizadores, foi a sua inteligência orientadora que o auxiliou a identificar quais conceitos seriam particularmente mais importantes ou úteis em sua vida. Ela foi capaz de ajudá-lo a, efetivamente, implementar, avaliar e corrigir rumos.

A inteligência orientadora pode auxiliá-lo a caminhar em qualquer período, em qualquer dia, em qualquer momento de sua vida, com a certeza de que você está fazendo aquilo que é mais importante para a sua família – e da melhor maneira possível. Nós o encorajamos a intensificar isso. E também o incentivamos a prestar atenção na beleza e na força de cada princípio quando o descobrir e o vir desabrochar no seu caráter e na sua vida. Permita-se confiar mais nesses princípios eternos. Exalte a sua vitória toda vez que optar por viver em harmonia com eles. Essa abertura, esse crescimento, esse processo através do qual você aprende a alcançar a harmonia com os princípios universais, é uma das experiências mais gratificantes da vida. É o processo do tornar-se.

Um passo de cada vez

Como dissemos, uma boa vida familiar é uma saga do tornar-se. Significa encontrar maneiras de amar mais, aprender mais, contribuir mais, instruir mais e interagir sempre com mais eficiência e interdependência.

Uma das melhores formas de fazer isso é *ver* a liderança familiar como um foco contínuo e tentar sempre melhorar a sua família, assim como o legado que você vai deixar para as futuras gerações. Nas famílias com pai e mãe, a liderança familiar pode ser uma grande e prazerosa "co-missão" – o interesse compartilhado e o enfoque que unem casais em torno de um objetivo comum que proporciona uma felicidade imensa com a realização compartilhada.

Ao exercer a liderança na sua família, nós o incentivamos a lembrar que uma boa vida familiar não é obra do acaso – é uma conquista. E o crescimento é uma vantagem adicional. Em geral, consegue-se apenas um de cada vez.

Lembre-se, igualmente, de que o nosso maior "sucesso" acontece dentro das paredes de nossos lares. Quando se trata de mudar o mundo ou torná-lo melhor, o papel de um pai ou de uma mãe é crucial. É claro que é importante ter sucesso nas outras coisas também. Mas nada terá um efeito mais duradouro do que o empenho que dedicamos à construção de casamentos sólidos e ao êxito na criação de uma nova geração.

Não é nada fácil estabelecer parcerias e desempenhar as funções de pai e mãe. Esses papéis encerram desafios imensos e complexos. Requerem o máximo de talento, de criatividade e de comprometimento que pudermos reunir. Eles representam o auge do nosso desafio pessoal e de contribuição social.

Mas, em termos de felicidade pessoal, a dedicação propicia, por sua vez, os maiores retornos. Quando aprendemos a ver o lar como uma fundação, um lugar vital onde podemos contribuir de maneira mais significativa, nos abrimos a uma dimensão de equilíbrio de vida e de satisfação totalmente nova.

5

CAPÍTULO CINCO

O TEMPO É IMPORTANTE

Ontem significa uma história.
Amanhã significa um mistério.
Hoje significa uma lembrança – e por isso
é chamado de "presente".

Certo, é aqui que travamos a batalha. É aqui que enfrentamos o desafio contínuo de explicar o que é mais importante nas decisões que tomamos todos os dias.

Algumas dessas decisões são tomadas com antecedência, quando organizamos e programamos o que pretendemos fazer com nosso tempo. As outras decisões são tomadas no calor do momento, quando oportunidades, problemas inesperados ou tentações para sermos espontâneos (ou, até mesmo, um pouco preguiçosos) desafiam as escolhas feitas anteriormente. O objetivo é tomar todas as decisões de uma maneira tal que elas contribuam para o equilíbrio, a satisfação e o prazer da vida.

Essa tarefa não é nada fácil. Na verdade, as últimas décadas têm sido muito difíceis. Hoje em dia, o desafio está dramaticamente exacerbado pela necessidade de coordenarmos centenas de detalhes – inclusive compromissos, metas, contatos, informações, dados financeiros – em um mundo no qual, por causa dos avanços tecnológicos constantes, as ferramentas, para serem compreendidas, exigem mais tempo e esforços, além de muitas vezes não haver nenhuma comunicação entre elas. Essas tecnologias nos propiciam novos meios de atingirmos a eficácia, mas também aumentam o desafio de atendermos as necessidades do dia-a-dia e a dificuldade de encontrarmos tempo para implementar os maximizadores que poderiam fazer uma enorme diferença na qualidade de nossa vida.

Tradicionalmente, esses desafios caíam na área de "gerenciamento de tempo" – decidir como usar, de uma maneira mais efetiva e eficaz, as 24 horas do dia. Nos últimos trinta anos, essa tem sido uma área de grande interesse para nós dois. Enquanto estudávamos, pesquisávamos, vivíamos, escrevíamos e ensinávamos, chegamos à conclusão de que não são as "técnicas" nem os "artifícios" de *gerenciamento de tempo* mas os princípios de *liderança pessoal* o que verdadeiramente permite que as pessoas identifiquem e tenham em perspectiva aquilo que é mais importante para elas. E mais relevante do que "fazer as coisas de maneira correta" é "fazer a coisa certa".

De acordo com essa abordagem de liderança pessoal, o nosso objetivo neste capítulo é ajudá-lo a:

1. Explorar as suas expectativas em relação ao tempo.
2. Implementar maximizadores muito eficazes que o auxiliarão a identificar e realizar o que é mais importante.
3. Desenvolver a sua inteligência orientadora de forma que você possa tomar as melhores decisões naqueles "momentos decisivos" que enfrenta todos os dias.

Como você vê o tempo?

REBECCA

Anos atrás, quando estávamos na África do Sul, alguns amigos nos contaram sobre um dos problemas que estavam enfrentando naquela sociedade multicultural. Alguns empresários (basicamente descendentes de europeus) estavam preocupados com os hábitos de alguns de seus funcionários (descendentes de membros de tribos). Sempre que ocorria um fato de maior importância, como um enterro no vilarejo, por exemplo, vários trabalhadores se atrasavam para o serviço ou, simplesmente, faltavam. Os empregadores viam esse tipo de comportamento como uma demonstração de preguiça e ficavam aborrecidos com a aparente falta de responsabilidade dos funcionários.

Por outro lado, o entendimento dos trabalhadores sobre esse assunto era completamente diferente. Por causa de sua cultura tribal, eles cultivavam uma visão muito arraigada do significado de um enterro. E, por mais interessante que isso possa aparecer, para eles um nascimento não tinha a mesma importância. Um recém-nascido não possuía feitos, sucessos, vitórias nem força de caráter. Mas alguém que deixava este mundo era algo muito diferente. Todas as suas experiências, lutas, conquistas e sucessos faziam, agora, parte daquela pessoa, que, por isso, era merecedora de honras e reconhecimento. Eles acreditavam também que aqueles que comparecessem ao enterro receberiam uma parte da força de quem havia partido. Não ir a um enterro – perder as honrarias e, principalmente, a possibilidade de recebê-las – seria, portanto, inconcebível. E acreditava-se que todos compreendiam isso.

Enquanto discutíamos o assunto, nossos amigos observaram que os dois grupos tinham concepções diferentes do tempo. Os empresários o viam a partir da perspectiva de chronos, *palavra grega que significa tempo cronológico. O tempo de* chronos *é linear e seqüencial. Um segundo não vale mais do que qualquer outro segundo, e, em essência, o relógio impõe o ritmo da vida. Segundo a concepção deles, se o trabalho começava às 8h, os funcionários deveriam chegar cedo para que às 7h59 estivessem prontos para iniciar o expediente.*

Os trabalhadores, por outro lado, viam o tempo a partir da perspectiva de kairos *(tempo de valores e qualidades). Para eles, o tempo era algo para ser vivenciado. A essência do tempo de* kairos *está no valor do que a pessoa consegue dele e não na quantidade de tempo cronológico que dedica a ele. Portanto, o enterro de um amigo era muito importante, e eles iriam trabalhar após o funeral. Esse seria o "tempo" de ir para o trabalho.*

No mundo ocidental, o relógio é a autoridade suprema. Temos relógios nos edifícios, nas ruas, pendurados no pescoço, dentro do bolso, no pulso e em todos os cômodos da casa. Na realidade, por ser um objeto tão predominante, arqueólogos que escavassem o que restou de nossa civilização acreditariam (e talvez com justa razão) que nós venerávamos o relógio.

Como conseqüência, a maioria de nós tende a *ver* o tempo como um recurso limitado. Corremos de uma atividade para outra. Temos pressa em fazer tudo o que precisa ser feito. Uma mosca na parede, observando a nossa sociedade, provavelmente concluiria que um de nossos principais valores é *estar ocupado*, e ela estaria absolutamente certa! Para a maior parte das pessoas, estar ocupado tornou-se símbolo de status. Se estamos nessa situação, é porque devemos ser muito importantes; quando não estamos, nos sentimos envergonhados. Então, mencionamos o fato de que estamos ocupados. Reclamamos disso. Lamentamos todas as coisas que poderíamos fazer se não estivéssemos tão cheios de tarefas. Mas continuamos a nos manter assim. Ficamos presos àquela ilusão de que estar ocupados, esfalfados e, pelo menos um pouco, desequilibrados é lastimável mas necessário se quisermos legitimar a sensação de auto-estima.

Tendemos também a *ver* o tempo como inimigo. Seja através de vibrantes pulsações analógicas, seja através de suaves giros digitais, entendemos o tempo como algo que não pára nunca, que avança inexoravelmente na direção de prazos finais, compromissos, crises, afazeres, experiências únicas e momentos decisivos sérios, sem qualquer consideração pela pessoa ou compaixão pela circunstância. Nós nos sentimos frustrados. Nós nos sentimos ansiosos. Gostaríamos de parar o tempo, de desacelerá-lo ou de apressá-lo. Mas nos sentimos impotentes. Não podemos fazer nada para alterá-lo, pois, minuto após minuto, ele avança.

Em um artigo sobre o tempo publicado na revista *Scientific American*, os editores fizeram o seguinte comentário:

> *O tempo cura todas as cicatrizes, mas também é um grande destruidor. O tempo é relativo, mas também é inexorável. Existe tempo para todos os propósitos na Terra, porém nunca em quantidade suficiente. O tempo voa, se arrasta e corre. Os segundos tanto podem ser fracionados quanto alongados. Assim como as marés, o tempo não espera por ninguém, mas, em momentos dramáticos, parece ficar imóvel. É tão pessoal quanto o seu batimento cardíaco, mas tão público quanto o relógio da praça.*
>
> *[O tempo] é o parceiro da mudança, o rival da velocidade, a moeda pela qual avaliamos tudo. É o nosso bem mais precioso, mais insubstituível. Mesmo assim, dizemos que não sabemos para onde ele vai, dormimos um terço dele e nenhum de nós é capaz de saber, com certeza, quanto tempo ainda nos resta. Podemos descobrir cem maneiras de economizar tempo, mas o tempo restante não pára de diminuir.*[1]

Com tantas atitudes diferentes em relação ao tempo, não é surpreendente que nós lutemos para "administrá-lo" – ou, mais apropriadamente, que procuremos um modo de nos encaixar dentro dele – com eficiência e tranqüilidade.

EXAMINANDO AS SUAS EXPECTATIVAS SOBRE O TEMPO

Não importa qual seja o nosso conceito filosófico sobre o tempo em si, o que queremos mostrar é que a forma como concebemos o tempo ajuda a estabelecer expectativas que afetam a nossa capacidade de nos orientarmos de maneira equilibrada, produtiva, tranqüila e satisfatória. Para que essas expectativas sejam úteis, precisamos nos assegurar de que elas sejam tanto "reais" quanto "realistas".

Portanto, neste ponto vamos pedir que você faça a si mesmo algumas perguntas bem difíceis sobre as suas expectativas e seus modos de pensar. Gostaríamos de sugerir que pare para refletir sobre essas questões. Quanto mais levá-las a sério e quanto mais analisar as suas expectativas, mais úteis serão as orientações deste capítulo.

UM: SERÁ QUE EU ME SINTO FRUSTRADO DURANTE BOA PARTE DO TEMPO?

Como vimos, a frustração é uma função da expectativa. Por isso, se você se sente frustrado uma boa parte do tempo, examine as suas expectativas com atenção. Por acaso espera conseguir fazer mais do que de fato pode fazer? Pretende conseguir mais resultados do que seria admissível, de maneira realista, em relação ao grau do seu empenho? A sua maior frustração se encontra no trabalho, em casa ou na sua incapacidade de administrar os dois? Existe uma área específica do trabalho ou da vida no lar que seja especialmente decepcionante?

Se você quer mudar o seu nível de frustração, existem obviamente duas opções: modificar o seu modo de agir (para que possa fazer isso mais rápido e melhor) ou alterar a sua expectativa. Ou, quem sabe, transformar ambos. A sua inteligência orientadora pode ajudá-lo a decidir qual é a melhor abordagem.

Dois: será que eu luto constantemente com o que é "realista" – com aquilo "de mais" ou "de menos"que espero de mim mesmo?

Você se questiona se a sua forma de ver a si mesmo e a situação em que está é, de fato, "realista" ou se a sua visão é tão limitadora que o impede de conseguir o que você seria capaz de alcançar?

Até certo ponto, aprender a estabelecer e atingir objetivos realistas se parece muito com um jogo de golfe. Você decide o ponto que quer que a bola atinja. Às vezes, a joga mais perto; outras vezes, a joga mais longe. Ao observar onde ela cai, você aprende a calcular a distância que a bola pode percorrer quando impulsionada por determinado taco. E, ao praticar, aprende cada vez mais a selecionar o taco e o modo mais apropriado de bater na bola para que ela percorra a distância desejada.

Por outro lado, existem períodos nos quais você se sente inspirado a estabelecer metas com as quais nunca tinha sonhado; por exemplo: sobreviver em um campo de prisioneiros de guerra no Vietnã, como o almirante Stockdale; escalar o monte Everest, como Erik Weihenmayer; ou, até mesmo, fazer coisas que jamais imaginou ser capaz de realizar.

E, então, o que fazer? Como saber se aquilo que você precisa alcançar é realmente bom para você? Como saber, de maneira realista, o que esperar de você mesmo?

Consultando a sua inteligência orientadora. Examinando com cuidado: de onde vêm os seus objetivos? Será que eles significam meramente "dar um jeito qualquer", representam delírios quiméricos ou uma inspiração do que existe de melhor dentro de você? Será que deveria descobrir como intensificá-los, abandoná-los e ir em frente ou, quem sabe, concentrar toda a sua energia na elaboração de planos realistas para que possa alcançá-los? Responder a essas perguntas requer ponderação, total honestidade com você mesmo e vivência. Ou seja, a pergunta é: será que estou usando o meu tempo da melhor maneira possível?

Três: será que eu sempre me pergunto: a vida será melhor quando...?

Você vive para os fins de semana, para as férias ou para os momentos em que pode "cair chapado"? Tende a pensar em termos de "quando eu me formar", "quando eu acabar esse trabalho" ou "quando as crianças crescerem"? Talvez, então, deva refletir sobre o que o está impedindo de mergulhar de cabeça e aproveitar o momento atual. O que será que o faz desejar não querer a riqueza do viver a vida como ela realmente é?

Na peça *Nossa cidade*, de Thornton Wilder, a personagem principal, Emily, recebe permissão para voltar à Terra depois da sua morte e observar os acontecimentos de um dia da sua vida. Ao escolher o seu aniversário de 12 anos, ela retorna ao passado não apenas com a capacidade de vivenciá-lo mas também de observar a si mesma e os outros. Emily fica impressionada com a dificuldade que as pessoas encontram em lidar com seu dia-a-dia, incapazes de compreender – como ela agora compreende – o valor de cada momento. E lamenta: "Passa tão rápido. Não temos tempo de nos conhecer. Será que os seres humanos, em algum momento, percebem a vida enquanto a vivem?"

Talvez você deva avaliar quais são as expectativas que o estão impedindo de estabelecer um equilíbrio em sua vida diária e de apreciar cada momento integralmente.

Quatro: será que as interrupções me irritam?

Será que você está vivendo com a expectativa de que a vida deve prosseguir de acordo com seus planos, sem surpresas ou interrupções? Se esse for o caso, talvez seja útil se perguntar: será que essa expectativa se justifica no mundo real?

Pense a respeito. Quantas vezes você, na verdade, já pôde estabelecer um rumo, planejar um dia e simplesmente levá-lo adiante – sem interrupções causadas por oportunidades ou desafios inesperados ou sem conseqüências não previstas por ignorá-los? Algumas atividades, como o serviço de atendimento ao cliente, o atendimento de emergência médica e a função de pais, consistem basicamente em reagir a interrupções. Uma vez, um conhecido nosso que estava muito ocupado recebeu o seguinte bilhete de um amigo:

Quando você estiver exasperado por causa de interrupções, tente se lembrar de que a freqüência com que elas ocorrem talvez seja uma indicação do valor da sua vida. Somente as pessoas prestativas e fortes se vêem sobre-

carregadas com as necessidades dos outros. As interrupções que nos irritam são provas concretas de que somos indispensáveis. O pior pecado que podemos cometer – e do qual devemos nos precaver – é o de nos considerarmos tão independentes, tão imprestáveis, que ninguém nunca nos interrompe e somos deixados sozinhos confortavelmente.

Portanto, avalie com cuidado, pois a sua atitude em relação a interrupções pode ser a causa de muitas frustrações na sua vida.

Cinco: será que a maneira como me sinto em relação a mim mesmo afeta o número de itens que elimino da minha lista de compromissos?

Ticar compromissos tornou-se uma grande fonte de satisfação em nossa sociedade. E, realmente, é ótimo fazer o que precisa ser feito. Mas será que você acha que esses pequenos traços que indicam o que já foi realizado são, de certa forma, uma confirmação do que você é como *ser humano?* O que acontece se, de repente, não for possível executar o que está na sua lista? E se um acidente, a idade ou uma prioridade inesperada o impedirem de cumprir o que está ali? E se tudo tiver sido feito, mas a sua maneira de agir tiver aborrecido seu marido, a sua mulher, os seus filhos e ofendido os seus colegas de trabalho?

Verifique a sua expectativa. *Fazer* talvez não signifique tudo – e até mesmo não seja o mais importante para provar o seu valor pessoal.

Seis: será que o meu desejo de executar muitas tarefas não é um reflexo da minha falta de confiança na capacidade que tenho de fazer poucas coisas bem-feitas?

Será que você está sempre tentando fazer mais do que é realisticamente possível? Será que você está usando uma metralhadora porque não está seguro de que possa acertar o alvo com um rifle?

Muitas vezes, confundimos "ocupadíssimo" com sucesso. Sentimos a falsa sensação de segurança trazida pelo corre-corre envolvido na solução de crises. Achamos que por estarmos ocupadíssimos valemos muito. Mas isso não é verdade necessariamente. A grande maioria das crises que geram correrias resultam de um "vício de urgência" e de uma falta de clareza sobre a "Atividade Número Um".

Outros comportamentos desse tipo, porém, se originam do medo.

Talvez tenhamos medo de que o que estamos fazendo agora possa não ser valorizado e que fiquemos desempregados. Por causa disso, mantemos tantos planos alternativos que não temos a menor condição de nos dedicar a todos eles. Ou, quem sabe, estejamos temerosos porque não dispomos de nenhuma margem de segurança – se o que estivermos fazendo agora não funcionar, não teremos economias que nos auxiliem até arranjarmos qualquer outra coisa. É claro que precisamos de planos alternativos para ganhar dinheiro. Mas, se nos envolvermos com muitos deles ao mesmo tempo, logo estaremos sem tempo para a família e para nós mesmos e também sem equilíbrio de vida. Além disso, é bem provável que essa fragmentação aumente o problema, pois não conseguiremos dedicar à "Atividade Número Um" a atenção necessária para realizá-la com sucesso.

Em geral, é melhor se concentrar em poucas coisas e fazê-las bem. A sua inteligência orientadora pode ajudá-lo a escolher quais são essas poucas coisas.

Sete: será que o meu sentimento é: mesmo que eu faça tudo o que é preciso e da melhor forma possível, ainda assim não é o bastante?

Será que de certa forma você sente que, não importa o quanto tente, os seus esforços nunca serão suficientes? Pergunte a si mesmo: suficientes para quê? Para modificar o comportamento de um adolescente num piscar de olhos? Para mudar o seu próprio passado? Para pôr de pé uma economia cambaleante? Para eliminar a ameaça do terrorismo ou evitar uma guerra? Não. Para resolver esses problemas, os seus esforços talvez jamais bastem. Portanto, se você vive com essa vã expectativa, vai ficar decepcionado.

Mas existem coisas para as quais o seu empenho será suficiente – coisas dentro da sua esfera de atuação, como trabalhar para se tornar o tipo de pessoa que você quer ser. Quais são as suas expectativas em relação a isso? Acredita que, se concentrar os seus esforços naquilo que você pode transformar, conseguirá sentir bem-estar e prazer durante o processo?

Se você luta com sentimentos de inadequação, seria útil que reservasse um tempo para refletir sobre o passado. Existe a possibilidade de esses sentimentos terem sido causados por pais ou por outras pessoas que não o aprovavam ou valorizavam? Talvez seja hora de examinar essas sensações, descartá-las e ir em frente. Pode ser que uma avaliação cuidadosa e um grande empenho lhe permitam mudar. Quando você compreender, de fato, quais são as suas responsabilidades no que diz respeito ao seu próprio potencial e valor, poderá dedicar mais tempo àquelas coisas alinhadas e muito eficazes que o ajudarão a cumprir as suas obrigações.

Oito: será que eu acredito sinceramente que seja possível estabelecer um equilíbrio entre trabalho e família na minha vida?

Será que você está tão exausto das promessas mirabolantes ou tão "escaldado" pela experiência que realmente não acredita ser possível criar um equilíbrio entre trabalho e família na sua vida? Ou será que acredita que outra pessoa poderia, mas não você? Lembre-se do almirante Stockdale e de Eric Weihenmayer. Se, naquelas ocasiões em que parecia não haver esperança, eles tivessem desistido, nós não teríamos histórias de sucesso para contar. Lembre-se também de que o tipo de equilíbrio do qual falamos não é um sonho impossível – é uma expectativa "real". Não é um equilíbrio "mecânico", não significa correr para conseguir marcar pontos todos os dias. Estamos nos referindo a um equilíbrio dinâmico realista. E aprender a estabelecê-lo corresponde ao processo do fazer e tornar-se. Você precisa trabalhar para isso; mas é algo em que pode confiar e acreditar. E, com uma boa inteligência orientadora, será capaz de desenvolver a capacidade de estabelecer esse equilíbrio dia após dia.

Esperamos que essas perguntas o tenham ajudado a compreender suas expectativas e algumas realidades relativas ao conceito de tempo. Gostaríamos também de sugerir que fizesse mais duas perguntas a você mesmo e, mais uma vez, que refletisse sobre suas respostas com seriedade:

- Se houvesse uma mosca na parede observando como eu passo o meu tempo hoje e se seu único critério de avaliação fosse o meu comportamento – uma vez que ela desconhece as minhas intenções, não pode ouvir as palavras que pronuncio –, o que ela afirmaria ser o mais importante na minha vida?
- Se tudo o que meus filhos souberem sobre gerenciamento de tempo tiver sido aprendido comigo, que tipo de adultos eles vão ser?

A sua habilidade de administrar bem o seu tempo é absolutamente crucial – para a sua própria felicidade pessoal e bem-estar, para a qualidade da sua contribuição em casa e no local de trabalho e para aqueles que o observam e aprendem com você. Com esse tipo de raciocínio em mente, gostaríamos de compartilhar um paradigma básico, uma forma de *ver* que afetará muito a maneira como você lida com assuntos relativos ao tempo.

Quadrante II

Com o passar dos anos, descobrimos que a incapacidade de discernir o que é *urgente* (ou parece ser) daquilo que é de fato importante representa um dos mais incríveis desafios na hora de focalizar o que é fundamental e implementar alguns dos maximizadores altamente eficazes sobre os quais já falamos. Para muitas pessoas, reagir ao que é urgente tornou-se um modo de vida. É fácil sermos apanhados pelo "vício da urgência" e experimentarmos "arroubos de euforia" ao solucionarmos crises. Sem percebermos, muitas vezes fazemos escolhas que nos mantêm nessa eterna ciranda de crises.

Além do impacto negativo que esse tipo de estilo de vida reativo causa na saúde, na produtividade pessoal e nos relacionamentos familiares, o que realmente acontece é que desperdiçamos muito tempo e energia em afazeres que são urgentes e imediatos em vez de nos dedicarmos àquilo que é mais importante. E mais: não conseguimos integrar as coisas que possuem um potencial maior de melhoria da qualidade de vida à nossa própria vida. Mas, quando somos capazes de *ver* a vida em termos de *importância*, tudo isso muda substancialmente.

Em trabalhos anteriores, examinamos como o poder desse paradigma da importância pode ser representado naquilo que passamos a chamar de Matriz de Gerenciamento de Tempo. Essa matriz ilustra como despendemos tempo em um dos quatro modos definidos pela *urgência* e pela *importância*. Na versão que apresentamos neste livro, listamos algumas das atividades, no local de trabalho e em casa, que cairiam em cada um dos quatro quadrantes.

Ao estudarmos essa matriz, fica evidente que, no que se refere à eficácia, o verdadeiro filão está no Quadrante II. A solução é aprender a ver a vida em termos de importância, e não de urgência – de agir segundo os princípios e valores em vez de reagir a tudo o que vem na nossa direção com uma etiqueta de "urgência" pendurada.

Para um grande número de pessoas, essa matriz é muito útil por pelo menos quatro motivos:

1. Ela é maravilhosamente descritiva. Muitas pessoas dizem: "É exatamente o que acontece comigo! Fico tão envolvido tentando solucionar crises e resolvendo prioridades de outras pessoas (Quadrantes I e III) que sinto que preciso escapar. Por isso, fico até tarde assistindo a um programa bobo na televisão ou lendo um romance idiota (Quadrante IV). É óbvio que eu preciso administrar tanto as coisas urgentes quanto as que são importantes na minha vida (Quadrante I), mas vejo também os benefícios enormes que obteria se dedicasse mais tempo a atividades importantes, como o planejamento, a preparação, a diversão e o cultivo de relacionamentos (Quadrante II), mesmo que elas possam não parecer urgentes na época."

2. Ela acentua a importância de ser proativo. Fica claro que os maximizadores mais alinhados e eficazes, em todas as áreas da vida, se encontram no Quadrante II. Eles são importantes, mas não são urgentes. Eles não nos afetam.

Matriz de Gerenciamento de Tempo

	Urgente		***Não urgente***	
	Quadrante I		Quadrante II	
	Trabalho	**Casa**	**Trabalho**	**Casa**
Importante	Lidar com um cliente enfurecido. Cumprir prazos. Solucionar uma quebra na linha de produção. Administrar uma crise de fluxo de caixa. Responder a uma oportunidade casual.	Levar uma criança machucada a um pronto-socorro. Resolver um problema relativo a um cartão de crédito não aprovado. Apanhar as crianças na escola. Ajudar seu esposo/a, que está atrasado para o trabalho, a encontrar as chaves do carro. Tirar proveito de um momento de aprendizado.	Fazer um planejamento a longo prazo. Criar sistemas de manutenção preventiva. Desenvolver habilidades profissionais. Estabelecer redes de relacionamentos. Antever as necessidades de um cliente.	Divertir-se de verdade. Cultivar relacionamentos. Criar uma declaração de missão de família. Ter um horário da família regular. Fazer programinhas fora de casa. Melhorar a saúde da família.
	Urgente		***Não urgente***	
	Quadrante III		Quadrante IV	
	Trabalho	**Casa**	**Trabalho**	**Casa**
Não importante	Lidar com *spams*. Escrever relatórios desnecessários. Receber visitas inesperadas, atender telefonemas e responder a mensagens gravadas. Comparecer a reuniões desnecessárias. Participar de politicagem na empresa.	Chegar a tempo de assistir a programas de televisão insignificantes. Fazer algumas coisas irrelevantes. Responder a chamadas de telemarketing e a propagandas que chegam via e-mail. Correr entre atividades e eventos programados, mas sem grande significado.	Fofocar ao lado do bebedouro. Navegar na Internet sem necessidade. Executar projetos não alinhados com seus objetivos.	Assistir a programas de televisão idiotas. Dedicar um tempo excessivo a jogos de computador e a romances leves. Navegar na Internet sem necessidade. Comer por nervosismo.

Como resultado, para decidirmos implementar esses maximizadores, precisamos ser muito proativos. É óbvio que não temos que realizar as atividades do Quadrante II – sair com nosso marido/mulher, ler filosofia ou fazer um programinha fora de casa com as crianças. Podemos esperar que as coisas passem a fazer parte do Quadrante I – talvez nosso casamento vá mal das pernas, talvez estejamos atravessando uma fase de confusão e depressão aguda, talvez tenhamos um filho envolvido com drogas – para, então, administrarmos a crise. Contudo, também podemos ser proativos e decidirmos investir no Quadrante II, planejando, preparando, isto é, prevenindo. Não há a menor garantia de que os problemas se resolverão da maneira que queremos. Mas as chances serão muito maiores se, em vez de tentarmos salvar e consertar o que sobrou, trabalharmos para fortalecer relacionamentos e evitar crises.

3. Ela acentua a importância da dedicação e da melhoria constante. Essa matriz nos ajuda a compreender a importância de trabalharmos *dentro* e *fora* do sistema. Mostra quanto vale *investirmos tempo*, regularmente, no Quadrante II – que proporcionará grandes resultados – em vez de, meramente, *despendermos* ou *desperdiçarmos* tempo nos Quadrantes III e IV. Como dissemos antes, uma vida familiar com qualidade é uma realização. Requer trabalho. E muito do trabalho vital da família é feito quando nos dedicamos ao Quadrante II, que é "importante" mas não "urgente". Isso vale igualmente para a excelência no trabalho. Você pode tornar-se ótimo administrando crises e apagando incêndios. Mas, ao se voltar para a prevenção de incêndios, abre as portas a um novo patamar de eficiência.

4. Ela revela onde podemos conseguir tempo para investir no Quadrante II. É óbvio que não podemos negligenciar o Quadrante I. Ele contém tudo o que é urgente *e* importante. Mas podemos sair dos Quadrantes III e IV. O Quadrante III é o maior desperdiçador de tempo no escritório. Lembre-se da pesquisa que mencionamos em "O trabalho é importante", que revela quanto tempo é gasto no trabalho para se conseguir fazer algo que não é tão prioritário. O Quadrante IV é o maior desperdiçador de tempo dentro de casa. A tentação de se "plantar" diante da televisão, em vez de fazer algo produtivo ou verdadeiramente revigorante, é enorme. Ao nos conscientizarmos do tempo perdido nesses quadrantes, podemos decidir deslocar nossos hábitos de "consumo" e investir esse tempo no Quadrante II e, assim, obtermos retornos maiores. A solução é viver sempre "acima da linha" que separa os Quadrantes I e II dos Quadrantes III e IV.

Por essas e outras razões, a Matriz de Gerenciamento de Tempo é uma ferramenta valiosa que ajuda as pessoas a, efetivamente, administrarem assuntos relativos ao tempo. (Uma matriz de avaliação gratuita em inglês está disponível no site da Internet www.franklincovey.com/lifematters.)

MAXIMIZADORES

Para compreender a "importância" do paradigma da *importância*, vamos dar uma olhada nos seis maximizadores alinhados e altamente eficazes que nos ajudam a nos concentrar no que é importante. Alguns daqueles que vimos antes continuam sendo muito valiosos. Nós os apresentaremos de forma abreviada, que lida especificamente com assuntos relacionados ao equilíbrio entre trabalho/lar, e forneceremos também uma bibliografia adicional para quem quiser se aprofundar mais. Os outros se referem a desafios e oportunidades mais recentes, como aqueles gerados pela tecnologia moderna. Examinaremos estes últimos com mais atenção.

Embora reconheçamos que existem outros maximizadores importantes que afetam o nosso tempo – como, por exemplo, manter uma boa saúde –, os que estaremos focalizando aqui são mais específicos. Eles o ajudarão a integrar metas importantes – como melhorar a sua saúde – à sua vida como um todo.

MAXIMIZADOR UM: PLANEJAMENTO SEMANAL

O planejamento semanal é um processo que se desenvolve com base no paradigma do Quadrante II. Ele permite montar um quadro de atividades importantes que deve ser mantido na sua frente enquanto você executa tarefas e toma decisões diárias.

Basicamente, ele se resume à escolha de um horário tranqüilo, no começo da semana, em que você possa ficar sozinho por alguns minutos durante os quais:

1. Você se atém ao que é mais importante. Reveja a sua declaração de missão pessoal se tiver uma. E, caso não tenha, tire alguns minutos para se concentrar naqueles valores fundamentais que regem a sua vida.

2. Você anota quais são os seus papéis. Esses devem ser os seus papéis de indivíduo, marido/mulher, pai/mãe, gerente, presidente da associação de pais, etc.

3. Você estipula metas. Use a sua inteligência orientadora. Ao examinar cada papel, faça a si mesmo a seguinte pergunta: "Quais são as duas ou três coisas mais importantes que eu poderia fazer nesta semana?" (Você provavelmente descobrirá que muitas delas se encontram nas metas do Quadrante II.)

Papéis
Individual
Família
Dentro de casa
Trabalho: administração
Trabalho: formação de equipe
Trabalho: clientes
Comunidade: Centro Literário
Papéis e metas
Individual • *Ler.* • *Exercícios (5 vezes por semana).*
Família • *Trabalhar na declaração de missão.* • *Programa — concerto.* • *Programinha fora de casa com a Ana.*
Dentro de casa • *Limpar a garagem.* • *Pagar contas.*
Trabalho: administração • *Planejamento a longo prazo.* • *Relatório de comissão de vendas.*
Trabalho: formação de equipe • *Reunião para alinhamento de metas.* • *Reunião individual com Rita.*
Trabalho: clientes • *Pesquisa sobre clientes potenciais.* • *Visita à empresa X.*
Comunidade: Centro Literário • *Treinar novos assistentes.*

4. Você programa as suas metas. *Primeiro*: passe suas percepções orientadoras para a sua programação – tanto na forma de um compromisso quanto na de um dia específico para *executá*-la. A seguir, preencha o restante da programação com outras atividades.

Hora	Domingo	Segunda-feira	Terça-feira	Quarta-feira	Quinta-feira	Sexta-feira	Sábado
6h		Exercício.	Exercício.	Exercício.	Exercício.	Exercício.	
7h							
8h							Limpar a garagem.
9h		Reunião individual com Rita.			Planejamento a longo prazo.		
10h		Relatório de comissões de vendas.	Pesquisa sobre clientes potenciais.				
11h							
12h							
13h					Visita à empresa X.		Programinha com Ana.
14h	Trabalhar na declaração de missão.			Reunião alinhamento de metas.			
15h							
16h							
17h							
18h						Concerto.	
19h				Treinar assistentes.	Pagar contas.		
20h							
21h			Ler.		Ler.		Ler.
22h							

Se o objetivo é estabelecer um equilíbrio de vida, esse tipo de organização pode ajudá-lo muito. Faz você se lembrar de tudo aquilo que é mais importante. E dos seus vários papéis na vida. Ao auxiliá-lo a analisar a semana toda antes que você focalize um único dia, ela aumenta as suas opções de sinergia e equilíbrio. Leva-o a usar a inteligência orientadora quando você decide quais metas são mais alinhadas e relevantes e torna mais fácil priorizá-las na sua semana.

Também o ajuda a manter o foco na importância. Ao programar primeiro as atividades-chaves – as prioridades da sua "Atividade Número Um", o horário para o seu desenvolvimento profissional, a noite reservada à família, a hora do jantar, uma saída com seu marido/mulher ou uma reunião individual –, você estabelece um quadro de importância que serve de parâmetro de avaliação para qualquer oportunidade ou desafio que possa surgir.

Finalmente, ela fornece um método contínuo para incorporar, de maneira efetiva, todos os outros maximizadores e atividades do Quadrante II. Você pode usar a inteligência orientadora para determinar quais metas podem lhe garantir o máximo de eficácia todas as semanas. Com o tempo, isso lhe permitirá implementar muitas das coisas acerca das quais nós já falamos neste livro, assim como outras idéias muito eficazes que você venha a ter.

Maximizador dois: use blocos de horários

Outra maneira de aumentar o nível de eficácia do seu planejamento semanal é usar "blocos de horários" – grandes blocos de horas intercambiáveis e destinados a tipos específicos de atividades importantes.

Durante o período do trabalho, por exemplo, você pode criar blocos de horários para lidar com e-mails essenciais, procurar novos clientes ou desenvolver habilidades profissionais. Em casa, procure programá-los para ter um horário semanal da família, fazer um programa com seu marido/mulher ou executar alguns projetos.

O objetivo dessa prática não é preencher a semana, mas estabelecer blocos de horários especificamente reservados para certos tipos de atividades e metas muito importantes. Isso permitirá que você agrupe as tarefas para conseguir o máximo de eficácia. É como construir estrebarias para abrigar

Hora	Domingo	Segunda-feira	Terça-feira	Quarta-feira	Quinta-feira	Sexta-feira	Sábado
6h		PESSOAL					
7h							
8h	PLANEJAMENTO E PREPARAÇÃO	RESPONDER A E-MAILS E TELEFONEMAS IMPORTANTES					PROJETOS DA CASA
9h		HORÁRIO PARA EQUIPE	NOVOS NEGÓCIOS		PLANEJAMENTO E PREPARAÇÃO		
10h							
11h							
12h							
13h	HORÁRIO DA FAMÍLIA			REUNIÃO DE EQUIPE			
14h							
15h							
16h							
17h							
18h		HORÁRIO DA FAMÍLIA				SAÍDA COM ESPOSO/A	
19h				SERVIÇO COMUNITÁRIO	ADMINISTRAÇÃO DA CASA		
20h							
21h							
22h							

cavalos de diferentes raças. Quando você fixa um bloco de horário que se repete – como reservar determinada noite da semana para o horário da família –, as atividades programadas para aquele tempo podem variar de semana para semana, mas a natureza delas não. Em outras palavras, nenhum cavalo – a não ser que seja um cavalo da "família" – pode atravessar o portão.

Hora	Domingo	Segunda-feira	Terça-feira	Quarta-feira	Quinta-feira	Sexta-feira	Sábado
6h		PESSOAL Exercício.					
7h							
8h	PLANEJAMENTO E PREPARAÇÃO	RESPONDER A E-MAILS E TELEFONEMAS IMPORTANTES					PROJETOS DA CASA Limpar a garagem.
9h		HORÁRIO PARA EQUIPE Reunião individual com Rita. Relatório de comissões de vendas.	NOVOS NEGÓCIOS Pesquisa sobre clientes potenciais.		PLANEJAMENTO E PREPARAÇÃO Planejamento a longo prazo.		
10h							
11h							
12h							
13h	HORÁRIO DA FAMÍLIA Trabalhar na declaração de missão da família.			REUNIÃO DE EQUIPE Alinhamento de metas.	Visita à empresa X.		Programinha fora com Ana.
14h							
15h							
16h							
17h							
18h		HORÁRIO DA FAMÍLIA				SAÍDA COM ESPOSO/A Concerto.	
19h				SERVIÇO COMUNITÁRIO Treinar assistentes.	ADMINISTRAÇÃO DA CASA Pagar contas.		
20h							
21h			Ler.		Ler.		Ler.
22h							

Muitos administradores de tempo eficientes usam blocos de horários, independentemente do nome que lhes dêem. Esses recursos são maximizadores de grande utilidade por, pelo menos, quatro razões:

Primeira: fazem com que você reserve uma quantidade significativa de tempo para atividades e metas alinhadas e comprovadamente importantes (freqüentemente no Quadrante II).

Segunda: permitem agrupar atividades e metas semelhantes, o que resulta em mais organização e enfoque, pois você não se distrai pulando de uma coisa para outra o tempo todo.

Terceira: propiciam uma interdependência mais eficaz. Quando alguém telefona para marcar um compromisso ou se informar a respeito de um projeto específico, por exemplo, você pode agendar esses encontros ou consultas para os blocos de horários reservados para essas atividades. Quando toda a equipe adota os mesmos blocos de horários, fica mais fácil programar reuniões e proteger o tempo dedicado aos interesses individuais. Os blocos de horários também facilitam o planejamento do tempo reservado à família, pois as pessoas deixam de esbarrar no problema dos horários conflitantes e não precisam abrir mão desses encontros por causa de coisas menos importantes.

Quarta: eles são flexíveis. Se algo verdadeiramente mais importante surge de repente, você pode deslocar o bloco de horário para outra ocasião. No entanto, seja cuidadoso ao tomar essa decisão sempre que ela afetar outras pessoas. Quando, por exemplo, os membros da sua família estão contando com a prioridade daquele horário, provavelmente ficarão muito desapontados se você não conseguir fazer com que eles se conscientizem da necessidade da mudança nem que concordem com ela.

Maximizador três: estruture o planejamento diário em forma de T

No início de cada dia (ou na noite anterior), tire uns minutos para planejar o seu dia. Descobrimos que o modo mais eficaz de fazer isso é usar uma estrutura em forma de T, que lhe permite agrupar, em um lado, as atividades e os compromissos mais dependentes de horários e, no outro, aqueles que podem ser feitos a qualquer hora. Muitos dos sistemas de planejamento, tanto os eletrônicos quanto os que são feitos no papel, são montados dessa maneira.

Após rever ou elaborar a sua lista de *compromissos*, coloque-os em ordem de importância. Uma maneira eficaz de fazer isso é agrupar, primeiro, os compromissos em termos de importância geral – por exemplo, A significa alta, B significa média e C significa baixa. Em seguida, numere os itens de cada grupo na ordem em que você planeja realizá-los.

Mas tenha cuidado! Mesmo com a programação do Quadrante II, por força do hábito, muitas pessoas ainda tendem a priorizar os compromissos em termos do que é urgente.

Tarefas		Compromissos
Telefonar para Paulo sobre o problema do recibo.	6h	Exercício.
Completar relatório de janeiro.	7h	
Verificar a entrega a João.	8h	
Programar almoço com Cris.	9h	Reunião individual com Rita.
Rever relatório de despesas.	10h	Relatórios de comissões de vendas.
Preparar reunião de equipe na quarta-feira.	11h	↓
Encomendar material para o projeto Y.	12h	
Marcar visita à empresa X.	13h	
Reservar entradas para o concerto.	14h	
Comprar prateleiras para a garagem.	15h	
	16h	
	17h	
	18h	Horário da família.
	19h	↓
	20h	↓
	21h	
	22h	

Tarefas				Compromissos
Telefonar p/ Paulo sobre o problema do recibo.	A-2	√	6h	Exercício.
Completar relatório de janeiro.	B-2		7h	
Verificar a entrega a João.	A-4		8h	
Programar almoço com Cris.	C-1		9h	Reunião individual com Rita.
Rever relatório de despesas.	B-3		10h	Relatórios de comissões de vendas.
Preparar reunião de equipe na quarta-feira.	A-3	√	11h	↓
Encomendar material para o projeto Y.	A-5		12h	
Marcar visita à empresa X.	A-1	√	13h	
Reservar entradas para o concerto.	A-6		14h	
Comprar prateleiras para a garagem.	B-1		15h	
			16h	
			17h	
			18h	Horário da família.
			19h	↓
			20h	↓
			21h	
			22h	

Tire um momento e pense sobre a última vez em que você elaborou uma lista em ordem de prioridades. O que você colocou no topo? As coisas que eram de fato mais importantes ou aquilo que era mais urgente e premente? A maneira como você estabeleceu as prioridades na lista é um padrão em sua vida? O que vem acontecendo como resultado dessa sua forma de agir?

Além disso, quando for elaborar a lista de prioridades, certifique-se de que está levando em consideração os itens de ambos os lados do "T". O simples fato de algo estar programado para determinado horário não significa que essa prioridade será mantida quando aquela hora chegar. Talvez você se veja envolvido com alguma coisa realmente mais importante e precise fazer ajustes.

Com o passar do dia, a estrutura T permite que você resolva as prioridades principais da sua programação e integre aquelas "sem hora definida" da melhor maneira possível.

Maximizador quatro: monitore o seu tempo

Roger

Logo que comecei a trabalhar na área de gerenciamento de tempo, descobri que uma das melhores maneiras de auxiliar as pessoas a administrarem o tempo era ajudá-las a ver com o que, de fato, o desperdiçavam. Assim como outros profissionais dessa área, eu lhes recomendava que mantivessem um "diário do tempo" e que cronometrassem o tempo para obterem uma imagem realista.

Os resultados sempre as surpreenderam. Muitas vezes, as pessoas ficavam chocadas quando descobriam que, de tudo o que efetivamente estava acontecendo em suas vidas, pouco ou nada se assemelhava ao que estava em suas programações ou em suas mentes. Contudo, após o choque inicial, elas ficavam surpresas com a visão clara que um diário proporcionava e em como essa percepção podia lhes permitir um aumento de eficiência e eficácia.

Nos últimos anos, o hábito de fazer e manter esse tipo de diário saiu de moda – talvez porque ele requeira um tempo extra e acompanhamento. Mas a verdade é que as pessoas que verdadeiramente sabem administrar o tempo sabem de que forma o estão utilizando – assim como aquelas que sabem administrar bem o dinheiro sabem em que o estão gastando. E a forma mais eficaz de descobrir como você despende seu tempo é monitorá-lo.

Monitorar tempo é uma atividade muito eficaz do Quadrante II. Ela permite que você alinhe e utilize melhor o tempo e que diminua ou elimine a ineficácia e o desperdício. Torna-o atento aos potenciais "buracos negros" dos Quadrantes III e IV, entre eles:

- E-mails.
- Reuniões.
- Compras.
- Navegação na Internet.
- Diversões inúteis e que viciam.
- Tecnologia ineficaz.
- Aquisição de tecnologia.
- Jogos de computador.
- Lanches.
- Televisão.

Assim como manter o controle sobre o que você come quando está tentando perder peso, monitorar o tempo acaba com qualquer ilusão que o impeça de ver com clareza a linha entre intenção, percepção e desempenho.

Uma boa maneira de descobrir por você mesmo a utilidade de monitorar o tempo é manter o diário por duas semanas. Antes de começar, responda às seguintes perguntas:

- Quais são as coisas mais importantes às quais eu deveria estar dedicando o meu tempo (relacionamentos específicos, projetos, tarefas, etc.)?

- Que percentagem do meu tempo acredito estar usando para cada uma dessas prioridades?

Em seguida, cronometre o seu tempo. Ao rever o diário, pergunte a si mesmo:

- Quanto tempo estou efetivamente destinando a essas prioridades?
- Para onde está indo o meu tempo?
- Como posso estabelecer um melhor alinhamento?

Uma boa maneira de monitorar o tempo é anotar, na página do seu planejamento, o tempo real consumido em cada compromisso ou tarefa.

Papéis/atividades-chaves	Previsão de horas/semana	Horas reais/semana	Diferença
Individual	4	5	+1
Família	20	12	-8
Dentro de casa	25	32	+7
Administração	12	7	-5
Formação de equipe	10	13	+3
Clientes	15	12	-3
Serviço comunitário	4	4	0
E-mails/telefonemas	5	7	+2
Interrupções (trabalho)	6	10	+4
Comer	7	11	+4
Dormir	49	40	-9
Recreação	6	15	+9
Não justificados	5	0	-5
TOTAL	168	168	0

Tarefas				Compromissos	
Telefonar p/ Paulo sobre o problema do recibo.	A-2	√	6h	*Exercícios*	*(45 min)*
Completar relatório de janeiro.	B-2		7h	*Café da manhã, banho, etc.*	*(1 hora)*
Verificar a entrega a João.	A-4	√	8h	*E-mails, telefonemas*	*(1 hora +)*
Programar almoço com Cris.	C-1		9h	*Reunião individual com Rita*	*(1 hora)*
Rever relatório de despesas.	B-3		10h	*Cont. e-mails, telefonemas*	*(45 min)*
Preparar reunião de equipe na quarta-feira.	A-3	√	11h	*Relatórios comissões de vendas*	*(1 hora +)*
Encomendar material para o projeto Y.	A-5	√	12h	*Almoço*	*(30 min)*
Marcar visita à empresa X.	A-1	√	13h	*A-1/A-2/A-3*	*(5 min/10 min/45 min)*
Reservar entradas para o concerto.	A-6	√	14h	*Cont. relatório comissão de vendas*	*(1 hora)*
Comprar prateleiras para a garagem.	B-1	√	15h	*Crise do Pedro (inesperada)*	*(45 min)*
			16h	*A-4/A-5*	*(15 min/45 min)*
			17h	*B-1*	*(45 min)*
			18h	*Horário da família*	*(2 horas)*
			19h	↓	
			20h	*Televisão (não programado)*	*(1 hora)*
			21h	*A-6*	*(10 min)*
			22h		

Advogados, contadores, consultores e outros profissionais que cobram por hora tornam-se excelentes em cronometrar o tempo, embora muitos não consigam usar a informação para obter um feedback e uma avaliação eficientes. O monitoramento de tempo pode ser uma ferramenta de feedback de grande utilidade. Não existe uma maneira mais realista para você controlar como está, de fato, utilizando o seu tempo.

Maximizador cinco: desenvolva relacionamentos baseados na confiança

Rebecca

Ao final da primeira redação do livro Os 7 hábitos das pessoas altamente eficazes, *havia muito o que editar enquanto o material ia e voltava de Stephen para o editor. Uma das minhas tarefas era rever o trabalho segundo as recomendações do editor e, em seguida, examinar as propostas de mudanças com Stephen.*

Enquanto trabalhávamos, percebi que ele via e analisava cada detalhe e que considerava muito importante estar ciente de cada alteração e autorizá-la.

Em determinado momento, eu disse: "Stephen, não mudarei uma vírgula sequer no texto sem falar com você antes." De repente, ele pareceu relaxar. Para ele, o que era importante havia sido detectado e estava sendo resolvido. Parece que, naquele instante, estabelecemos uma ponte de confiança e o nosso relacionamento passou para outro patamar.

Para mim, aquele momento foi muito especial. Pude sentir o aumento de confiança, e a sensação foi muito boa. Estou convencida de que o nosso nível de eficácia naquele projeto cresceu significativamente e de que isso também abriu espaço para uma maior sinergia e produtividade em projetos futuros.

Quando ouvimos a expressão "gerenciamento de tempo", imaginamos como planejar e realizar um projeto ou tarefa de forma *independente*. A realidade, no entanto, é que a vida é muito *interdependente*. A nossa capacidade de alcançar o que é realmente mais importante depende muito da qualidade dos nossos relacionamentos com as pessoas-chaves em nossa vida.

Isso também se aplica a uma conjuntura maior – à capacidade de trabalhar em projetos mais importantes e de fazer contribuições mais significativas –, assim como nas "linhas de frente" do dia-a-dia, nas quais, no que se refere ao equilíbrio da vida, demandas de tempo incompatíveis são responsáveis por um grande sofrimento naqueles momentos decisivos.

Suponha, por exemplo, que você tenha uma reunião com um cliente especial agendada para as quatro horas da tarde de amanhã. O time de vôlei da sua filha acabou de se classificar para um campeonato. O primeiro jogo? Amanhã, às quatro horas da tarde. O que fazer?

Digamos que você decida conversar com o cliente para tentar resolver o problema. E vamos supor que o tipo de relacionamento comercial que você tem com esse cliente seja de "promessas constantes, mas não cumpridas". A sua credibilidade está baixa. O que acontecerá quando você disser: "Estou com um problema. Será que poderíamos marcar a reunião para outro horário?" É bem provável que você encontre uma barreira de intolerância: "Não há a menor hipótese!" Ou: "Claro, vá em frente. Eu estava apenas aguardando uma oportunidade para procurar outro fornecedor!"

Por outro lado, se o seu relacionamento comercial foi estabelecido em bases *realistas* do prometer e *cumprir* – de sempre exceder expectativas, antever necessidades, solucionar problemas antes mesmo que eles se tornem aparentes –, você provavelmente receberá uma resposta muito diferente. O seu cliente sabe que, para você, o negócio dele é importante; portanto, é bem provável que ele aceite agendar outra reunião, resolver o problema por telefone ou sugerir uma terceira alternativa viável.

Caso você tente negociar com a sua filha, é quase certo que ocorra a mesma situação. Se você nunca assiste aos jogos dela, mesmo quando promete fazer isso; se ela raramente o vê – e, quando o vê, você sempre a critica por alguma coisa –, quando você lhe disser que não poderá ir ao jogo por causa de uma reunião, talvez a reação dela seja: "Certo! Ninguém estava esperando que você fosse mesmo!" E qualquer esforço de sua parte para tentar explicar a situação somente tornará as coisas mais difíceis.

Por outro lado, se a sua filha sabe que você é seu maior fã; se, mesmo quando não pode assistir aos jogos, você faz questão de perguntar como foi a partida; se você está a par do que se passa na vida dela, se a escuta, passa um tempo com ela, e ela sabe que é uma das pessoas mais importantes para você, então, com toda certeza, ouvirá uma resposta bem diferente: "Eu compreendo, pai. Às vezes você tem de trabalhar. Não tem problema."

O fato é o seguinte: em grande parte, a capacidade de solucionar demandas incompatíveis de tempo depende da qualidade dos nossos relacionamentos. Quando eles são bons, existe boa vontade e disposição para buscar soluções. Na realidade, o próprio processo de encontrar soluções pode desenvolver o relacionamento. Mas, quando este não é bom, os conflitos causam problemas adicionais. As pessoas sentem que as suas expectativas podem não ser atendidas e talvez até os esforços para resolver a dificuldade piorem a situação.

Como é possível, então, desenvolver relacionamentos confiáveis?

Basicamente, valorizando a pessoa. Valorizando o relacionamento. Tratando os outros como você quer ser tratado. Mantendo as promessas que faz. Executando, no trabalho e em casa, todas aquelas coisas que lhe permitem desenvolver os relacionamentos confiáveis que mencionamos antes. Reconheça e respeite o fato de que as pessoas têm as suas próprias expectativas, as suas próprias necessidades, os seus próprios problemas e as suas próprias agendas. Interaja de uma forma que seja vantajosa para você e para a pessoa, que não signifique apenas encontrar uma solução para uma dificuldade imediata, mas, pelo contrário, estabelecer um caráter de interdependência na hora de solucionar impasses futuros.

Muitos livros fornecem idéias excelentes sobre como desenvolver relacionamentos. Nós o incentivamos a certificar-se de que aquilo que você lê segue os sólidos princípios da importância e do caráter, e não "técnicas" e "artifícios" manipuladores e personalizados desenvolvidos única e exclusivamente para ajudar as pessoas a se aproveitarem de outras com o propósito de conseguir o querem. Infelizmente, muitas abordagens que se intitulam "gerenciamento de tempo" têm o objetivo de ensinar maneiras de tirar do caminho outras pessoas, as suas necessidades e os seus problemas para que possamos fazer aquilo que realmente queremos fazer. No entanto, o desenvolvimento de relacionamentos saudáveis e a habilidade de interagir e trabalhar com as pessoas são, de fato, partes vitais do equilíbrio da vida, e qualquer abordagem prática sobre esse equilíbrio precisa reconhecer essa dimensão interdependente e essencial e conviver com ela.

Uma confiança genuína só é gerada quando o seu coração está certo – quando você tenta, de verdade, desenvolver o tipo de relacionamento que beneficiará todos os envolvidos, assim como promover uma colaboração a longo prazo. No fim, o maior benefício talvez não seja aquilo que você obtém, mas o relacionamento que conseguiu desenvolver durante esse processo.

Maximizador seis: utilize a tecnologia em seus próprios sistemas de liderança

Agora chegamos ao fator que mais gera ou minimiza problemas de administração de tempo nos dias de hoje – a tecnologia.

Da "tecnofobia" à "tecnomania" existe uma enorme variedade de atitudes, percepções, expectativas, níveis de conforto e competência em relação a todas as coisas que bipam, clicam e operam a grande velocidade. Mas, quaisquer que sejam as nossas próprias reações, a realidade é que vivemos em um mundo cada vez mais tecnológico. É impensável abrirmos mão de telefones celulares ou trocarmos computadores por máquinas de escrever.

Por esse motivo, é essencial que sejamos capazes de nos adaptar às mudanças tecnológicas.

Como, então, conviver com a tecnologia? Como podemos reservar tempo para pesquisar, avaliar e aprender a usar essas novas ferramentas sem sermos sugados para um buraco negro que consome tempo e dinheiro? Como saber se uma tecnologia nova ou diferente aumentará a nossa eficácia ou se é uma pista falsa que desviará o nosso tempo e os nossos recursos e nos impedirá de fazer aquilo que é mais importante?

Não pretendemos, neste capítulo, avaliar a eficácia de cada nova tecnologia disponível no mercado. As opções são numerosas demais. E as suas necessidades são exclusivamente suas. Até mesmo o seu ramo específico de negócio pode ter a sua própria abordagem. Além disso, quaisquer que sejam as tecnologias disponíveis, esteja certo de que haverá novas opções amanhã.

Em vez disso, o nosso objetivo é prepará-lo para:

1. Selecionar de maneira sensata os melhores sistemas e ferramentas que o ajudarão a fazer com mais eficiência aquilo que é mais importante.
2. Aprender com rapidez a reconhecer o "melhor" quando o vir e a se beneficiar dele.

Para ser capaz de fazer essas coisas, você precisará compreender sistemas, ferramentas e opções. A maioria das pessoas acha muito mais fácil conviver com esse mundo de avanços tecnológicos quando passa a compreender a utilidade deles.

Compreendendo os sistemas

Um "sistema" é formado por um grupo de fatores interdependentes que constituem um todo uniforme e que interagem com sinergia para alcançar um único propósito. Existem diversos tipos de sistemas, tanto os naturais quanto os criados pelo homem: ecológicos, meteorológicos, solares, respiratórios, digestivos, irrigatórios, políticos e escolares, entre outros. Como sugerimos antes, o "equilíbrio" em si é um sistema – um sistema altamente integrado e dinâmico.

Quando identificam essa interdependência entre os elementos do sistema, as pessoas começam a buscar soluções de uma forma que reconheça essa interdependência. *Análises de sistemas* no mundo dos negócios, em centros de saúde holísticos e em ecossistemas são alguns exemplos. Ignorar essa interdependência e se concentrar em um único elemento do sistema é, em geral, ineficaz – e freqüentemente contraproducente.

Com todas as demandas e complexidades do gerenciamento do tempo e da liderança pessoal, chegou a hora de direcionar essa poderosa abordagem de sistemas para o lado pessoal. Precisamos pesquisar, em nossa vida, os sistemas que podem tanto fortalecer quanto enfraquecer os nossos esforços para estabelecer um equilíbrio de vida – o sistema de *planejamento*, o sistema de *informação*, o sistema de *comunicação* e o sistema *financeiro*. E temos que examinar o sistema maior – o nosso próprio sistema de liderança –, no qual cada um desses sistemas menores é, ao mesmo tempo, uma parte integrante e interdependente.

Os seus sistemas pessoais

De uma forma ou de outra, você já possui sistemas de liderança em funcionamento.

Sistema de planejamento. Esse sistema reflete a maneira como você retrata a sua missão e as suas metas na forma como utiliza o seu tempo. Talvez você use uma agenda eletrônica de alta tecnologia, um calendário on-line ou mesmo uma simples agenda impressa. Pode ser que coloque lembretes ou cronogramas na porta da geladeira. Ou, quem sabe, não use nada disso e guarde tudo na cabeça. Seja como for, de alguma maneira, você planeja e agenda o seu tempo. Com um acréscimo de espaço para coisas como números de telefones, informações sobre familiares e clientes, folhas de despesas e uma agenda diária, o seu sistema de planejamento pode representar um componente vital de comunicação, de informação e de fluxo financeiro.

Sistema de informação. Esse sistema representa tudo aquilo que você monitora. Você pode manter arquivos escritos detalhados, gravações ou minutas de uma secretária. Talvez registre datas de aniversário e de casamento, números de telefone e de roupas em uma agenda ou no computador. Pode ser que guarde recortes de jornais e informações sobre serviços domésticos em uma gaveta. Ou, quem sabe, apenas confie na memória e viva com as conseqüências. Mas, de alguma forma, você possui um tipo de sistema que armazena informações.

Sistema de comunicação. Esse sistema mostra como você se comunica com as pessoas e como elas se comunicam com você. Ele pode incluir cartas escritas e memorandos ou e-mails e faxes. Também pode englobar telefones fixos, telefones celulares e secretárias eletrônicas. Ou talvez seja um conjunto de mensagens transmitidas por batidas de tambores ou por gritos que vêm da porta dos fundos. Seja como for, você possui um sistema para se comunicar com as pessoas.

Sistema financeiro. Esse sistema é, em parte, um sistema de planejamento e, em parte, um sistema de informações. Ele retrata o modo como você acompanha a sua estratégia financeira e as suas metas, os seus investimentos e os seus gastos verdadeiros e o alinhamento entre o planejamento e o que acontece na realidade. Você pode manter o registro da sua estratégia e das suas metas na agenda, no computador ou em um simples extrato eletrônico de banco que mostra simplesmente se você gastou tudo o que tinha ou se ainda dispõe de algum dinheiro na conta. Pode ser que você guarde as suas anotações financeiras em uma agenda eletrônica, no talão de cheques, em uma caixa de sapato – ou, quem sabe, tenha um contador para fazer isso. Talvez compare os gastos planejados com os gastos realizados por meio de uma revisão do orçamento, da observação da quantia que sobrou na sua carteira no final do mês ou ao receber uma carta do banco dizendo que você estourou o limite. Mas, de alguma forma, você tem um sistema que o mantém informado sobre o montante dos seus gastos e da sua dívida.

Sistema de liderança pessoal. Como já observamos, o seu sistema de liderança pessoal é composto por quatro sistemas menores. Quanto mais esses sistemas se inter-relacionam de forma proveitosa mais refletem o modo como a sua liderança pessoal atua efetivamente. Você pode ter um telefone celular que possui um arquivo próprio de contatos, mas que não aceita transferências de dados do seu computador. Por causa disso, você precisa inserir duzentos contatos, um a um, manualmente. Pode ser que você tenha um laptop, porém não consiga acessar informações armazenadas no seu computador de casa ou do trabalho através dele. A maneira como as partes de um sistema maior interagem é, pelo menos, tão importante – se não for mais importante – quanto a forma como as partes trabalham individualmente. Quanto mais você alinhar e integrar totalmente os seus sistemas menores, mais eficiente será o seu sistema de liderança pessoal.

Como dissemos antes, esses sistemas já estão em funcionamento. Você pode ter herdado elementos dos sistemas usados da família em que nasceu, de supervisores e colegas de trabalho, de amigos que descobriram alguma coisa que funcionava para eles, da resposta a um anúncio ou, em alguns casos, de opções sensatas e conscientes. Até mesmo uma demissão é um sistema que vem acompanhado de conseqüências e efeitos.

A dúvida é: será que os seus sistemas estão trabalhando efetivamente para você?

Não importa quantos "detalhes e acessórios" as ferramentas do seu sistema possam ter, não importa para quem elas funcionaram, não importa a propaganda sobre o que elas fazem, o fato é que as suas ferramentas são parte de um sistema. *E se os seus sistemas não funcionarem para você, eles não são eficazes.*

Repetindo o que disse a colega e especialista em sistemas Dave Hanna: "Cada sistema está perfeitamente alinhado para alcançar os resultados que produz."[2] Por isso, se você não está satisfeito com os resultados, recue e examine-o. Trabalhar, de fato, *no* sistema com eficiência, assim como *dentro* dele ou *com* ele, é um investimento de tempo muito importante do Quadrante II.

Avaliando as ferramentas

Nesta era em que estamos vivendo, é muito fácil ficarmos fascinados por certas características deslumbrantes de uma ferramenta nova. Mas, para sermos eficazes, precisamos aprender a examiná-la no contexto de um sistema específico do qual ela será parte e analisá-la também no contexto maior, mais abrangente, do seu sistema de liderança pessoal. Se determinada ferramenta não faz o que precisamos que ela faça ou se não interage com as outras ferramentas, ela não será, qualquer que seja a sua utilidade, um investimento seguro e altamente rentável para o seu tempo e dinheiro.

Antes de decidir se uma ferramenta serve ou não para você, gostaríamos de sugerir que a analisasse levando em consideração quatro fatores:

1. Critério de avaliação geral.

2. Características particulares que a distinguem.

3. As suas necessidades específicas.

4. Análise de custo/benefício.

Critério de avaliação geral. Ao considerar a compra de uma ferramenta, você talvez deva se fazer quatro perguntas sobre a avaliação geral:

- É *eficaz?* Ela me ajuda a realizar aquilo que é mais importante?
- É *eficiente?* Executa o que precisa ser feito da melhor forma possível?
- É *simples?* É moderna, fácil de usar e livre de "detalhes e acessórios" complicados?
- É *sincronizada*? Ou seja, trabalha em sincronia com meus outros sistemas e ferramentas?

As respostas a essas perguntas vão ajudá-lo a avaliar as ferramentas que você está usando atualmente, assim como as que possa estar pensando comprar.

Características particulares. Esse critério permite categorizar equipamentos de várias maneiras, mas algumas delas se sobrepõem. Por exemplo, na categoria PC (computador pessoal) estão modelos de máquinas que vão do computador de mesa ao PDA (*assistente digital pessoal* – dispositivo portátil que combina as funcionalidades de um computador com as de um telefone/fax e a capacidade de operar em rede). Mas a característica particular que lhe interessa é o fato de um computador poder ser carregado na mão. Por isso, os modelos portáteis talvez sejam um tipo de ferramenta que você queira examinar. Entre os PCs também estão aparelhos equipados tanto com teclado quanto com caneta de escrita digital. Contudo, se a característica que lhe interessa é escrever na ferramenta, é melhor procurar produtos que venham com a caneta digital, por exemplo, além de agendas tradicionais que absolutamente não estão incluídas em um PC.

O que queremos mostrar é que podemos categorizar de várias maneiras. Não pretendemos com isso redefinir a terminologia empregada por essa indústria, mas fornecer uma maneira simples – do ponto de vista de um usuário – que lhe permita analisar as características particulares de determinado produto que façam diferença na sua situação.

Para os propósitos deste capítulo, identificamos seis categorias de ferramentas – feitas de papel, dependentes de um PC, portáteis, sem fio, dependentes da Web e dependentes de canetas. Na hora de tomar uma decisão, as características particulares dessas categorias podem servir de filtro básico. Por exemplo, se você está tentando atuar em um sistema que requer comunicação e resposta instantâneas, pode concluir que uma ferramenta feita de papel talvez não seja a melhor opção. Por outro lado, se a necessidade básica é que ela seja portátil, então essa ferramenta pode ser a opção ideal. Pelo menos ela seria aprovada nas primeiras análises de estudo de utilidade.

Ao refletir sobre cada grupo de ferramentas, leve em consideração as suas vantagens e desvantagens. Reflita sobre como os seus diferenciais podem afetar a sua escolha em relação ao seu momento atual e também em outras circunstâncias, caso a sua situação no trabalho ou em casa mude.

Ferramentas *feitas de papel* incluem papéis adesivos, blocos, cadernos, fichas, folhinhas de mesa ou de parede, fichários ou formulários impressos por computador. Esses materiais são, em geral, fáceis de usar, carregar e arquivar.

Ferramentas *dependentes de um PC* incluem uma grande variedade de equipamentos – de computadores de mesa e laptops ao novíssimo Tablet PC com impressão digital. Elas possuem uma enorme capacidade de processar e armazenar dados. As funções que desempenham – como agendar, escrever, organizar e monitorar metas e gastos financeiros – dependem do programa de software que usam.

Ferramentas *de mão* são basicamente minicomputadores. São de vários tipos, entre os quais Palm Pilots e PCs de bolso. Esses equipamentos portáteis executam determinados programas, mas não fazem tudo aquilo que um computador comum faz.

Artigos eletrônicos *sem fios* podem se comunicar com outros produtos, pessoas ou com a Internet sem precisar de fios. Os telefones celulares são um exemplo. Além de portáteis, eles possibilitam a comunicação com outras pessoas e são capazes de acessar a Internet e recuperar informações. Outros produtos, como os laptops, podem ser transformados em equipamentos sem fios com o acréscimo de um cartão sem fio.

Ferramentas *dependentes da Web* tornam possível a execução on-line de tarefas como a elaboração de planejamentos e a administração das finanças. Como a informação está armazenada no servidor do fornecedor, você pode acessá-lo usando qualquer ferramenta que esteja conectada à Internet.

Equipamentos *dependentes de canetas* – aqueles que lhe permitem usar uma caneta comum ou uma caneta Stylus para inserir dados – já existem há algum tempo, mas, à exceção dos palmtops, não tiveram muito sucesso. No entanto, os últimos avanços tecnológicos parecem estar produzindo uma mudança substancial nessa categoria. Muitas pessoas acreditam que isso abrirá o mundo dos computadores pessoais àqueles que se sentem limitados por teclados e estimulará o uso de computadores em situações como reuniões de negócios em que até mesmo teclados de laptops não são usados ainda.

Com o alto índice de mudanças tecnológicas, novos produtos aparecerão e desaparecerão. Uma das maiores tendências atuais é a da "convergência" – incorporar uma ou duas funções num único aparelho –, por exemplo, um telefone celular que funcione também como agenda. Outra tendência é a de produzir artigos que possam ser usados no corpo. Atualmente estão sendo desenvolvidos relógios com agendas, relógios com telefones celulares e lentes com telas de computador.

O fato é o seguinte: ao identificar as características particulares de qualquer ferramenta, você será capaz de avaliar melhor se aquela que lhe interessa é adequada ao seu sistema e se atenderá as suas necessidades. Isso eliminará automaticamente muitos equipamentos, além de ajudá-lo a não se deixar levar por propagandas e a focalizar a sua atenção nos produtos que sejam potencialmente mais úteis para o seu caso.

Lembre-se de que, embora o seu sistema de liderança pessoal possa incluir ferramentas de alguns ou de todos os seis grupos, é importante que os elementos interajam efetivamente. Tenha em mente que você está lidando com um *sistema*. As partes precisam interagir para poderem produzir um todo eficaz, eficiente, simples e sincronizado. Não se deixe levar pela propaganda dos "detalhes e acessórios" de alguma ferramenta nova que nem mesmo possua as características particulares básicas que a tornam compatível com o seu sistema.

As suas necessidades específicas. Ao considerar uma ferramenta, você talvez deva identificar as suas próprias necessidades específicas cuidadosamente. Procure responder às perguntas relacionadas a seguir ou até enumerá-las por ordem de importância.

1. Quanto do seu tempo você passa no seu próprio escritório em comparação ao tempo que você passa no escritório de outras pessoas ou viajando?
2. Qual é o volume das informações de que você precisa?
3. De que forma as pessoas em seu trabalho transmitem e processam a informação?
4. De que tipo de capacidade você precisa (por exemplo: uma enorme capacidade de armazenamento para gráficos ou arquivos científicos)?
5. Com que freqüência você se conecta à Internet e por quais motivos?
6. Que sistemas a sua organização oferece e com quais deles você precisa interagir?
7. Com que freqüência você tem de consultar o seu planejamento diário, a sua lista de tarefas, calendários, e-mails ou outros tipos de informação? E em que circunstâncias você se encontra quando consulta esses dados (em um ambiente barulhento, em um escritório, em um carro, etc.)?
8. Qual o seu nível de conhecimento de um teclado?
9. Como você se sente ao aprender a usar uma nova ferramenta tecnológica?
10. Você faz muitas ligações interurbanas? Você despende muito tempo em ligações interurbanas fora de sua casa?
11. Com que freqüência você precisa acessar informações (e que tipos de informação você precisa acessar) quando não está perto de um computador ou não tem um com você?

12. Que tipos de informação você deseja ter à mão? Quando e onde você estará quando precisar dessa informação, e onde está essa informação agora?

Essa lista poderia ser ampliada com muito mais detalhes – e, para algumas pessoas, uma análise mais profunda seria bastante útil. Realmente seria se estivéssemos pensando na compra de sistemas para quinhentos funcionários. Mas, para a maioria de nós, essas perguntas são suficientes para pôr em evidência assuntos-chaves que nos ajudam a compreender melhor as nossas necessidades.

Análise de custo/benefício. Investir em uma tecnologia nova quase sempre custa dinheiro – às vezes custa muito. Mas existem outros custos envolvidos, como, por exemplo, os de tempo e esforço para pesquisar, adquirir e montar. Também há o custo do tempo e do esforço para aprender a usá-la. E mais, o custo da manutenção – do dinheiro e do tempo para mantê-la funcionando bem. E, finalmente, existe o custo de oportunidade, ou seja, qualquer outra coisa que você poderia ter feito com o dinheiro e o tempo que investiu nela. Portanto, observe que há muitos fatores a considerar quando "avaliamos o custo" do investimento em uma tecnologia nova.

Por outro lado, em termos de aumento de eficácia e/ou eficiência, ficar com o que você tem pode significar um custo ainda maior.

Então, como saber se uma nova tecnologia ou ferramenta vale o preço da mudança?

Primeiro: tendo em mente a nova tecnologia, você precisa reconsiderar as perguntas fundamentais de avaliação:

- *Ela é mais eficaz?* Comparando-a com o seu sistema atual, ela o ajudará a fazer melhor o que é mais importante?

- *Ela é mais eficiente?* Comparando-a com o seu sistema atual, ela o ajudará a fazer o que é mais importante de uma maneira melhor?

- *Ela é mais simples?* Ela é mais funcional, mais fácil de ser usada, possui menos "detalhes e acessórios" complicados?

- *Ela é mais sincronizada?* Ela se comunica melhor com os outros sistemas e faz com que eles funcionem melhor?
- *Ela atende as necessidades específicas (ser portátil, por exemplo)?* Que necessidades são essas e qual o seu grau de importância?

Segundo: lembre-se de que, embora muitas das novas tecnologias ostentem recursos avançados que prometem fazer quase tudo exceto limpar pias de cozinha, até mesmo os fornecedores reconhecem que muitas pessoas, na verdade, não as usam como elas foram projetadas para serem utilizadas. Imagine, por exemplo, as ferramentas de planejamento. Planejadores avançados feitos de papel muitas vezes acabam servindo de meros calendários. Consultores afirmam ter visto planejadores sendo utilizados como agendas de luxo ou fechados dentro de gavetas de escritórios. Poucas pessoas usam ou conhecem todos os recursos de um programa de software ou de equipamentos como um palmtop.

A realidade é que muitos de nós não precisamos, e simplesmente não faremos uso, de muitos dos "detalhes e acessórios" que constituem o "novo e melhorado". Então, por que pagar por eles? Por que perder tempo aprendendo a utilizá-los? Se uma tecnologia nova desempenha uma função básica de que você necessita e 29 funções que não lhe serão úteis, seria melhor procurar uma alternativa mais simples e mais barata.

Por outro lado, se o "novo e melhorado" o ajudará a simplificar, então valerá a pena pesquisar mais um pouco. Um único telefone celular novo pode lhe ser muito mais útil do que o seu atual pager, palmtop ou secretária eletrônica. Um sistema de planejamento eletrônico com um arquivo de contatos de discagem pode tornar mais fáceis a coordenação do planejamento e a comunicação do que o seu atual arquivo de fichas ou a lista alfabética do seu planejador. Um sistema financeiro instalado no seu computador permite que você economize centenas de horas, ajudando-o a alinhar metas e gastos, a conectar os seus registros bancários a um serviço de pagamentos de contas on-line, a acessar a sua conta bancária, a criar rapidamente planilhas e gráficos que facilitam o controle do progresso do seu planejamento, além de fazer automaticamente as contas do seu talão de cheques. De modo geral, quanto mais você combinar e simplificar, melhor será a sua situação.

Terceiro: ao considerar novas alternativas, tenha em mente que o seu próprio sistema de liderança pessoal pode fazer parte de um sistema maior no qual o inter-relacionamento também representa um problema. Se você trabalha em um lugar onde a informação é transmitida através de determinado tipo de hardware ou software, manter-se atualizado sobre essa tecnologia específica pode ser vital para a sua eficácia no trabalho. Além disso, você talvez deseje ajustar os seus sistemas pessoais para facilitar o planejamento e a comunicação. Lembre-se também de que uma mudança considerável na sua situação na empresa ou em casa pode gerar a necessidade de uma alteração no seu sistema.

Finalmente, não se esqueça de que, na maioria das vezes, você estará em melhor situação se procurar ficar um pouco atrás da vanguarda da nova tecnologia. Por exemplo, a versão 1.0 de um software freqüentemente apresenta falhas que precisam ser corrigidas, enquanto as versões posteriores em geral custam menos, são mais simples e requerem menos tempo de aprendizado. Decidir quanto tempo esperar para investir em uma tecnologia nova é resultado da avaliação de benefícios versus inconveniências e riscos causados pelas dificuldades iniciais.

Por isso, tenha cuidado – mas mantenha-se atento! Se vai pegar a onda, procure fazê-lo quando ela estiver cheia o suficiente para sustentar você.

Os nossos próprios sistemas de liderança pessoal

Durante todos esses anos, nós dois temos usado diversos tipos de ferramentas de liderança pessoal. Os exemplos que relaciono a seguir lhe mostrarão algumas aplicações específicas dos princípios que mencionamos.

ROGER

Venho trabalhando com sistemas pessoais há anos. Ajudei a projetar organizadores e ensinei milhares de pessoas a usá-los corretamente. Sempre adotei logo tecnologias novas – de computadores e telefones celulares ao Tablet PC.

Com isso em mente, você provavelmente pode compreender o meu entusiasmo por algumas das ferramentas que estão disponíveis hoje em dia.

Os principais elementos do meu sistema incluem:

- *Um Tablet PC.*
- *Uma combinação de telefone celular com um PC de bolso.*
- *Um telefone fixo.*
- *Um computador de mesa.*
- *Uma rede doméstica sem fio,*
- *Uma rede baseada no escritório.*

A peça-chave do meu sistema é o Tablet PC. Ele roda todos os programas de um laptop, mas com a vantagem de se poder escrever nele. Na verdade, se você pode escrever ou desenhar algo em uma folha de papel, pode fazer a mesma coisa no Tablet. Carrego todas as informações de que preciso nesse equipamento, inclusive as minhas anotações para livros e projetos. Eu também tenho um programa que contém cerca de três mil livros e publicações que uso como fonte de pesquisas e referências.

Uso o software de planejamento do Tablet como meu organizador de informações pessoais. Tenho agora, dentro do computador, algo que se parece com a minha confiável agenda de papel – com todas as vantagens de ambos!

Uma das coisas que mais me entusiasmam é poder procurar minhas anotações para uma palavra ou frase e vê-las surgir na tela. Isso funciona, esteja a anotação associada a uma tarefa, a um compromisso, a um contato ou a uma simples nota de página. A minha combinação telefone celular/PDA faz parte de uma nova geração de telefones que alia, em um único aparelho, um telefone celular e alguns ou todos os recursos de um computador portátil. Os benefícios são óbvios – tenho menos uma coisa para carregar e meu computador de mão sem fio pode fazer uma conexão com apenas dois cliques.

Mantenho meus contatos na agenda do Tablet, e este, por sua vez, se conecta ao meu computador/telefone de bolso, de forma que, quando eu estou com o telefone, tenho todos os números comigo. Sempre que vou me ausentar, programo o telefone do meu escritório de casa para redirecionar as ligações para o celular. Quando não posso atender, as ligações caem na caixa postal do meu celular. Uso mensagens instantâneas com colegas próximos e membros da família.

O que tem me ajudado bastante é a forma como todos esses elementos interagem. Meu telefone e computadores estão sincronizados. Faço cópias de segurança do Tablet no meu computador de mesa, de forma que ambos forneçam cópias de segurança um para o outro. Rebecca e eu compartilhamos e acessamos arquivos em nossos escritórios em casa, e de várias partes da casa, sem precisarmos nos levantar da cadeira. O Tablet pode ser usado sem fio; além disso, com o acréscimo da tecnologia PCMCIA de cartão de telefone celular, posso utilizar as conexões mais modernas e rápidas disponibilizadas pelas empresas de telefonia celular.

Rebecca

Meus sistemas pessoais são mais simples do que os de Roger – eu uso, essencialmente, um computador de mesa. Escrevo, faço meu planejamento semanal, armazeno contatos e informações, administro nossas finanças, planejo apresentações e pesquiso arquivos genealógicos, ou seja, faço tudo com ele. Com a nossa rede, podemos enviar arquivos de um lado para outro enquanto trabalhamos. Durante nossos encontros semanais, quando nos reunimos para rever nossa missão compartilhada e abordar assuntos relativos ao planejamento, à programação, à nossa função de pais, ao que escrevemos e às finanças, uso o meu computador de mesa e Roger traz o seu Tablet.

Quando a maior parte dos nossos filhos está em casa, fazemos planejamentos semanais familiares. Mantemos na porta da geladeira dois calendários que podem ser apagados – um para a semana e outro para o mês. Em cada reunião revemos os acontecimentos da semana que passou. Depois, anotamos os compromissos de todos os membros da família para a semana seguinte.

Além de permitir que coordenássemos o transporte e os compromissos da família, isso nos deu a oportunidade de conhecer as prioridades de cada um de nós para aquela semana, de forma que pudemos encorajar, ajudar e dar apoio. Também foi algo sinérgico porque proporcionou uma comunicação, além de planejamento e programação.

Cada vez mais, optamos por armazenar informações em computadores e não no papel. Também temos bem menos arquivos de pesquisa em nossos computadores. Com a Internet, os CDs de referência e os aparelhos portáteis que podem armazenar o conteúdo de uma série de livros-chaves de referência, percebemos que não precisamos ter cópias pessoais duplicadas de todas as informações que costumávamos arquivar. Nesse sentido, a tecnologia ajudou a simplificar a nossa vida.

Para nós dois, esses sistemas funcionam muito bem. Conhecemos pessoas que usam sistemas diferentes e que atendem perfeitamente as suas necessidades. De qualquer forma, não importa se o seu sistema depende de lápis e papel ou da mais recente tecnologia. Se ele for eficaz, eficiente, simples e sinérgico – e pertencer ao Quadrante II (focalizado na importância e melhora) –, não há como errar muito.

O próximo passo

Use a sua inteligência orientadora para decidir a melhor forma de implementar os seis maximizadores que acabamos de descrever. Se um ou dois lhe parecem úteis, comece com eles. Ou talvez prefira avaliar a sua situação atual. Dependendo de como você vê o seu nível de competência para lidar com os assuntos relativos ao tempo, apresentamos a seguir algumas idéias sobre "o próximo passo" que podem ajudá-lo muito.

"Perdi o controle!" Se você acha que "perdeu o controle", a melhor maneira de começar a entrar no Quadrante II talvez seja adotar a "Regra dos Cinco Minutos" – faça hoje, durante cinco minutos, qualquer coisa que possa melhorar o dia de amanhã. Pode ser que um de seus clientes no trabalho *não* tenha um problema. Use esses cinco minutos para telefonar para ele. Desenvolva o relacionamento. Obtenha alguma informação específica que possa ajudá-lo com os outros clientes. No caso de conhecer alguém que tenha optado por não se tornar um cliente seu, telefone para ele. Tente descobrir o que você poderia ter feito melhor – ou o que poderá fazer melhor no futuro. Se, durante cinco dias, você contatasse um cliente insatisfeito por dia, poderia obter algo mais consistente, mais específico, que tornasse toda a sua operação mais eficaz. Assim, na próxima reunião de equipe, você pediria cinco minutos para compartilhar o que aprendeu. Melhorar o desempenho da sua equipe em 10% – ou até mesmo em 5% – lhe propiciaria enormes ganhos.

Tente a "Regra dos Cinco Minutos" em casa. Invista nos relacionamentos. Faça algumas daquelas "coisas felizes" que você identificou no capítulo anterior. Ao voltar do trabalho, pare em algum lugar e compre algo especial para a família ou leve uma flor ou um cartão para a sua mulher ou para o seu marido. Leia uma história para o seu filho de três anos ou sente-se por cinco minutos para conversar com sua filha adolescente ou com sua mulher ou seu marido. Ou use os cinco minutos para planejar um horário especial para a família, para criar cardápios para a semana, para arrumar o armário da cozinha ou encomendar sementes para o jardim. Faça qualquer coisa que o ajude a arrumar e embelezar a sua casa ou estabelecer relacionamentos de companheirismo e amor.

No momento em que você compreender o poder dos investimentos do Quadrante II, vai querer mergulhar de cabeça neles. O objetivo é fazer você investir 20, 40 ou 60% do seu tempo nas atividades do Quadrante II.

"Estou me saindo bem, mas..." Se você é um administrador de tempo razoável, mas sabe que pode melhorar, uma boa idéia para o "próximo passo" é monitorar o seu tempo. Isso lhe permitirá localizar rapidamente os "buracos negros" e determinar quais campos específicos podem ser aprimorados. Outra boa área de enfoque são os sistemas e as ferramentas – ao organizar e modernizar os seus sistemas pessoais, você aumenta a sua capacidade de fazer coisas.

"Administro bem o meu tempo, mas quero passar para outro patamar." Se você se considera um administrador de tempo competente, mas deseja descobrir novos patamares de eficiência, uma boa área para começar a trabalhar é o canto superior do Quadrante II. Nesse ponto é possível *antever* oportunidades e problemas potenciais – você lida com as necessidades que *estão surgindo*. Recorre à sua habilidade para prever e supor. Estabelecendo um foco de antecipação e prevenção, você poderá evitar que aquelas coisas passem para o Quadrante I.

"Sou um excelente administrador de tempo no trabalho, mas não em casa" (ou vice-versa). Se você é competente em uma área da vida, mas não em outra, um bom "próximo passo" é concentrar-se naqueles campos em que provavelmente haja mais desperdício. Se o seu problema está no trabalho, analise o tempo que está dedicando às atividades do Quadrante III. Procure aquelas coisas "urgentes, mas não importantes" que o estão afastando do que é mais prioritário. Contudo, avalie com cuidado: a sensação de urgência pode fazê-lo pensar que você está no Quadrante I quando, na verdade, está no Quadrante III. Se o problema está em casa, examine com mais atenção as atividades "não urgentes e não importantes" do Quadrante IV. Caso você esteja passando horas a fio no sofá ou diante da televisão, tenha a coragem de apertar o botão de desligar e fazer algo que seja verdadeiramente produtivo e bom para os seus relacionamentos.

Como se orientar a cada dia

Esperamos que, com o planejamento semanal, os blocos de horários, o planejamento em forma de T, os sistemas de liderança pessoal, a tecnologia de eficácia pessoal e os "próximos passos", este capítulo tenha, de alguma maneira, ajudado você a administrar o seu tempo com mais eficiência e a viver melhor a sua vida.

Mas tudo isso se resume a tomar boas decisões nos momentos de escolha. Como Richard L. Evans observou:

> *A vida lhe oferece dois presentes valiosos: um deles é o tempo e o outro é a liberdade de escolha, a liberdade de comprar aquilo que você deseja com o seu tempo.*[3]

A qualidade daquilo que compramos com o nosso tempo é um reflexo da nossa habilidade de nos lembrarmos do que é mais importante nos momentos decisivos da nossa vida e fazermos essas coisas.

Então, como você define o seu dia? Como equilibra a necessidade de se concentrar com a necessidade de estar atento? Como impede o *urgente* de se sobrepor ao que é importante? Como distingue o que é realmente mais importante nos momentos decisivos?

Ao começar o dia, lembre-se de que, se você implementar os maximizadores que sugerimos, já terá uma poderosa perspectiva do que é importante. Ao planejar a semana, você se conectou à sua missão. Quando estabeleceu as metas, você consultou a sua inteligência orientadora e determinou, de maneira consciente e cuidadosa, as atividades mais alinhadas e mais importantes que poderia imaginar. Ao programar o dia, priorizou os *compromissos* – tanto os que eram mais vulneráveis ao fator tempo quanto os que você queria encaixar. Portanto, em termos do que é mais importante, você está dando início ao seu dia com o melhor planejamento possível.

No entanto, tenha em mente que aquilo que você estipulou é uma "estrutura flexível". Ela não só lhe fornece um parâmetro para medir a importância de uma oportunidade inesperada como lhe dá a liberdade de reconhecer as principais prioridades e de se ajustar a elas. No fim do dia, a pergunta não é "Quantas coisas eu eliminei da minha lista?", mas "Será que eu fiz aquilo que era, de fato, mais importante?".

Por isso, ao dar início ao seu dia, você se sentirá livre para se concentrar naquilo que já estava predefinido. Poderá voltar a sua atenção para o que já havia estipulado como o mais importante. Contudo, assegure-se de manter a sua inteligência orientadora em estado de alerta permanente. Quando ela lhe enviar um sinal, sintonize-o e investigue-o imediatamente. Tome a decisão de concentrar-se novamente – seja na sua prioridade predeterminada, seja na nova oportunidade ou no novo desafio que você acabou de considerar mais importante.

Ao realizar esse processo com consciência dia após dia, você desenvolverá a capacidade de rapidamente tomar decisões melhores e de mudar seu foco de atenção de maneira tranqüila, imediata e automática. Quase que num piscar dos olhos será capaz de mudar de direção, consultar a sua inteligência orientadora, decidir o que é importante e concentrar-se, novamente, com segurança. E esse processo é aprimorado pela repetição: quanto mais você o fizer, mais apto estará a ajustar a sua inteligência orientadora e aumentar a sua capacidade de realizá-lo no futuro.

Examinemos agora os três tipos mais comuns de acontecimentos que podem desafiar a sua estrutura de importância no transcorrer de um dia:

- Urgências e emergências de outras pessoas.
- Oportunidades.
- Tendências "excêntricas".

Veja, então, como você pode usar esse processo e os maximizadores que lhe mostramos neste capítulo para lidar com eles de maneira mais eficiente.

Urgências e emergências de outras pessoas

Como parte de uma pesquisa feita pelo instituto FranklinCovey com mais de 11 mil empregados de indústrias-chaves de todo o país, os participantes receberam uma lista com nove fatores e tiveram que responder à seguinte pergunta: "Entre estes fatores, qual deles é o que mais o distrai e, assim, o impede de completar suas tarefas de trabalho mais importantes?" Os dois fatores no topo – por uma grande margem – eram as "interrupções" e as "urgências e emergências de outras pessoas".[4] É muito provável que isso também seja um problema para você.

Então, o que você faz – no trabalho ou em casa – quando está concentrado em uma tarefa prioritária e alguém chega e lhe pede que faça algo com "urgência"? É nesse ponto que o processo que acabamos de mencionar – desviar/avaliar/concentrar de novo – é de grande utilidade.

1. Desvie sua atenção para a pessoa imediatamente. Duas coisas importantes resultam dessa atitude: comprovar a importância dela e do relacionamento de vocês e permitir que ela obtenha a informação de que precisa para tomar uma decisão.

2. Avalie se é ou não um Quadrante I verdadeiro. Recorra à sua inteligência orientadora. Se o relacionamento é baseado em uma visão compartilhada e de confiança, vocês podem trabalhar juntos para determinar:
   - Será que essa é uma prioridade principal do nosso sistema de valores compartilhados?
   - Será que, para nós, isso é mais prioritário do que o que eu estava fazendo?
   - Será que a necessidade é imediata ou é negociável? (Se o relacionamento não permite uma interação conjunta real, você terá que decidir sozinho/a.)

3. Concentre-se de novo. Se for um Quadrante I verdadeiro – e você está no Quadrante 1 A-1 –, faça o que for necessário para se concentrar nele. Se não for, há duas opções:

- Adiar o desvio de atenção. Você pode dizer algo como: "Sei que isso é realmente importante para você. Quero lhe dar a atenção e o tempo que merece. Estou ocupadíssimo/a agora, mas daqui a duas horas estarei livre fazer isso. Você pode esperar até lá?" Isso confirma o valor daquela pessoa, do relacionamento e do assunto. E, em geral, o resultado obtido é melhor porque dá a ela a oportunidade de se afastar da emoção do momento, refletir e se preparar. Se a resposta for "não", você pode usar a sua inteligência orientadora para decidir o que é mais prioritário – dar atenção às necessidades dela ou manter-se concentrado naquilo que estava fazendo – e agir de acordo com ela.

- Dizer "não". Se não for uma prioridade genuína, tenha a coragem de dar essa resposta. Fale com gentileza, mas com firmeza. Dê alguma explicação se for conveniente e apropriado, porém permaneça concentrado naquilo que é mais importante.

A vantagem desse tipo de abordagem é que ela lhe permite, de maneira rápida e segura, usar toda a sua capacidade de tomar decisões adequadas e concentrar-se naquilo que é mais importante. Isso também diminui a tendência a reagir ou ficar irritado por causa das interrupções. Além disso, faz as pessoas amadurecerem e intensifica os relacionamentos. Tenha em mente: você não precisa ser um "puxa-saco" para preservar um relacionamento. Na verdade, relações baseadas em um alto nível de confiança só podem ser estabelecidas quando as pessoas aprendem a interagir, com autenticidade e competência, em situações interdependentes.

Quando tiver de lidar com urgências e emergências, é importante lembrar que, embora as pessoas estejam dominadas pela emoção, elas não esperam de fato que você largue o que está fazendo para atendê-las; na verdade, ficam muito surpresas quando isso acontece. Você não precisa supor automaticamente que qualquer coisa que se assemelhe a uma comoção seja uma emergência e que se espera uma imediata reação da sua parte. E, mesmo que alguém ache que seja uma "emergência" e que espere sua reação, para você talvez isso não seja o melhor ou o mais apropriado. Como diz o ditado: "Para mim, a sua falta de planejamento não representa uma emergência." Em casa, por exemplo, se os pais estão sempre tirando um filho ou uma filha de uma enrascada por causa da falta de planejamento deles, é provável que aquele filho ou aquela filha nunca aprenda a planejar.

Há também o fato de que algumas emergências são criadas quando as pessoas estipulam prazos finais irreais – prazos que, freqüentemente, poderiam ser mudados. Por exemplo, suponha que um colega de trabalho diga: "Detesto incomodar você, mas isso é uma emergência. Prometi a um cliente que lhe entregaria esse relatório por volta das 17h, e eu realmente preciso da sua ajuda!" Você pode tentar descobrir se a promessa foi idéia do seu colega ou do cliente. Se foi o seu colega que sugeriu o horário, provavelmente o relatório ficará à toa na mesa do cliente até às 9h da manhã seguinte. Se vocês combinassem chegar uma hora mais cedo, ambos talvez conseguissem acabar as tarefas importantes do dia, preparar um bom relatório na manhã seguinte e atender a necessidade do cliente. Muitas vezes, as pessoas se precipitam e fazem às pressas coisas que poderiam ser executadas com mais calma.

O fato é o seguinte: às vezes, o que parece ser uma emergência não é. Por isso, consulte a sua inteligência orientadora e, antes de responder, defina de imediato se algo realmente faz parte do Quadrante I.

Além disso, não se esqueça de que existem várias coisas que podem ser realizadas no Quadrante II para diminuir o número de interrupções e proteger a sua concentração. No escritório, por exemplo, uma idéia é instalar sistemas que o auxiliem a se isolar para executar as tarefas mais prementes. Você pode estipular blocos de horários e fazer com que as pessoas saibam deles. Pode ter uma secretária (ou um assistente) e treiná-la para filtrar visitas e telefonemas. Outra opção é estabelecer redes de alta confiança e criar um ambiente que facilite o respeito pelo horário de concentração e uma comunicação aberta em ocasiões de grande necessidade.

Você também pode criar blocos de horários em casa – períodos em que a família sabe que você está lá para eles. Se precisar dedicar um tempo a um projeto, informe-os sobre a importância dessa atividade e monte um sistema que os lembre de que você está trabalhando. Na esfera familiar é igualmente possível estabelecer relacionamentos de confiança, de maneira que as pessoas compreendam e respeitem a sua necessidade de se concentrar. No entanto, como dissemos antes, é importante não esquecer que algumas funções, como a de pai e mãe, significam basicamente reagir a interrupções. Na medida do possível, quando você estiver em casa, as "interrupções" devem ser vistas como "oportunidades".

Tenha em mente que, quanto mais você investir no Quadrante II – em coisas como desenvolver relacionamentos, planejamento a longo prazo e manutenção preventiva –, menor será a probabilidade de ter de lidar com emergências reais no Quadrante I. Além disso, investimentos em saúde e recreação podem aumentar as suas reservas para administrar, de maneira satisfatória, as emergências que surgirem.

OPORTUNIDADES

Muitas vezes, as oportunidades que aparecem durante o dia são verdadeiramente mais importantes do que aquilo que você havia planejado. Por outro lado, algumas "oportunidades" são distrações disfarçadas. Como diferenciá-las? Como aproveitar as oportunidades e evitar os desvios?

Antes de tudo, deve ser um assunto importante – se estiver "acima da linha" nos Quadrantes I e II, ele realmente é. Se estiver "abaixo da linha" nos Quadrantes III e IV, não é. Por isso, submeta-o primeiro ao filtro da importância. Se ele vai ajudá-lo a cultivar um relacionamento, a ampliar suas reservas, a aumentar a sua capacidade de contribuir de maneira significativa ou solucionar uma crise, precisa ser levado em consideração.

Depois, ele se torna um assunto de importância *relativa*. Você está se dedicando a coisas importantes; essa oportunidade é *mais* importante? Será que ela lhe permite fazer *melhor* o que é mais importante do que aquilo que estava originalmente no seu plano? Isso é algo que a sua inteligência orientadora pode ajudá-lo a determinar. Se ela foi ajustada através de uma reflexão sobre a sua missão pessoal, do planejamento semanal e de uma cuidadosa avaliação dos momentos decisivos do passado – e se você estiver aberto à inspiração –, há uma boa chance de que um momento tranqüilo de meditação lhe mostre a resposta.

Não esqueça que, diante de algumas das melhores oportunidades que surgem, você tem apenas uma fração de segundo para tomar uma decisão. Isso é particularmente verdadeiro no que se refere às oportunidades de desenvolver um relacionamento, como aqueles momentos dedicados ao ensino das crianças pequenas, aos bate-papos com adolescentes ou a uma pronta ajuda a um colega de trabalho ou vizinho.

Por isso é essencial ajustar a sua inteligência orientadora, mantê-la sempre em estado de alerta e desenvolver o hábito de usar aquela fração de segundo para escutá-la. Se você ficar tão concentrado naquilo que está fazendo ao ponto de perder aquela janela fugaz, ela desaparecerá.

Esse é outro motivo para investir no Quadrante II. Quanto mais renovado você estiver – física, mental e espiritualmente –, mais aberto e receptivo estará a essas oportunidades momentâneas. O Quadrante II não é passivo, é a chave para uma abordagem de vida dinâmica, ativa e receptiva.

Sucumbindo a tentações

Às vezes, o que mais desafia a "importância" é um desejo inconsciente de evitar determinado projeto ou alguma tarefa – ou a falta de força de caráter para levar essa atividade adiante.

Suponha, por exemplo, que você seja um gerente e que o seu dia se pareça com este:

Tarefas				Compromissos
Rever recomendações da equipe.	B-2	√	6h	
Redigir proposta.	B-1		7h	
Programar reuniões de orçamento.	A-3	√	8h	E-mail; A-1 (45min/15min)
Rever agenda para quarta-feira.	A-1	√	9h	A-2; A-3 (30min/20min)
Telefonar para Márcio.	B-3		10h	Planejamento a longo prazo.
Resolver problema da empresa X.	A-2	√	11h	
Ler jornais da área financeira.	C-1		12h	Almoço com Alex.
			13h	Pré-estréia de filme.
			14h	Reunião.
			15h	
			16h	Telefonar para Renato.
			17h	
			18h	
			19h	Jantar com os Silva.
			20h	
			21h	
			22h	

Você chega ao escritório às 8h e, apesar das interrupções, consegue eliminar os três primeiros itens da lista. Às 9h45 levanta-se e anda em volta da mesa. Em cinco minutos terá um compromisso de duas horas, agendado com você mesmo, para fazer um planejamento a longo prazo – tarefa que você identificou como a mais importante do dia.

Nesse momento, no entanto, você está se sentindo irrequieto. Já trabalhou uma ou duas horas e, de repente, o planejamento a longo prazo lhe parece entediante. Você olha para o corredor e vê vários de seus colegas reunidos ao redor do bebedouro. Tirar um tempo para bater um papo com eles, responder aos seus e-mails ou eliminar mais compromissos da sua lista do "a qualquer hora" pode lhe parecer muito mais atrativo do que aquele planejamento. Você não está decidindo conscientemente: "Não vou fazer o que está nos meus planos"; está simplesmente correndo o risco de deixar a sua prioridade escapar, se distrair e perder a concentração. Houve uma mudança no sentido de perspectiva que você tinha quando fez o planejamento no começo da semana.

Isso é o que chamamos de "momento da verdade". É quando se pergunta: "O que é realmente mais importante agora?"

Se você revir o seu planejamento semanal e consultar a sua inteligência orientadora, provavelmente perceberá que a resposta é o seu planejamento a longo prazo e que agir com integridade naquele momento significa manter o compromisso com você mesmo. Pode tentar alguma forma de ajuda – passar cinco minutos fazendo "ginástica aeróbica de escritório", imaginar os resultados de um planejamento de qualidade a longo prazo ou fazer um lanche rico em proteínas que manterá estável o seu nível de açúcar do sangue . Mas, na realidade, se você tomar a decisão de seguir com o planejamento, no fim do dia se sentirá muito melhor.

Manter as suas prioridades, mesmo em meio a tentações, é uma função do hábito e do caráter. Quanto melhores forem as decisões que você tomar quando estiver inclinado a sucumbir à tentação, mais fortes estarão o seu caráter e a sua habilidade de fazer escolhas semelhantes no futuro. Parece um exercício – se você quer desenvolver um músculo, precisa exercitá-lo; se deseja desenvolver o seu caráter, também tem que exercitá-lo. Talvez seja difícil. Pode ser que sue um pouquinho e experimente um desconforto temporário.

Mas a verdade é que você é capaz de fazer isso. E as recompensas, definitivamente, valem o esforço. No fim do dia, você pode ir para a cama sabendo que realizou o que era mais importante – que o seu planejamento a longo prazo (que afetará a qualidade de cada dia futuro) foi concluído – e que, no processo, você ficou mais forte.

Lembre-se de que a vida é o processo do tornar-se. Orientar-se bem não é algo que você deva esperar fazer com perfeição todos os dias. Contudo, é uma coisa que pode ser aperfeiçoada. Dia após dia, ao recorrer à sua inteligência orientadora – ao identificar o que é importante, ao avaliar a sua experiência e ao corrigir rumos –, você executará cada vez melhor o que é mais importante.

OFERECENDO O TEMPO COMO PRESENTE

ROGER

Numa segunda-feira, quando eu estava no meio de um projeto importante para o qual tinha um prazo muito exíguo, recebi um telefonema de uma de nossas filhas. Na sexta-feira seguinte haveria o Dia dos Avós na escola da filha dela. Será que eu poderia ir?

A minha inteligência orientadora me disse imediatamente que isso era importante, mas eu sabia que seria muito difícil comparecer. Entretanto, na sexta-feira à tarde lá estava eu na entrada da escola.

Quando entrei na sala da minha neta, vi seus olhos brilharem de alegria. Ela agarrou a minha mão e me levou para a cadeira. Eu assisti à participação dela no programa que havia sido cuidadosamente preparado. Em seguida, cortamos juntos a silhueta dela em um papel preto e a colocamos no quadro de avisos.

Enquanto eu estava lá, sentado ao lado dela, percebi que esse programa do Dia dos Avós era tão importante para minha neta quanto o meu projeto era para mim. A minha presença era o reconhecimento daquela importância – e da importância dela para mim. E foi pelo fato de que aquela atividade era importante para ela – e de ela ser importante para mim – que eu estava lá.

Como dissemos antes, o tempo é a moeda do equilíbrio da vida, o quantificador do seu valor. E como isso é verdade, um dos maiores presentes que podemos dar aos outros é o presente do tempo. Ao considerarmos as prioridades "importantes" de nossa vida, precisamos nos lembrar sempre de que as pessoas e os relacionamentos estão entre elas. Tirar um tempo para ouvir um colega de trabalho, a sua mulher ou o seu marido, ou para brincar com o seu filho, revela o valor que atribuímos àquela pessoa e ao relacionamento.

Além disso, arranjar um tempo para contribuir para o bem-estar de outros representa, em nossa sociedade, um indicador do quanto valorizamos aquela pessoa e os aspectos positivos e os benefícios de vivermos em sociedade. Como alguns observaram:

Ganhamos a vida com o que conseguimos; ganhamos a vida com o que oferecemos.

– Sir Winston Churchill

Precisamos dedicar algum tempo aos outros membros da raça humana. Mesmo que seja uma coisa ínfima, faça algo pelos outros – algo pelo qual você não receba nada, exceto o privilégio de tê-lo feito.

– Albert Schweitzer

O serviço que você presta aos outros representa, na verdade, o aluguel que pagamos por nosso quarto nesta Terra.

– Sir Wilfred T. Grenfell

Algumas coisas são importantes porque elas, simplesmente, *são* importantes. A família, o trabalho, a contribuição e a ajuda são importantes. São os princípios. Cada um deles é essencial para o estabelecimento da qualidade e do equilíbrio em nossa vida. Por isso, ao imaginarmos no que podemos gastar nossos preciosos recursos de tempo, precisamos nos certificar de que investimos nesses princípios que geram o equilíbrio de vida porque eles *são* as coisas mais importantes.

CAPÍTULO SEIS

O DINHEIRO É IMPORTANTE

Existem dois tipos de pessoas neste mundo: aquelas que entendem de juros e aquelas que não têm a menor noção desse assunto. Aquelas que entendem recebem juros; aquelas que não entendem pagam juros.

Rex e Janie eram bons amigos nossos. Nós os conhecemos quando estávamos cursando a faculdade. Eles eram parcimoniosos, trabalhavam muito e gastavam pouco. Na verdade, nosso grupo sempre brincava com eles porque, para Rex, uma "saída especial" – mesmo no aniversário de namoro deles – significava levar Janie para comer um hambúrguer no McDonald's.

Nos anos que se seguiram, Rex e Janie administraram o orçamento da família com um único salário. Viviam dentro de suas posses e, regularmente, depositavam dinheiro em uma poupança. Ensinaram os filhos a serem felizes com algumas roupas boas em vez de terem o armário abarrotado de peças de grife. Durante as férias da família, eles acampavam e usavam o barco que possuíam, que era muito bom e que Rex havia comprado de segunda mão e com dinheiro vivo – centavos economizados. Viveram na mesma casa durante anos. Quando não tinham dinheiro para fazer melhorias, decidiam que seriam felizes com o que tinham.

Aos 42 anos, Rex soube que estava com câncer no pâncreas. Ele morreu antes de seis meses. Deixou Janie com seis filhos, cujas idades variavam entre 5 e 19 anos. Mas também lhe deixou uma boa apólice de seguro, uma poupança e nenhum débito.

Como conseqüência, Janie pôde passar todo o ano seguinte em casa ao lado dos filhos, confortando-os até que se sentissem seguros e estivessem todos na escola. Ao contrário de muitas mulheres sozinhas, ela não precisava discutir com eles por causa de "coisas" que eles não tinham mais condições de comprar. Como haviam aprendido a viver de modo frugal, estavam todos dispostos a cooperar. Além disso, ela não teve de usar o dinheiro da apólice de seguro e da poupança para saldar dívidas deixadas pelo marido.

Após um ano, Janie pôde voltar para a faculdade e completar o mestrado – sem se endividar. Como ainda possuía um fundo de reserva, embora tivesse conseguido um emprego excelente, ela não se sentia pressionada a ganhar o mesmo salário que Rex.

A mentalidade "comedida" daquele casal – seu modo de vida sóbrio e marcado pela disciplina e pela previdência – proporcionou a Janie a grande liberdade de concentrar-se no que era mais importante, mesmo durante uma época que poderia ter sido terrível. E, apesar da parcimônia deles – ou talvez por causa dela –, ela disse que nunca houve um período em que não tivessem podido se divertir, ser felizes e viver uma vida plena.

Vamos agora comparar a experiência deles com a de outro casal – infelizmente, nós dois.

Quando nos casamos, éramos ambos estudantes universitários lutando para viver com um orçamento apertado. Passamos por períodos bem duros. Éramos cuidadosos com o dinheiro. Sempre fizemos seguro, mas não investíamos de verdade. Pelo nosso paradigma operacional básico, a melhor maneira de melhorarmos a nossa situação financeira era ganharmos mais.

E foi o que fizemos. Nos trinta anos que se seguiram, a nossa situação financeira melhorou. Mudamos várias vezes e sempre moramos em casas bem modestas. Conseguimos pagar colégios, contas de médicos e aparelhos ortodônticos para os nossos sete filhos, fazer donativos para a igreja e instituições de caridade e, até mesmo, economizar um pouco para a aposentadoria. Usávamos cartões de crédito, mas a nossa meta era chegarmos a um ponto em que ficaríamos completamente livres de dívidas – inclusive do débito com a nossa casa – e podermos sempre pagar tudo com dinheiro vivo.

Após alguns anos, nosso negócio cresceu, chegou a atingir um valor de mercado significativo e, de repente, nos vimos totalmente livres de dívidas.

Não precisávamos mais nos preocupar se alguma coisa que queríamos estava em liquidação ou não. Tínhamos recursos suficientes para realizar o que considerávamos ser algumas das metas importantes da família.

Começamos a construir uma casa nas montanhas – em um lugar lindo, onde poderíamos apreciar a natureza, trabalhar nos nossos projetos de livros e proporcionar a várias pessoas da família e a seus convidados uma atmosfera relaxante, inspiradora e unificadora. Ao mesmo tempo, começamos a construir uma casa nova. Aquela em que havíamos morado durante 22 anos mal podia acomodar as nossas reuniões de família, que naquela época já tinha 29 membros. Por isso investimos muito tempo e dinheiro nesses dois projetos.

Foi então que a tempestade desabou. Em um curto período, um de nossos empreiteiros enlouqueceu, largou o serviço, deixou o projeto inacabado e não pagou os fornecedores. Assim, nos vimos devendo cerca de 250% a mais do que havíamos combinado. Ao mesmo tempo, as ações da nossa empresa despencaram, o banco ficou alarmado e as vendeu, os nossos bens foram penhorados, e, além de termos tido de pagar um imposto enorme sobre ganhos de capital, ficamos sem recursos para acabar qualquer um dos projetos.

Em meio a tudo isso, tivemos problemas financeiros com um empreendimento novo. Nosso sócio – uma empresa – deu uma guinada de 90º em sua estratégia. Outro sócio – um dos investidores principais – de repente perdeu todo o seu dinheiro em uma queda do mercado de ações. Logo a seguir, a empresa do nosso plano de saúde faliu e o número do nosso cartão de crédito foi roubado. Sentimos como se um vilão encasacado nos tivesse prendido em suas garras e estivesse pronto para nos amarrar na linha do trem, e não havia nem sinal do herói!

Não há a menor sombra de dúvida – para nós, aquele período foi muito difícil. Quando estávamos pensando em nos aposentar e encontrar novas maneiras de contribuir, fomos jogados de volta ao ponto onde tínhamos estado anos atrás, e, na verdade, nos vimos começando tudo novamente. Foi uma experiência humilhante e refreadora. Fez com que víssemos, de maneira mais clara ainda, aquilo que já sabíamos há muito tempo: não existe segurança nas coisas materiais, que são, na melhor das hipóteses, transitórias. Ela nos ajudou a perceber que, embora você esteja se dando bem em um ou dois "aspectos da vida", isso não significa que possa ignorar as outras áreas sem sofrer as conseqüências.

O problema não foi causado pelo fato de termos sido péssimos administradores de dinheiro. Tínhamos feito muitas coisas certas. Mas, se tivéssemos estado alinhados com o princípio fundamental de investir em vez de consumir, até mesmo aquelas coisas terríveis que nos aconteceram não teriam causado um desastre econômico pessoal tão grande.

O dinheiro e o equilíbrio de vida

Como você já deve ter percebido, o conteúdo deste capítulo está bastante relacionado às nossas experiências pessoais. Representa algo que, para começarmos a compreender, pagamos um preço muito alto. Elas representaram o forno no qual foram fundidos novos níveis de conhecimento, a disciplina e a união no nosso relacionamento. Também nos deram uma nova amplitude de compreensão sobre a maneira como o dinheiro afeta, integralmente, cada aspecto do equilíbrio de vida.

Assim como o tempo, o dinheiro é um incrível quantificador de valor. O *que* compramos com ele mostra aquilo que é importante para nós – pelo menos naquele momento. A *maneira como* compramos representa o nosso caráter, a nossa disciplina e o valor que depositamos em nossos relacionamentos com aqueles que estão (ou deveriam estar) envolvidos no planejamento de nossos gastos. O *modo* como gastamos e o *motivo* pelo qual gastamos afetam muito a qualidade da nossa vida e dos nossos relacionamentos, bem como a herança que deixamos para os nossos filhos – não apenas em termos de valor monetário mas também em termos de caráter, tino financeiro e habilidade de lidar de forma positiva com assuntos dessa natureza.

O dinheiro está indissoluvelmente ligado àqueles elementos constitutivos da vida que já examinamos – o trabalho, a família e o tempo. Reflita: quanto tempo nós passamos tentando ganhar dinheiro, gastando dinheiro, monitorando o dinheiro, administrando o dinheiro, cuidando das coisas que compramos com ele e lidando com problemas que ele gera nos relacionamentos? Até que ponto a dependência que temos do dinheiro que recebemos por nosso trabalho afeta a quantidade de tempo que podemos dedicar à família, restringe nossa liberdade de considerar outro emprego e, até mesmo, a nossa contribuição no trabalho quando, por razões econômicas, tememos "rodar a baiana"? Até que ponto a controvertida matéria sobre "pais e mães que trabalham fora" representa, basicamente, uma questão de ordem econômica?

O bom de tudo isso é que, como o dinheiro se inter-relaciona com todos os outros elementos constitutivos da vida, uma melhoria na habilidade de administrá-lo se refletirá, de maneira significativa, em todos os outros aspectos da nossa vida. Portanto, aprender a gerenciá-lo com sensatez – gastar menos do que ganhamos, economizar para um momento de necessidade e investir em vez de consumir – corresponde a um fantástico maximizador em todas as áreas do equilíbrio de vida, porque nos ajuda a fortalecer o nosso caráter e os nossos relacionamentos, a aumentar a nossa eficácia como trabalhadores e melhorar a nossa vida pessoal e familiar.

E agora, mais do que nunca, existe uma necessidade suprema de fazermos isso. Apesar da prosperidade sem precedentes que a economia americana viveu nas últimas décadas e das famílias com dois salários, as pesquisas apontam um aumento crescente dos débitos nos cartões de crédito, dos débitos domésticos, do abandono de pagamentos de dívidas de hipotecas e de dívidas de cartões de crédito e de pedidos de falência de pessoas físicas.[1] Elas também identificam os problemas financeiros como uma das principais e constantes causas de divórcio.[2] Mostram ainda uma significativa correlação entre estresse financeiro, faltas ao trabalho e desempenho da função. Além disso, revelam que metade das pessoas empregadas ainda não começou a economizar para a aposentadoria e que aquelas que já fizeram isso não estão economizando o suficiente.[3] A verdade é que muitas pessoas – mesmo as que têm rendas de até seis dígitos – ainda estão lutando para pagar as suas dívidas.

Por causa da insegurança do mercado de trabalho, das oscilações das bolsas de valores, do número cada vez menor de planos de aposentadoria fixos e de acontecimentos como desastres naturais, ataques terroristas e problemas de saúde inesperados que poderiam jogar qualquer um de nós, a qualquer momento, em uma situação de grande dificuldade, saber administrar o dinheiro com sensatez tornou-se uma habilidade de sobrevivência fundamental. E a realidade é que essas últimas décadas de prosperidade sem precedentes e de crédito fácil *não* nos prepararam para lidar com as crescentes inseguranças econômicas que estamos enfrentando.

Considerando tudo isso, neste capítulo nós o orientaremos a examinar:

- A maneira como você vê o dinheiro.
- Como o paradigma de investimento do Quadrante II pode ajudá-lo a melhorar, e muito, o modo de administrar o seu dinheiro.
- Maximizadores muito eficazes que o auxiliam a tomar as melhores decisões financeiras.
- A maneira de você construir uma verdadeira fortuna.

Como você vê o dinheiro?

Reflita por um instante sobre a maneira como você se sente quando ouve a palavra "dinheiro". Qual é a sua reação emocional imediata? É de confiança, tranqüilidade, segurança e esperança? Ou é de ansiedade, descrédito, medo, inadequação ou culpa? Qual a origem desses sentimentos? Que expectativas e experiências estão ocasionando o seu nível de conforto ou desconforto naquilo que se relaciona ao dinheiro?

Quando se trata de dinheiro, vivemos em um mundo que, freqüentemente, provoca a ilusão em vez da realidade. No que se refere a essa questão, considere por um momento alguns dos mitos em que acreditamos.

Mito um: dinheiro e "coisas" = sucesso e felicidade

Muitos de nós fomos programados para enxergar "sucesso" em termos de símbolos – um contracheque gordo, um escritório maior, uma casa mais suntuosa, um BMW, roupas de grife ou uma casa numa ilha paradisíaca. Pressupomos que as pessoas que possuem essas coisas vivem aquela vida feliz, bem-sucedida e segura que todos gostaríamos de ter. E imaginamos que, se alcançarmos o sucesso, nós também teremos essas coisas. Na realidade, *queremos* ser bem-sucedidos para *podermos* tê-las.

Existem três problemas sérios nessa pressuposição.

Primeiro: muitas pessoas que possuem essas coisas, além de estarem sempre estressadas, também têm dívidas enormes. E, embora seu estilo de vida acarrete gastos altos, elas não dispõem de uma riqueza real nem de segurança financeira. Possuem "ótimas fontes de renda, casas grandes, dívidas consideráveis, mas pouco valor líquido".[4] Além disso, muitos dos que são de fato bem-sucedidos não têm todas essas "coisas".

Segundo: símbolos não significam riqueza. O escritório, o barco e o BMW podem ser fantásticos, mas eles não proporcionam felicidade necessariamente, tampouco representam o tipo de colaboração, no local de trabalho e na sociedade, que dê a alguém uma profunda e plena satisfação por saber que sua contribuição faz diferença. Além disso, muitas pessoas descobrem que, quando as novidades deixam de ser novidades, elas se sentem tão insatisfeitas com a vida quanto se sentiam antes de terem adquirido aquelas "coisas".

Terceiro: os símbolos muitas vezes são adquiridos a um enorme custo, em termos do comprometimento da saúde e do fim de relacionamentos, tanto em casa quanto no trabalho – um preço que excede em muito o valor deles. Aqueles que adquirem símbolos dessa maneira freqüentemente perdem a capacidade de discernimento e acabam deprimidos e esgotados, criando problemas para si próprios, para as suas famílias e para as empresas em que trabalham.

Suponha primeiro que você pudesse ter a casa na ilha, as roupas de grife, etc., mas que o preço de tudo isso significasse não ter tempo para a família, enormes pagamentos de juros, estresse por causa de uma renda que mal cobre as suas obrigações financeiras, tensão no casamento e inexistência de uma salvaguarda, caso perdesse o emprego. Depois pense na possibilidade de ter uma casa mais modesta e menos "brinquedinhos", mas, por outro lado, possuir mais flexibilidade, mais tempo para a família, mais dinheiro aplicado, menos estresse e nenhuma dívida de consumo. Qual das opções você escolheria?

As pesquisas mostram que a felicidade não depende de dinheiro e de bens. E a maioria de nós, provavelmente, concordaria com isso. Na verdade, "as melhores coisas da vida não são materiais". Mesmo assim, continuamos atraídos pelo mito da fórmula "dinheiro e coisas = sucesso e felicidade" que nos leva a longas jornadas de trabalho e a débitos de consumo imensos para adquirir bens que, no final, só exacerbam o problema.

Mito dois: a melhor estratégia de crescimento financeiro é aumentar a renda

Quando estamos atravessando uma fase de estresse por causa de dinheiro ou queremos ter mais independência financeira, a solução mais óbvia parece ser aumentar a renda. Como conseqüência, decidimos fazer horas extras, arrumar um segundo emprego ou estabelecer que o marido e a mulher trabalharão fora.

No início, algumas coisas parecem melhores. Se antes enfrentávamos dificuldades, descobrimos que agora somos capazes de pagar as contas. Conseguimos proporcionar mais conforto à família. Podemos ter uma casa mais luxuosa, roupas mais sofisticadas, carros mais caros – e por isso os compramos.

Contudo, constatamos também que ficamos menos tempo em casa, que a relação custo/trabalho é maior e que o imposto a pagar também é maior. E, por causa dos hábitos "de dívidas de consumo", os nossos gastos aumentam proporcionalmente. Logo, percebemos que, embora estejamos sacrificando aquele tempo vital destinado à família e a nós mesmos para melhorarmos de vida, nos encontramos, novamente, em dificuldades financeiras – só que em um patamar mais elevado. Continuamos vivendo uma situação delicada, sem reservas, e pensando: "Quando eu ganhar os próximos $50.000 começarei a investir em algo que me traga um retorno maior."

Como Robert Kiyosaki observou em seu livro *Pai rico, pai pobre:*

> *...[mais] dinheiro não solucionará o problema; na verdade, pode até mesmo acentuá-lo. O dinheiro, muitas vezes, evidencia nossas tristes falhas humanas. Freqüentemente desperta a nossa atenção para aquilo que não conhecemos. É por isso que muitas vezes uma pessoa que ganha muito dinheiro de repente – digamos uma herança, um aumento salarial ou um prêmio na loteria – logo retorna àquele mesmo estágio de caos financeiro, isto é, se não ficar pior do que estava antes de receber o dinheiro. O dinheiro só faz acentuar aquele fluxo de caixa dando voltas em sua cabeça.*[5]

Mais do que aquilo que conquistamos, a maneira como administramos o que temos é que faz diferença. Como Thomas Stanley e William Danko apontaram em *O milionário mora ao lado*, a maioria dos americanos que realmente possuem paz de espírito proporcionada por uma segurança financeira não aparentam ser tão ricos assim. Eles economizam, investem e vivem vidas simples. A maior parte mora em casas modestas, usa roupas baratas e não dirige carros importados. Eles possuem uma quantidade expressiva de bens, mas não demonstram ser consumistas. A maioria está casada e, em 50% dos casos, as esposas não trabalham fora. E, como mencionamos no capítulo dois, eles não herdaram o dinheiro que possuem, tampouco o ganharam na loteria ou em algum show de prêmios. São pessoas que simplesmente aprenderam a pôr em prática os princípios de uma administração financeira eficiente.[6]

Mito três: dinheiro = privilégio = filho bem-sucedido

Por causa da necessidade de ganharmos mais dinheiro para sustentar nossas famílias, é fácil cairmos na armadilha de pensar que seremos pais melhores se ganharmos mais e, assim, proporcionarmos mais privilégios a nossos filhos. Achamos que, se pudermos dar-lhes roupas melhores, carros melhores e escolas melhores, eles terão mais oportunidades de serem bem-sucedidos. E isso significa que estamos fazendo um trabalho excelente.

Contudo, proporcionar coisas e oportunidades para *realizar* é algo muitas vezes conseguido à custa de propiciar a oportunidade de *tornar*-se. Todos queremos que os nossos filhos desenvolvam traços de caráter como a honestidade, a integridade e o comedimento. Será que mais dinheiro e "coisas" os ajudarão a conseguir isso? Não necessariamente. Na realidade, as evidências indicam que, em geral, o inverso acontece com mais freqüência – quanto mais dinheiro e privilégios as crianças tiverem, menos oportunidades terão de desenvolver traços de caráter que são aprendidos através do sacrifício, da cooperação e da necessidade de priorizar e escolher.

Além disso, a necessidade econômica é apenas uma das quatro necessidades básicas e vitais de todos os membros da família. E ela é pelo menos tão importante quanto as necessidades mentais, espirituais, sociais/emocionais. Se estamos sempre fora de casa – física e/ou mentalmente – e preocupados apenas com o fato de ganharmos dinheiro, talvez não consigamos atender essas outras necessidades cruciais.

Seria muito bom se nós, como pais e parceiros, considerássemos todo o espectro das necessidades da família e determinássemos se vale a pena obtermos dinheiro extra a esse custo. Há um ponto em que somos mais necessários aos membros da família do que aquilo que o dinheiro extra pode proporcionar. Trabalhar com a família para resolver preocupações de ordem financeira talvez seja muito mais produtivo do que comprar algo novo para eles.

Como resultado desses e de outros mitos, muitos de nós tendemos a ver o dinheiro como um recurso limitado. Parecemos nunca ter o suficiente e estamos sempre buscando meios de ganhar mais. Em geral, trabalhamos jornadas longas. Arrumamos um segundo emprego. Sacrificamos o insubstituível horário da família e, no final, descobrimos que os recursos financeiros extras não resolvem necessariamente o problema.

É bem provável que a maioria de nós afirme saber que o dinheiro não pode comprar a felicidade e que a verdadeira paz de espírito vem da segurança financeira, e não de um excesso de "coisas". Mas uma mosca na parede jamais acreditaria nisso! Ela veria as pessoas correndo de uma loja para outra, navegando na Internet ou comprando com o cartão de crédito "desejos" assim como "necessidades", fazendo dívidas enormes, pagando juros durante anos – às vezes brigando com o marido ou a mulher –, lamentando a falta de fundos e tentando se livrar da dor de cabeça que parece surgir toda vez que recebem uma conta pelo correio ou tentam equilibrar o extrato bancário. Uma mosca observadora seria forçada a concluir que adquirir "coisas" é algo muito apreciado, mas também muito oneroso para quase todos nós.

Examinando as suas expectativas em relação ao dinheiro

E, então, de onde é que tiramos os paradigmas que nos levam a tomar as decisões que provocam esses resultados?

Muitas vezes agimos assim em resposta aos numerosos anúncios de propaganda e à ação das empresas de cartão de crédito, que nos incentivam a "Comprar agora e pagar depois". No ano 2000, essas empresas enviaram 3,3 bilhões de propostas de adesão (cerca de trinta por casa) nos Estados Unidos, apesar de uma pessoa que possui cartão de crédito já carregar, em média, nove deles na carteira.[7] Aliado à versão "tenha tudo" do sonho americano e à enxurrada de anúncios, o estímulo ao uso do crédito e a sua pronta disponibilidade provocam uma irresistível atração por um estilo de vida consumista (que alguns chamam de hedonista). Como resultado dessas e de outras influências, a maioria de nós tende a *ver* o dinheiro de uma forma que nos induz a tomar decisões que resultam em dívidas e frustração.

Outros paradigmas do dinheiro nós herdamos de parentes, amigos, companheiros e das experiências que vivemos enquanto nos tornávamos adultos.

ROGER

Lembro-me das ocasiões, quando eu era criança, em que o meu pai chegava em casa com um carro novo. Era sempre um acontecimento. A compra nunca era previamente discutida – às vezes, nem mesmo com a minha mãe. Ele simplesmente aparecia com um carro novo e imaginava que todos ficaríamos felizes. Na cabeça dele, isso representava uma das maneiras de demonstrar o seu amor pela família.

Por outro lado, também me lembro de um dia ter ido ao banco com meu pai. Ele precisava de dinheiro para financiar um projeto, e o gerente lhe concedeu o crédito solicitado aceitando como garantia apenas sua assinatura. No momento em que estávamos saindo, o gerente me puxou e disse: "Você deveria se sentir muito grato pela herança que seu pai lhe deu. Já o vi atravessar circunstâncias muito difíceis, situações nas quais outros homens teriam se declarado falidos. Mas o seu pai manteve-se firme, pagou todas as dívidas e fez o que era correto, não importa o quê. Eu arriscaria a minha carreira para dar a ele qualquer coisa que me pedisse, porque sei que o seu pai sempre cumpre o que promete."

REBECCA

Lembro-me de que, em várias ocasiões, meus pais me contaram a história do "piano da Nancy". Nancy era uma excelente estudante de música. Quando ela terminou o segundo grau, seus pais lhe deram um piano de cauda. Mas depois ela foi para a universidade e mais tarde se casou, e assim o belo piano ficou encostado na sala de estar da casa deles.

O que meus pais queriam demonstrar com essa história é que, se o piano tivesse sido comprado na época em que ela estava tendo aulas em casa, ele teria sido muito mais útil. O "piano da Nancy" tornou-se o símbolo da importância da escolha do momento, e isso influenciou muitas das decisões que tomamos quando se tratava de proporcionar oportunidades para nossos filhos.

Mas o que aquela história não se tornou – pelo menos na minha vida – foi o símbolo da importância da escolha do momento em termos financeiros. Embora essa não tivesse sido a intenção de meus pais, aquela visão delineou uma série de decisões que tomamos em nossa família de comprar coisas quando achávamos que elas seriam mais úteis, e não necessariamente quando podíamos adquiri-las.

Desde então me pergunto se a verdadeira dúvida não seria: "Será que os pais de Nancy deveriam ter comprado o piano antes?", mas " Caso eles tenham precisado de um financiamento para fazer isso, será que deveriam tê-lo comprado?". Nancy parecia estar se saindo muito bem com o piano mais barato porém funcional que tinha antes.

As experiências da infância têm um grande peso nas atitudes e hábitos que levamos conosco para o casamento, bem como nas dificuldades que encontramos quando tentamos fundir duas concepções financeiras e duas contas bancárias em uma só. É fácil perceber como a administração das finanças pode se tornar um grande desafio no casamento quando combinamos os diferentes projetos de duas pessoas em áreas de possíveis atritos, como o poder (em geral, para os homens), a segurança e a auto-estima (em geral, para as mulheres), a integridade e a confiança (para ambos no relacionamento), e o fardo psicológico de viver com dívidas. Na realidade, o impacto dos problemas financeiros na vida emocional das pessoas, independentemente do seu estado civil, é tão significativo que hoje, além dos planejadores e consultores financeiros, existem nos Estados Unidos "professores de dinheiro" e "mentores de dinheiro", que ajudam as pessoas a analisarem seus projetos e obstáculos psicológicos em relação aos seus hábitos de consumo.

No que se refere ao tempo e ao dinheiro, o nosso sucesso não tem muito a ver com planejadores e folhas de balanço, mas com atitudes e paradigmas. Na verdade, as pessoas que administram o tempo ou o dinheiro com eficiência *vêem* de forma diferente. Isso significa mais precisamente que, em vez de *urgência* e *consumo*, elas vêem em termos de *importância* e *investimento*. E, como *vêem* de modo diferente, elas *agem* de maneira diferente. E, conseqüentemente, *obtêm* resultados diferentes.

Tire uns minutos para examinar alguns dos seus paradigmas sobre o dinheiro e faça a si próprio as seguintes perguntas:

1. Por que o dinheiro é algo que me afeta de modo tão contundente (se for assim com você)? Que experiências – principalmente com pessoas importantes em minha vida – deram origem à maneira como me sinto em relação ao dinheiro?

2. Será que o meu senso de auto-estima está vinculado a quanto eu possuo em valores financeiros?

3. Até que ponto os assuntos relacionados ao dinheiro interferem na minha escolha de trabalho, na maneira como me sinto em relação à segurança no emprego e no meu desempenho profissional?

4. Até que ponto os assuntos relacionados a dinheiro afetam os meus relacionamentos e as minhas decisões em casa?

5. Se, por acaso, alguém viesse a saber da minha situação econômica – incluindo o meu saldo bancário, os meus extratos de cartões de crédito, o meu plano de aposentadoria e os meus gastos nos últimos seis meses –, eu me sentiria bem ou embaraçado?

6. Tendo como base a maneira como gasto o dinheiro, o que as pessoas imaginariam ser as coisas mais importantes da minha vida?

7. Será que eu espero, economizo e pago com dinheiro vivo as coisas que quero comprar ou será que as adquiro de imediato com o cartão de crédito e pago juros, assim como o custo de administração?

8. Tendo como base os meus hábitos de consumo, o que meu marido ou a minha mulher pensaria ser mais importante para mim: o diálogo e o consenso em relação aos gastos ou a compra das coisas que quero?

9. Seja por meio de palavras ou de ações, o que será que estou ensinando aos meus filhos sobre gerenciamento financeiro?

10. De quanto eu acho que preciso para viver uma vida equilibrada e tranqüila?

Para aprendermos a lidar com esses problemas, precisamos ter um profundo senso de autoconhecimento. Talvez não queiramos fazer isso. Podemos não estar interessados em enfrentar a possibilidade da nossa própria inadequação. Mas, se as nossas expectativas não forem ao mesmo tempo reais e realistas, não será possível legitimá-las.

Por isso, nós o encorajamos a se fazer essas perguntas. Avalie os seus paradigmas e examine, com atenção, o ponto em que você está agora. Faça uma auditoria pessoal. Avalie os seus bens. Examine as suas dívidas. Analise a sua aposentadoria. Some tudo o que você está pagando de juros atualmente. Faça a si mesmo a seguinte pergunta:

Se eu continuar por esse caminho em que estou, qual será a minha situação financeira daqui a cinco, dez ou vinte anos?

Como dissemos anteriormente, as pessoas que efetivamente sabem administrar o dinheiro *vêem* de maneira diferente. E, por *verem* de maneira diferente, elas *agem* de maneira diferente e *obtêm* resultados diferentes.

Vamos analisar agora como o paradigma do Quadrante II, que introduzimos no capítulo cinco, pode também promover uma diferença fundamental na maneira como você *vê* e administra o dinheiro – e nos resultados que alcança.

A ADMINISTRAÇÃO DO DINHEIRO NO QUADRANTE II

Tente se lembrar da Matriz de Gerenciamento de Tempo. Reflita sobre como os quatro quadrantes identificam, de maneira adequada, o modo como usamos o tempo e o dinheiro:

Matriz de Gerenciamento de Dinheiro

	Urgente	*Não urgente*
	Quadrante I	Quadrante II
Importante	Contas. Pagamentos. Necessidades imediatas. Multas de impostos. Julgamentos. Despesas médicas para você, membros da família ou amigos.	Economias. Investimentos. Seguro. Investimento de capital (ex.: educação, treinamento). Investimentos e melhorias nos negócios. Investimentos em saúde preventiva. Investimentos em sistemas pessoais ou ferramentas.
	Quadrante III	Quadrante IV
Não importante	Consumo por impulso. Juros sobre empréstimo. Diversão em excesso. Presentes por se sentir culpado/a. Excesso de equipamentos e aparelhos. Custos de taxas de emergência (taxa de entrega rápida porque você quer algo agora, neste momento).	Desperdício. Perda por causa de um mau julgamento. Hábitos autodestrutivos. Jogos de azar. Excesso de compras (ex.: um terceiro carro). Equipamentos com recursos que você nunca usa. Mais roupas do que você pode usar. Idas e idas a shoppings. Qualquer coisa que seja considerada um desperdício quando comparada aos valores e princípios.

Ao analisar a Matriz de Gerenciamento de Dinheiro, avalie seus hábitos de consumo atuais. Em que você está gastando a maior parte do seu dinheiro?

Assim como vimos na questão referente ao tempo, muitas pessoas passam suas vidas financeiras nos Quadrantes I e III, o que significa: pagando contas, atendendo necessidades imediatas e comprando por impulso. E, quando seus desejos excedem os recursos de que dispõem, elas compram à prestação. Acumulam dívidas. Pagam juros. Ficam frustradas. Acham que aumentar a renda é a única solução. E, assim, se a pessoa é casada, ela e o cônjuge trabalharão fora ou um deles arrumará um segundo emprego. Dessa forma, passam a ganhar mais. Compram mais. Adquirem uma casa maior e outro carro. Gastam mais dinheiro com babás, roupas de trabalho e comida pronta. Contraem mais dívidas. Pagam mais juros e também mais impostos. E nunca progridem. E, se algo inesperado acontecer e não puderem receber um ou dois salários, se vêem em apuros.

Mais uma vez, a solução está no Quadrante II. Esse quadrante não é apenas o quadrante da *importância* – é também o quadrante do *investimento*. É o quadrante da independência financeira. E é nele que as pessoas efetivamente ricas colocam o seu dinheiro. Como Stanley e Danko apontam, a maioria dos americanos que ficam "milionários" investem, em média, cerca de 20% da sua renda tributável anual em bens que geram riqueza.[8] Dessa forma, criam uma "escassez artificial". Em seguida, colocam em prática os princípios da diligência e da parcimônia para viver com o que lhes sobrou. Como resultado, recebem juros em vez de pagarem juros.

E que tipo de diferença isso faz? Simplesmente compare a sensação de independência do Quadrante II com a sensação que você vai ter a seguir quando estiver lendo a descrição dos juros que são pagos no Quadrante III, feita pelo ex-subsecretário de Estado J. Reuben Clarke:

> *Os juros nunca dormem, adoecem ou morrem; nunca vão para o hospital; trabalham domingos e feriados; nunca tiram férias; nunca fazem visitas ou viajam; nunca se divertem; nunca são despedidos; nunca trabalham meio expediente; nunca sofrem por causa de colheitas medíocres ou da estiagem; nunca pagam impostos; não compram comida; não usam roupas; não moram em casas e, por isso, não precisam fazer reparos ou substituições, consertar o telhado ou o encanamento nem pintar ou caiar as paredes; não têm maridos e mulheres, filhos, pai, mãe e parentes para cuidar e sustentar; não possuem custo de vida; não assistem a casamentos, nascimentos e funerais; não sentem amor nem simpatia, são indiferentes e duros como uma rocha. A partir do momento em que você começa a dever, os juros o acompanham em cada minuto do dia e da noite; você não pode descartá-los nem se livrar deles; não pode demiti-los; eles não cedem a súplicas, exigências ou ordens; e, toda vez que você tentar atravancar ou cruzar o caminho deles ou deixar de atender as suas demandas, eles quebrarão você.*[9]

E, então, o que você preferiria estar fazendo – pagando juros no Quadrante III ou recebendo juros no Quadrante II?

O ponto é o seguinte: a abordagem de gerenciamento financeiro do Quadrante II significa investir dinheiro em coisas que geram riqueza. Quando usamos o termo *investir*, não estamos nos referindo a investimentos no mercado de ações ou a qualquer outro meio específico de aplicação. Estamos falando do *princípio* do investimento – de utilizar os recursos que você possui para fazê-los crescer. Os investimentos que aumentam os seus recursos financeiros são, em regra geral, aqueles feitos em bens como o seu próprio negócio, imóveis, contas de poupança, certificados de depósitos bancários, ações, títulos da dívida pública, fundos mútuos, planos e fundos de pensão. Os investimentos que aumentam o potencial humano (e, em alguns casos, a longo prazo) são aqueles dirigidos a atividades como educação, aperfeiçoamento de um dom ou de uma habilidade e esforços em benefício da humanidade. Nos dois casos, o objetivo é *gerar* em vez de meramente consumir.

Em que você deveria investir? Em uma economia oscilante, vale a pena ter uma boa orientação financeira. Alguns investimentos considerados bons cinco anos atrás já não são mais vistos assim.

Quanto você deveria investir? Depende da sua situação. Vale a pena repetir: a maioria dos americanos que acumularam fortunas investiram cerca de 20% da sua renda tributável anual. No entanto, mesmo que você comece adotando a "Regra dos 5%" (como a "Regra dos Cinco Minutos" que sugerimos no capítulo anterior), isto é, investindo apenas 5% da sua renda em bens que propiciem juros, começará a compreender o alcance do investimento do Quadrante II. E isso acontecerá já no momento em que vir o primeiro extrato com o total de juros que recebeu em vez do total de juros que precisa pagar. Constatar, mês após mês, que o capital investido está crescendo e sendo remunerado o incentivará a descobrir maneiras de aplicar mais.

Assim como vimos na questão relativa ao tempo, o Quadrante III, que está abarrotado de gastos de consumo altos, é o melhor lugar para você obter os recursos de que precisa para investir no Quadrante II. Usando a sedução sensorial, social, psicológica e econômica, as campanhas de marketing, as agências de propaganda e as empresas de cartão de crédito fazem tudo o que podem para convencê-lo a gastar. Mas a maior parte desse consumo não é *importante* – não o/a ajudará a conseguir o que é mais importante. Como mostramos, o Quadrante III também contém os juros que você paga pelos empréstimos. E os juros são urgentes – como comprovam as contas e o acúmulo diário deles. Contudo, além de não contribuírem para os seus objetivos, eles, na verdade, drenam os recursos que poderiam estar sendo usados na concretização desses propósitos.

Mais uma vez: os princípios-chaves são a *importância* e o *investimento*. Destine o seu dinheiro a algo que o ajude a alcançar aquilo que é mais importante para você. E atenha-se àqueles outros princípios do tempo, como a *parcimônia*, a *diligência* e a *satisfação adiada*. Infelizmente, essas palavras não "estão na moda"; o que "está na moda" são termos e expressões como *rápido*, *fácil* e *compre agora e pague depois*. Mas nenhum deles tem como auxiliá-lo a conseguir os resultados – o equilíbrio, a tranqüilidade e a independência – que você quer para a sua vida.

Na realidade, a maioria de nós jamais terá dinheiro suficiente para realizar tudo aquilo que gostaríamos de fazer ou imaginávamos fazer. Por isso, precisamos escolher. A solução é gastar e investir em coisas que nos proporcionem os maiores retornos. Tanto no que se refere ao dinheiro quanto ao tempo, é somente quando aprendemos a investir, em vez de meramente consumir, que geramos uma riqueza verdadeira – recursos mais abundantes, integridade pessoal e relacionamentos positivos com aqueles que são importantes para nós. Com o tempo, essa abordagem faz uma diferença enorme – não apenas em relação à capacidade de resistirmos às tempestades inesperadas da vida, mas no que diz respeito à capacidade de estabelecermos um equilíbrio no nosso dia-a-dia.

O VALOR DA MATRIZ DO DINHEIRO

Como você pode ver, com o dinheiro, assim como com o tempo, a Matriz de Quadrantes é enfaticamente descritiva. "Estou conseguindo enxergar agora! Estou completamente envolvido pela compra por impulso e dívidas de consumo (Quadrante III). Vivo pressionado por pagamentos que estão para vencer (Quadrantes I e III). Há momentos em que quero sair e comprar algo totalmente supérfluo e desnecessário (Quadrante IV) apenas para preservar a minha sanidade!" Mesmo aqueles que investem tempo e dinheiro no Quadrante II ficam felizes ao descobrir uma nova imagem visual que capta a sensatez das escolhas do Quadrante II e sugere oportunidades ainda melhores para um investimento eficiente.

A matriz do dinheiro também mostra a importância de ser proativo. Ela revela o contexto das nossas escolhas financeiras e acentua a sabedoria que significa decidir investir dinheiro, assim como tempo, naquilo que trará retornos maiores. Ela nos capacita a enxergar através das filosofias do "compre agora e pague depois" que inundam o nosso ambiente. Além disso, carrega o espírito do investimento e da melhoria constante e nos ajuda a compreender que, em vez de "gastarmos" o nosso futuro, devemos investir nele.

E, por último, essa matriz nos mostra em que desperdiçamos dinheiro "abaixo da linha" nos Quadrantes III e IV – dinheiro que poderíamos estar investindo no Quadrante II. Em muitos casos, não precisamos ganhar mais – necessitamos apenas administrar bem os recursos financeiros que temos.

Maximizadores

Antes de entrarmos na área dos maximizadores, vamos parar um minuto para examinar as semelhanças e diferenças entre dinheiro e tempo.

Como dissemos antes, tanto o dinheiro quanto o tempo são recursos. Ambos são quantificadores do valor. Os dois estão inter-relacionados, e a maneira como os usamos representa o que é importante em nossa vida.

Ambos possuem também um potencial enorme para fortalecer relacionamentos. Assim como nas contas bancárias, quando se trata de tempo e de dinheiro, a forma como você se relaciona com os outros pode representar grandes depósitos ou retiradas monumentais.

Além disso, tempo e dinheiro proporcionam excelentes oportunidades de auto-observação. Quanto mais você souber sobre a maneira como gasta e investe tanto um quanto outro, mais aprenderá a respeito de si mesmo/a. E quanto mais optar por decisões mais sensatas sobre como gastar e investir, mais desenvolverá força de caráter, capacidade de escolher melhor e de adquirir disciplina em todas as áreas da vida.

Embora o tempo e o dinheiro sejam ambos recursos, existem diferenças no modo como podemos empregá-los.

Primeiro: quando lida com o tempo, você parece estar descendo uma corredeira em um caiaque. Você está no fluxo. E é óbvio que precisa de um plano para o seu curso. Mas você necessita também estar preparado para reagir ao momento. No entanto, quando lida com o dinheiro, você não está no fluxo. Por causa de toda a pressão para gastar, talvez até *ache* que está no fluxo; mas, na realidade, enquanto o tempo avança sozinho, o dinheiro fica parado até que você o mova. E isso significa que você está sobre a terra. E, assim como o fazendeiro que precisa levar a água até o final da plantação, a sua função é *canalizar* o fluxo para onde ele produzirá um crescimento maior.

Segundo: embora muitas decisões relativas ao tempo tenham que ser tomadas na hora, é possível estabelecer com antecedência a maioria das decisões que envolvem dinheiro. Você não pode "economizar" ou guardar tempo. Só pode usá-lo no momento. Mas é possível fazer isso com o dinheiro, o que, de modo geral, aumenta o valor dele. Pelo fato de lhe dar um controle maior, a sua habilidade de economizar e gastar dinheiro antecipadamente torna mais fácil administrar o dinheiro do que o tempo.

Tendo em mente essas semelhanças e diferenças – e o nosso paradigma do Quadrante II –, vamos agora examinar os maximizadores mais eficazes da área do gerenciamento de dinheiro.

Maximizador um: saiba para onde o seu dinheiro está indo

Como dissemos, as pessoas que sabem administrar bem o dinheiro sabem para onde ele vai. Por isso, o primeiro maximizador que vamos sugerir é monitorar os seus gastos atuais. Assim como ocorre com o tempo, isso colocará, bem na sua frente, a realidade e as conseqüências das suas opções.

De maneira lógica, talvez fosse mais eficaz começar estipulando as suas metas financeiras. Mas a experiência já mostrou que a maioria das pessoas tem alguns valores não conscientes sobre dinheiro, e o simples fato de monitorar para onde ele vai as deixa imediatamente diante de incoerências. Mesmo sem uma visão clara das suas metas financeiras, a sua inteligência orientadora, de certa forma ajustada por esses valores inconscientes, irá, de imediato, vasculhar as áreas mal alinhadas e de desperdício.

Por exemplo, um consultor financeiro nos contou sobre um motorista de caminhão que estava preocupado com a sua capacidade de, no futuro, poder pagar a faculdade da filha. Embora o homem não tivesse todas as metas financeiras definidas, o consultor sugeriu que ele começasse a monitorar os gastos. Ele ficou surpreso quando descobriu que estava gastando cerca de $80 por mês em drinques em uma loja de conveniência. Quando o consultor lhe mostrou como aqueles $80 mensais corretamente investidos poderiam, com o tempo, pagar pela educação da menina, ele começou a chorar.

Por ser uma ferramenta muito reveladora, nós sugerimos que você comece a monitorar o seu dinheiro imediatamente. Aqui estão algumas maneiras de fazê-lo:

- Passe a ser um cofre de recibos. Pegue recibos de todas as transações que efetuar e separe uns minutos no final do dia (ou no fim de semana) para registrá-los.
- Pague as transações com cheques e acesse o banco on-line para ver o saldo.
- Carregue com você um cartão ou use uma página de sua agenda para anotar as suas despesas ou escreva nos cheques e registre o valor deles em um arquivo.

Qualquer que seja a maneira que você escolha, registre as suas despesas e, em determinado momento, sente-se e veja para onde o seu dinheiro está indo. É bem provável que você identifique, de imediato, os buracos negros dos Quadrantes III e IV onde ele está desaparecendo – dinheiro que você poderia estar investindo e fazendo crescer no Quadrante II. Muitos softwares de programas financeiros – como o Microsoft Money e o Quicken – e os serviços on-line – como o themoneyplanner.com – tornam mais fácil a categorização dos gastos, além de lhe permitirem rever e organizar as informações com rapidez. Eles fornecem até mesmo gráficos e planilhas resumidos para uma revisão eficaz.

Maximizador dois: saiba para onde você quer que o seu dinheiro vá

Um segundo maximizador muito eficaz é criar uma visão clara e, se achar necessário, compartilhada de onde você quer que o seu dinheiro vá. A falta desse tipo de visão é uma das principais causas do estresse que sentimos por causa do dinheiro, do trabalho e do impulso consumista. Também é um dos principais motivos de dificuldades financeiras nos casamentos e nas famílias. Quando os membros da família – em particular os casais – não param para discutir as suas diferenças e estabelecer, em conjunto, uma visão financeira sólida e uma estratégia, as decisões de gastos muitas vezes abalam, dividem e se tornam motivo de sofrimento em segredo. Isso, por sua vez, gera prejuízos muito mais significativos do que os saques nas contas bancárias.

Para esclarecer quais são os seus valores e objetivos financeiros, talvez seja útil elaborar uma lista de oportunidades que poderiam incluir algumas das seguintes idéias:

- Ficar livre de dívidas.
- Comprar ou liquidar a dívida de uma casa.
- Criar um fundo de emergência (capaz de cobrir as despesas de três a seis meses).
- Liquidar dívidas relativas à educação.
- Reduzir o estresse financeiro.
- Criar um fundo para ajudar pais idosos.
- Economizar dinheiro para uma aposentadoria tranqüila.
- Assumir o controle das finanças.
- Reduzir impostos.
- Possuir um negócio.

- Fundar um projeto humanitário ou fazer doações regulares a causas beneficentes.
- Reformar a casa.
- Ter dinheiro para fazer a "viagem dos sonhos".
- Criar um fundo para o casamento dos filhos.
- Possuir um carro melhor sem fazer dívidas.
- Conseguir pagar escolas particulares e/ou faculdades para os filhos.
- Ajudar os filhos a pagar a entrada na compra da primeira casa própria.
- Possuir uma fazenda ou uma casa fora.
- Possuir um trailer ou um barco.
- Construir uma piscina ou uma banheira de hidromassagem.
- Economizar dinheiro para o nascimento de um bebê.
- Investir em imóveis de aluguel.
- Melhorar o seu padrão de vida atual.

Quando você tiver todas as possibilidades expostas na mesa, identifique as cinco principais e coloque-as em ordem de prioridade. Em seguida, concentre-se nelas. Mantenha-as sempre no seu foco de visão. Quando se sentir tentado a desperdiçar dinheiro nos Quadrantes III e IV, lembre-se das suas metas essenciais do Quadrante II. Procure maneiras de fazer o seu dinheiro crescer e ponha-as em ação.

Esse tipo de atividade pode ser transformado em um jogo divertido e instrutivo para casais ou pais solteiros que queiram envolver os filhos mais velhos nas tomadas de decisões financeiras ou para qualquer pessoa em uma situação de responsabilidade financeira compartilhada. A versão que apresentamos a seguir é uma adaptação de um jogo criado pela equipe do themoneyplanner.com.

O jogo do dinheiro

1. Transfira a lista das possíveis metas para cinco cartões 7 x 12 cm, colocando uma meta em cada um deles. Faça o número suficiente para que cada pessoa tenha um conjunto completo de cartões.

2. Arme um timer. Sem troca de idéias, reserve dois minutos para que cada participante possa selecionar os cinco cartões que representam os seus cinco objetivos financeiros prioritários.

3. Arme o timer de novo. Separe mais um minuto para colocar os cinco cartões em ordem de prioridade.

4. Compare os conjuntos de cartões. Até que ponto as suas metas e prioridades financeiras são iguais?

Durante esse jogo, é bem provável que você descubra que todos estão operando com base em expectativas totalmente diferentes. E essas diferenças não reconhecidas são muitas vezes fontes de enorme tensão e estresse.

A continuidade dessa análise pode revelar também outras diferenças nas expectativas. Em muitos casamentos, por exemplo, existe uma vaga pressuposição, por parte do marido ou da esposa, de que ambos deveriam concordar com os gastos. Mas quando um deles descobre que o outro saiu e adquiriu algo sem ter discutido a compra antes, isso gera frustração e desapontamento. Essa ação pode ser compreendida de duas maneiras: que o objeto comprado era mais importante para a pessoa do que o compromisso que ela tem com o cônjuge ou como um lembrete grosseiro de que os seus valores e visões não são compartilhados. Ambas as mensagens podem gerar sofrimento e mágoa.

Por isso, é muito importante estabelecer – sozinho ou com quem você divide a responsabilidade financeira – uma declaração de estratégia financeira. E, realisticamente falando, isso pode exigir um grande investimento de tempo e esforços. Os casais precisam enfrentar e solucionar problemas relacionados a planos, paradigmas e hábitos diferentes. E é bem provável que as crianças comecem a entender as finanças através da limitada perspectiva das suas necessidades imediatas.

Mas lembre-se de que isso representa um investimento de tempo muito eficaz do Quadrante II, que facilitará os investimentos de dinheiro igualmente eficazes do Quadrante II. Também propiciará um aprofundamento do relacionamento. E a compreensão compartilhada que você estabelece o capacitará a ajudar os membros da família a alinharem as suas expectativas com aquilo que é tanto "real" quanto "realista" e, assim, eliminar muitos desapontamentos e discussões e acentuar a qualidade de todos os futuros diálogos sobre dinheiro.

Ao criar uma declaração de estratégia financeira, você talvez deva, primeiro, identificar as metas, os recursos de que precisa para alcançá-las e os princípios, bem como os valores e as diretrizes que governariam a aquisição e a administração desses recursos. Seria aconselhável levantar questões como as que sugerimos a seguir (ou outras mais adequadas à sua situação):

- Que princípios servirão de diretrizes para as nossas decisões e ações de ordem econômica?
- Que grau de segurança financeira desejamos alcançar e o que estamos fazendo nesse sentido?
- Que parâmetros de estilo de vida queremos estabelecer?
- Quanto devemos reservar para necessidades futuras, como aposentadoria, educação dos filhos e assistência a pais idosos?
- Que papéis ("provedor", "administrador de finanças", etc.) cada um de nós desempenhará?
- Qual será a nossa estratégia para coordenar e prestar contas dos nossos gastos?
- Quais são os nossos compromissos um com o outro?

Na declaração, a parte da estratégia deve incluir também o estabelecimento de metas a curto e a longo prazos e as maneiras como planejam alcançá-las. Você pode usar a sua inteligência orientadora para ajudá-lo a distinguir as metas e as estratégias mais adequadas ao seu caso.

A seguir, apresentamos um exemplo de declaração de estratégia financeira para um casal jovem – aos quais daremos os nomes de Roberto e Laura – com dois filhos:

Princípios	Metas	Estratégias financeiras	Estratégias de vida integradas	Papéis
• Viver de acordo com nossos recursos. • Receber juros em vez de pagar juros. • Ganhar mais com os juros do que perder com eles.	• Ganhar renda suficiente para cobrir despesas e metas de economia. • Pagar empréstimos escolares (três anos). • Possuir nossa própria casa (15 anos). • Ter $50.000 aplicados nos fundos de educação universitária para Vera e Paulo (15 anos). • Ter $2.000.000 aplicados em fundos de aposentadoria (40 anos).	• Investir 5% da renda em economias para emergências. • Investir 5% da renda em fundos de educação universitária. • Investir o máximo possível no fundo de pensão fixo da empresa. • Administrar imóvel alugado (herdado dos pais); investir lucro em anuidades. • Manter emprego atual; especializar-se. • Refinanciar a casa com hipoteca de 15 anos enquanto as taxas estão baixas. • Não contrair dívidas de consumo. • Não comprar um carro que tenha menos de um ano de uso. • Ter reuniões semanais para monitorar gastos e estabelecer metas de orçamento.	• Viver com um único salário e aluguel de imóvel até que Vera e Paulo estejam na escola. • Permanecer na casa atual, a não ser que a renda seja suficiente para manter pagamentos mais altos com os atuais níveis de percentagem.	*Roberto* • Prover o salário básico. • Administrar investimentos. • Contrabalançar o saldo bancário com as contas do cartão de crédito. *Laura:* • Propor orçamento mensal • Pagar contas. • Administrar imóvel alugado por 5 anos. • Contribuir com um salário quando Vera e Paulo forem para a escola.

A elaboração de uma declaração como essa pode ser um importante instrumento de maximização de recursos não apenas na sua família como também no seu trabalho – ou em quaisquer circunstâncias que envolvam responsabilidades financeiras.

Em geral, quando existe uma responsabilidade financeira compartilhada, as pessoas descobrem que para chegar a um entendimento claro é estrategicamente sensato investir algum tempo do Quadrante II. Uma visão transparente e compartilhada simplifica, e muito, todo o processo de administrar o dinheiro.

MAXIMIZADOR TRÊS: PLANEJAMENTO SEMANAL

Durante os primeiros anos do nosso casamento, achávamos que nos reunirmos em casa todas as semanas para discutir assuntos relativos às nossas funções de parceiros e pais seria uma boa idéia. O dinheiro era um desses temas.

Muitas vezes nos reuníamos semanalmente. Mas as questões financeiras não eram, de certa forma, prioritárias. Parecíamos ter tantas outras coisas para discutir que, muitas vezes, dávamos uma olhada rápida nas finanças e, em seguida, passávamos para outros assuntos. Como resultado, não tínhamos uma visão tão clara e conjunta quanto deveríamos ter e, em relação aos gastos, nem sempre estávamos de acordo.

Como temos um incrível relacionamento amoroso – um daqueles em um milhão – e compartilhamos tantos valores, as desavenças sobre finanças não arruinaram a nossa união. Mas elas causaram sofrimento e angústia e, com certeza, não acrescentaram nada ao que tínhamos.

Foi somente quando sofremos o desastre financeiro que aprendemos a importância de abordar os problemas dessa área todas as semanas. Em uma de nossas escapulidas, estabelecemos uma visão financeira compartilhada de muito valor. Nela, identificamos os princípios efetivos da administração financeira. Concordamos com as prioridades e metas. Comprometemo-nos a executá-las integralmente.

A partir disso, em nossas reuniões semanais, começamos a:

- Rever a nossa declaração de estratégia financeira.
- Rastrear despesas feitas na semana que havia acabado.

- Comparar os gastos reais com as nossas metas de gastos (orçamento).
- Comemorar as vitórias da semana que havia passado – independentemente de sua dimensão.
- Discutir o que havíamos aprendido e formas de conseguir melhorar.
- Planejar gastos e investimentos da semana seguinte e fazer os ajustes necessários no orçamento.

Como conseqüência, as diferenças nos nossos valores e abordagens começaram a desaparecer e, pouco a pouco, fomos ficando mais unidos. Soubemos que estávamos nos saindo bem quando, após alguns meses de reuniões semanais, nos deparamos pela primeira vez com o jogo do dinheiro. No fim, quando comparamos os nossos cartões, eles eram idênticos! Nós não apenas havíamos escolhido os mesmos objetivos como os tínhamos colocado exatamente na mesma ordem. (E, por falar nisso, acabamos antes do tempo previsto!) Todos os esforços que havíamos investido para enfrentar as dificuldades obviamente tinham dado resultado.

Reconhecemos, é claro, que muitas pessoas, casais e famílias lidam com as finanças de maneiras diferentes. Alguns abrem contas bancárias individuais. Outros usam cartões de créditos separados. E há também quem divida os papéis de forma diferente.

Mas, não importa a maneira que você escolha para lidar com as finanças, nós recomendamos uma reunião financeira semanal – ou, até mesmo, bissemanal ou mensal – como um meio muito eficiente de assegurar que você está concentrado e conectado àquilo que é importante. Outra idéia é incluí-la como parte de uma sessão maior de planejamento em que se examinem os seus investimentos de tempo e dinheiro. Com ambos os recursos à disposição, rever com constância a sua visão e os valores o ajudará a assegurar-se de que aquilo que parece ser urgente ou atraente a curto prazo não irá prejudicar o que é importante a longo prazo.

MAXIMIZADOR QUATRO: DESENVOLVA A SUA INTELIGÊNCIA FINANCEIRA

Nas palavras de Robert Kiyosaki, mais dinheiro muito raramente resolve os problemas financeiros de alguém. A inteligência soluciona os problemas.

Há um ditado que um amigo meu não se cansa de repetir para as pessoas que estão devendo: se você acha que se meteu em um buraco cavado por você, pare de cavar.[10]

De acordo com uma "pesquisa sobre conhecimento de finanças" realizada por Roger ASW: "Os Estados Unidos não estão sendo reprovados em conhecimento de finanças, mas estão muito perto disso. Com uma nota 67 em um total de cem, os americanos tiram 'D' na matéria."[11]

Então, o que podemos fazer para desenvolver a inteligência financeira? Além de investir *dinheiro* no Quadrante II, invista algum *tempo*. Leia um livro. Participe de um seminário. Assista a um programa de televisão sobre finanças. Descubra mais sobre: como eliminar débitos com mais eficácia, investimentos, mercados financeiros, anuidades, títulos da dívida pública e fundos de aposentadoria. Converse com pessoas que sabem administrar bem o dinheiro. Encontre maneiras de investir com deliberação no desenvolvimento da sua inteligência financeira. Se você é casado, façam os dois, juntos. Aprendam juntos a decidir juntos e a melhorar juntos. Transformem essa oportunidade em uma ocasião especial.

Um dos principais benefícios das reuniões semanais financeiras é desenvolver, também, a sua inteligência orientadora. Semana após semana, enquanto presta contas, avalia e aprende através da experiência, você melhora. Passa a saber para onde o seu dinheiro está indo. Compara essa constatação com aquela "para onde você quer que o seu dinheiro vá". Você começa a sair dos Quadrantes III e IV e a investir no Quadrante II. Aprende "a estabelecer um padrão de vida inferior ao do seu nível de renda, embora muitos de seus vizinhos e amigos estipulem um padrão de vida no limite do valor do crédito deles".[12] À medida que compara de maneira consistente desempenho versus princípio, você desenvolve a sua inteligência financeira e, pouco a pouco, reduz a distância entre os dois.

A sua inteligência financeira é parte da sua inteligência orientadora. Quanto mais você ajustá-la, melhores serão as suas decisões. Mesmo que você esteja com o radar automático ligado, no correr do dia ela o ajudará a evitar armadilhas, como o impulso consumista, e a permanecer naquele curso de segurança e persistência financeira predeterminado.

Maximizador cinco: estabeleça uma margem

A margem representa um espaço entre recursos e necessidades imediatas. Caso você esteja vivendo de contracheque em contracheque, é porque não dispõe de uma margem. Se você tem $1.000 na poupança, sua margem é pequena. Mas, se você possui o equivalente a seis meses de salário em uma conta remunerada, um bom suprimento de alimentos não-perecíveis e fundos de pensão em dia, sua margem é boa.

No mundo de hoje, estamos começando a entender mais sobre a importância da margem. As oscilações econômicas, a reengenharia e as demissões em massa tornaram a segurança no emprego um motivo de grande preocupação. Por causa da possibilidade de desastres naturais e de ameaças terroristas em uma época em que os mercados não são mais abastecidos por produtores locais ou pequenas cooperativas regionais, mas por grandes atacadistas, em geral situados em regiões muito distantes dos mercados, a vulnerabilidade dos nossos estoques de alimentos também se tornou uma preocupação.

O estabelecimento de uma margem, portanto, pode fornecer um conforto considerável nesses tempos conturbados. E proporciona outros benefícios também. Se o dinheiro no banco está sendo remunerado, uma compra por atacado pode significar uma boa economia. E a margem pode lhe dar a liberdade de fazer as coisas importantes que você precisa fazer.

Considere dois pais. O primeiro põe a "família" no topo da lista de prioridades. Alguns anos atrás, seu filho adolescente estava tendo problemas, lutando com algumas decisões importantes. Se, por acaso, houve uma época em que ele precisava de orientação e ajuda, a época foi aquela.

Em seu íntimo, esse pai sabia que precisava passar alguns momentos especiais com o rapaz. Como ele tinha uma margem – não apenas em sua situação financeira mas também no seu relacionamento profissional –, pôde se afastar do trabalho por vários dias. Arrumou em um jipe todas as coisas de que poderia precisar e seguiu com o filho para as montanhas. A paisagem era linda. Eles caminhavam, pescavam e dormiam sob um céu de estrelas. Após algum tempo, o rapaz começou a se abrir, a compartilhar com o pai todas as suas aflições. Foi um período de estreitamento de comunicação e de laços, de aprofundamento de um relacionamento e de decisões sensatas que afetariam o resto da vida daquele jovem. Durante esse processo, o homem conseguiu compreender melhor a natureza das dificuldades que seu filho estava enfrentando. Descobriu coisas que era capaz de fazer e mudanças que poderia instituir para ajudá-lo ainda mais.

Se esse homem não dispusesse da margem – que lhe permitiu fazer ajustes e ajudar o filho naquele momento crítico –, aquelas decisões importantes poderiam ter sido tomadas em circunstâncias muito diversas e, assim, gerado um resultado muito diferente.

Nós comparamos a situação desse pai com a de outro pai que também põe a família no topo da lista de prioridades. Ele deseja muito poder ajudar os filhos quando estes precisam dele. Mas esse homem está trabalhando em dois lugares para poder pagar suas dívidas. Mal vê a família. Tirar uns dias de férias e passá-los com um filho seria algo impensável.

A capacidade de estabelecer uma margem na sua vida causa, em geral, um grande impacto no grau de liberdade que você tem para administrar o seu tempo e aproveitar uma oportunidade. Quanto mais se libertar de dívidas, grandes gastos, prestações e impulsos consumistas, mais condições terá de aumentar os seus recursos – não apenas em termos de dinheiro mas também em termos de empregabilidade e de relacionamentos de alta confiança, tanto agora quanto no futuro.

Maximizador seis: desenvolva um sistema financeiro eficaz

No capítulo anterior, discutimos a importância de termos sistemas de liderança pessoal alinhados e de qualidade. Entre eles está um sistema para as finanças, que, em tese, pode capacitá-lo a:

- Saber quais recursos você possui (ex.: dinheiro no banco).
- Saber quais são os seus compromissos (ex.: pagamentos).
- Gastar (ex.: passar cheques, fazer pagamentos nos caixas eletrônicos).
- Monitorar e avaliar despesas (ex.: arquivar recibos, fazer resumo de padrões de gastos).
- Planejar (ex.: fazer previsões, estabelecer orçamentos).
- Fazer você se lembrar de seus objetivos e metas.

Como dissemos antes, você provavelmente já possui um sistema para, de uma maneira ou de outra, desempenhar pelo menos algumas dessas funções. Por isso, examine o seu sistema atual. Até que ponto ele é eficaz? Ele atende os critérios que acabamos de mencionar? Ele o ajuda a estabelecer e alcançar objetivos financeiros significativos? Ele lhe fornece a informação de que você necessita?

Reflita sobre isso: você por acaso fica surpreso com a informação que lê no extrato da sua conta corrente ou do seu cartão de crédito? Se alguém lhe perguntasse agora quanto você tem na conta, qual o montante da sua dívida atual nos seus cartões de crédito, de quanto é a sua despesa mensal ou qual o seu valor líquido, você saberia responder?

Pode ser que você queira rever o seu sistema atual usando uma lista como a seguinte:

1. Quais são os componentes do seu sistema financeiro atual?

- ☐ Uma definição clara das estratégias e metas financeiras.
- ☐ Um programa financeiro no computador ou on-line.
- ☐ Um PDA (assistente pessoal digital).
- ☐ Um talão de cheques.
- ☐ Um cartão de banco.
- ☐ Uma ou mais contas de poupança.
- ☐ Uma ou mais contas correntes.
- ☐ Uma ou mais contas de cartão de crédito.
- ☐ Um assessor particular (ex.: assistente, secretária).
- ☐ Acesso a banco on-line.
- ☐ Débito automático de pagamentos.
- ☐ Um consultor de investimentos.
- ☐ Outros (quais?).

____

____

____

2. Até que ponto o seu sistema atual satisfaz as suas necessidades?

- ☐ É eficaz? Ele o ajuda a fazer aquilo que é mais importante?
- ☐ É eficiente? Ele o ajuda a fazer aquilo que é mais importante da melhor maneira possível?
- ☐ É simples? É funcional, fácil de usar e livre de "detalhes e acessórios" complicados?
- ☐ Está sincronizado? Ele trabalha em sintonia com seus outros sistemas e ferramentas?

3. Quais são as características particulares das ferramentas dos seus sistemas?

- ☐ São feitas de papel.
- ☐ São dependentes de um PC.
- ☐ Não necessitam de fios.
- ☐ São dependentes de uma caneta.

Essas características funcionam bem na sua situação?

4. Quais são as suas necessidades específicas?

____

____

____

____

Até que ponto o seu sistema satisfaz as suas necessidades?

5. O que você poderia fazer para aumentar, melhorar ou substituir elementos desse sistema e, assim, estabelecer um alinhamento maior?

Se você chegar à conclusão de que o seu sistema atual não está atendendo as suas necessidades, examine as alternativas. No competitivo mercado de hoje, as instituições financeiras investem muito dinheiro no desenvolvimento de sistemas com componentes de utilização fácil e prática, entre eles:

- Banco on-line.
- Pagamento de contas on-line.
- Acesso telefônico a extratos bancários e transferências.
- Opções de extratos de cartão de crédito, inclusive com a separação das despesas por áreas: trabalho, etc.
- Acesso e monitoramento de relatórios relativos a crédito.
- Agrupamento dos cartões de crédito – serviço em que todas as suas contas e transações são listadas em um lugar na Web.

Existem até sites que instruem os consumidores a examinar as diferentes opções e comparar produtos e fornecedores de serviços.[13]

Se você optar por melhorar o seu sistema financeiro, o primeiro passo é estar absolutamente certo do que você deseja que ele faça. Em seguida, entre em contato com a sua instituição financeira atual. Verifique os produtos e serviços que ela oferece. Mantenha-se a par de mudanças e aperfeiçoamentos.

Se você não ficar satisfeito, avalie a concorrência. Pesquise na Internet. Identifique as opções que poderiam atender as suas necessidades. Depois, faça uma análise de custo/benefício. Pergunte a si mesmo:

- Essa opção é mais eficaz? Ela vai me ajudar a fazer *melhor* aquilo que é mais importante do que o meu sistema atual?
- Ela é mais eficiente? Ela vai me ajudar a fazer aquilo que é mais importante com mais eficácia do que o meu sistema atual?
- É simples? É mais funcional, é fácil de usar e livre de "detalhes e acessórios" complicados?
- Está mais sincronizada? Trabalha com mais sintonia e melhora o funcionamento dos meus outros sistemas?
- Ela atende melhor as minhas necessidades específicas? Quais necessidades? E qual é o grau de importância dessas necessidades?

Essas perguntas o ajudarão a decidir quais opções servirão para você.

ROGER

Mantemos a maior parte dos nossos registros financeiros no computador da Rebecca. Atualmente, estamos usando um software de programação que monitora e planeja gastos e um programa on-line para pagar as contas. Utilizamos também cartões de crédito separados para as despesas da casa e as do trabalho – e todos os meses as pagamos integralmente para evitarmos os juros.

Quando não estou em casa, posso acessar todos os nossos registros pela Internet. Com o meu Tablet Planner ou meu palmtop, verifico todos os extratos, registros de despesas e transfiro fundos.

Esse sistema nos permite coordenar todos os gastos e desempenhar todos os nossos papéis onde quer que estejamos.

Quando analisamos sistemas financeiros, às vezes achamos que seria muito mais fácil se pudéssemos realizar todas as transações com dinheiro vivo ou, até mesmo, fazer permutas: "Você me dá tanto do seu produto, eu lhe dou tanto do meu produto, e ambos ficamos felizes."

Mas a realidade é que vivemos em um mundo financeiro de alta tecnologia, e os computadores estão se tornando rapidamente um meio quase que exclusivo de se fazer transações financeiras. Em um seminário em Estocolmo, na Suécia, quando a palavra "cheque" foi mencionada, os participantes riram. Eles disseram: "Nós não usamos mais isso!"

Por esse motivo, nós o orientamos a examinar com atenção o seu sistema financeiro. Avalie-o. Investigue as opções. Certifique-se de que possui o sistema que atende melhor as suas necessidades.

Essa é uma atividade muito importante do Quadrante II. Ao fazê-la, você não apenas acentuará a eficácia da sua administração financeira como também expandirá a sua percepção e aumentará a sua capacidade de se orientar nos sistemas em funcionamento e em outras situações interdependentes.

ORIENTAÇÃO

Algumas pessoas podem achar difícil dedicar tempo a assuntos relacionados a dinheiro no Quadrante II, fazendo coisas como estabelecer uma visão compartilhada, ter reuniões semanais ou expandir a sua inteligência financeira. Mas, na realidade, se você não despender tempo no Quadrante II agora, com certeza fará isso em outros quadrantes mais tarde – trabalhando horas extras, pagando mais contas e administrando crises financeiras.

Ao tomar decisões financeiras e conviver dia a dia com elas – principalmente se estiver realizando as reuniões semanais –, você aprenderá a se tornar mais eficiente. Descobrirá os princípios que o capacitarão a tomar decisões mais eficazes, tanto em relação ao dinheiro quanto ao tempo – princípios como:

- A importância.
- O investimento.
- A margem.
- O alinhamento.
- A eficácia.
- A escolha.
- A confiança.
- A satisfação adiada.
- A integridade.
- A disciplina.
- A sincronização.
- A responsabilidade.
- A simplicidade.

Ao interagir com esses princípios e, conscientemente, usá-los para ajustar a sua inteligência orientadora, você melhora a sua habilidade de lidar com os assuntos monetários. Descobre que, para uma jornada bem-sucedida, *definir* aquilo que é mais importante é tão essencial quanto *não esquecer* o que é mais importante. E os maximizadores que examinamos anteriormente podem ajudá-lo a conseguir isso.

Ao monitorar os seus gastos, ao estabelecer e rever com regularidade a visão dos seus objetivos, ao planejar e avaliar semanalmente, você desenvolve a inteligência orientadora que o ajudará a evitar grandes armadilhas monetárias, como reagir desastrosamente à pressão de "urgência" das propagandas ou ficar impaciente e querer algo *agora*. Você cria um contexto para as suas decisões. Desenvolve a *virtude* de adiar a satisfação e agir com integridade nos momentos decisivos. A força do que você *está* fazendo domina o que você não deveria estar fazendo e produz aquele "Sim!" muito profundo que o capacita a dizer "Não!" ao que é menos importante.

Além disso, ao desenvolver os paradigmas e métodos de gerenciamento do dinheiro, a inteligência orientadora fortalece a sua capacidade de administrar o tempo. No momento em que você capta a visão do Quadrante II, percebe que cada decisão de investir em vez de consumir em uma dessas áreas aumenta a sua capacidade de fazer isso em ambas.

E, melhor do que tudo, investir no Quadrante II o capacita a estabelecer um legado de importância e de investimento que resguardará as vidas de seus filhos por muito tempo. Será que, com toda a honestidade, você pode imaginar uma herança maior para deixar para a posteridade do que um exemplo de estilo de vida cujas bases são os princípios e valores que levam ao equilíbrio e à tranqüilidade?

A verdadeira riqueza

A maior vantagem do Quadrante II, no que se refere tanto ao dinheiro quanto ao tempo, está na riqueza que ele gera – não apenas em termos de segurança e crescimento financeiro como em termos de riqueza interior e satisfação.

Toda vez que os seus atos demonstram que o seu comprometimento com os seus objetivos, o seu futuro, o seu marido/sua mulher e consigo mesmo é mais forte do que os seus humores ou qualquer coisa que o esteja empurrando no momento, você faz depósitos na sua própria "Conta de Integridade Pessoal".[14] Essa é a mais importante conta de "confiança". Ela reflete a quantidade de confiança que você tem no seu relacionamento com você mesmo. Quanto maior o equilíbrio, maior será o seu reservatório de força pessoal e maior será a sua capacidade de fazer, com freqüência, aquilo que é mais importante.

Além disso, quanto mais sincera for a importância que você atribuir à família, mais estabelecerá uma "confiança nela" ou nas "Contas Bancárias

Emocionais"[15] que tem com seus familiares. Como observamos antes, o tempo e o dinheiro são quantificadores do valor. O local onde depositamos nosso tempo e dinheiro e a maneira como tomamos decisões relativas a essas duas questões representam aquilo que é importante para nós. E essa é a razão pela qual assuntos relacionados a essas áreas muitas vezes são frustrantes e emocionalmente intensos.

Em um casamento, eles se tornam símbolo da importância que depositamos na visão, união e comunicação compartilhadas, nas necessidades e nos desejos de nossos maridos e de nossas mulheres, no verdadeiro grau de igualdade e companheirismo no casamento e em nossa integridade e confiabilidade ao assumirmos compromissos e levá-los adiante. Na família, eles se tornam símbolo do relacionamento entre pais e filhos e da importância atribuída às necessidades, desejos e particularidades dos filhos. Essa é a razão pela qual a maneira como abordamos, dia após dia, assuntos relativos a tempo e dinheiro produz um impacto tão significativo na qualidade do casamento e da vida em família. Ela tem a capacidade tanto de estabelecer quanto de destruir o mais importante fundo no qual podemos investir – "o fundo familiar".

7

CAPÍTULO SETE

O BOM SENSO É IMPORTANTE

Não se agache se estiver usando esporas.
Jamais chute excremento de vaca em um dia quente.
Jamais dê um tapa em um homem que está mascando tabaco.
– *A Cowboy's Guide to Life* (Um guia de vida para um caubói)

Já analisamos, em detalhes, o trabalho, a família, o tempo e o dinheiro. Em cada uma dessas áreas examinamos maneiras de legitimar expectativas, maximizar esforços e nos orientarmos com eficácia. Também abrimos algumas portas para estabelecer uma sinergia entre os quatro elementos – transformar casa e trabalho em aliados em vez de concorrentes e ver tempo e dinheiro de uma maneira tal que nos permita investir ambos naquilo que seja mais importante de fato.

Agora, vamos dar um passo para trás e examinar todos esses elementos da vida como um todo sinérgico. Precisamos avaliar o modo como esses quatro elementos se inter-relacionam e organizam as questões integradas relativas ao equilíbrio de vida – tanto as significativas quanto as menos importantes – que enfrentamos todos os dias. Questões como:

- Devo trabalhar neste projeto até tarde ou parar agora e ir para casa?
- Devo continuar no meu emprego atual ou parar para estudar e conseguir um diploma que aumentará a minha capacidade de ganhar um salário melhor no futuro?
- Com vinte itens, que considero prioridades A-1, na minha lista de tarefas para hoje, por qual deles devo começar?
- Devo arrumar um segundo emprego e tentar me livrar das dívidas, mesmo que isso signifique ficar mais tempo longe da família?

- Devo ficar em casa com meu bebê recém-nascido ou voltar para o trabalho?
- O que é mais importante: ficar mais tempo com a minha família ou participar de um projeto comunitário que seria importante para outras pessoas?
- Deveríamos nos mudar para uma casa mais nova que atenderia melhor as necessidades da família ou ficar onde estamos e manter os pagamentos num nível baixo?
- Deveríamos ficar apertados para pagar uma casa de repouso para os meus pais ou tentar descobrir uma maneira de tê-los aqui em casa?
- Devo investir em uma escola particular para os meus filhos ou matriculá-los em uma escola pública?
- Devo continuar trabalhando neste projeto, que tem prazo de entrega, ou tirar umas horas para fazer ginástica?

Esses são exemplos de perguntas a que temos de responder todo santo dia. E elas jamais serão respondidas com uma abordagem como "equilibre a balança" ou "corra de um lado para outro e marque pontos em tudo isso". Acreditar nesse tipo de abordagens só lhe trará frustrações.

Como observamos, o equilíbrio é um todo dinâmico no qual o trabalho, a família, o tempo e o dinheiro são, todos eles, elementos essenciais. E o desconforto que freqüentemente se apresenta como "desequilíbrio" em geral não é causado pela falta de um "equilíbrio" mecânico, mas pela ausência de alinhamento com os princípios e com aquilo que a nossa inteligência orientadora diz ser "sensato".

Existem períodos nos quais desequilíbrios transitórios são absolutamente vitais para o equilíbrio da vida como um todo. Há épocas em que a melhor decisão para uma situação não é adequada para outra. Portanto, como podemos saber o que é certo? O que nos faz descobrir as melhores respostas e agir de acordo com elas? O que nos permite estabelecer esse equilíbrio total dinâmico todos os dias?

A resposta, na nossa opinião, é o bom senso.

O QUE É BOM SENSO?

Basicamente, bom senso significa inteligência orientadora. É a capacidade que nos empenhamos em estabelecer em cada capítulo deste livro. É a habilidade de fazer as escolhas que produzam os resultados positivos que queremos alcançar.

Reflita sobre a citação extraída do livro *A Cowboy's Guide to Life*, que reproduzimos na abertura deste capítulo. O que aconteceria se você estivesse usando esporas e se agachasse? Ou se chutasse excremento de vaca em um dia quente? Ou se desse um tapa em um homem que estivesse mascando tabaco? Provavelmente não gostaria dos resultados. É por esse motivo que você evita fazer coisas que produzem resultados negativos. Isso é bom senso.

Por outro lado, o que aconteceria se você decidisse ir para a faculdade em vez de flanar pela vida afora? Ou se depositasse 10% da sua renda na poupança todos os meses? Ou se investisse tempo e esforços para ter um excelente casamento ou criar bem os seus filhos? Provavelmente apreciaria os resultados, principalmente com o passar dos anos. Você estaria tomando as decisões que produzem resultados positivos. Isso é bom senso.

Alguém ou algo que seja "sensato" se "caracteriza por ter bom senso, por possuir um profundo conhecimento, um incrível discernimento e uma capacidade de fazer bons julgamentos". Como sinônimos, temos cauteloso, sábio, ponderado, prudente e equilibrado. Você pode imaginar uma característica melhor para se ter quando, dia após dia, tentamos tomar aquelas decisões que nos trarão satisfação, equilíbrio de vida e tranqüilidade?

De uma maneira ou de outra, todos temos consciência da sensatez. Ela se reflete na maneira como falamos:

- "Não é inteligente 'queimar as duas pontas da vela'."
- "Aqueles caras realmente sabem como cuidar do dinheiro deles."
- "É burrice passar muito tempo na Internet."
- "Seria idiotice comprar aquilo à prestação – com os juros, no final acabaríamos pagando o dobro."

- "Eles formam um casal simpático, mas gastam o dinheiro assim que recebem. Isso não me parece muito inteligente."
- "Eu não disse nada na hora; não teria sido sensato."

Como sugerimos no capítulo dois, quanto mais aprendermos a valorizar os princípios, a avaliar a experiência e a atrair a inspiração, mais forte ficará a nossa inteligência orientadora ou o nosso "bom senso".

Tendo analisado os meios de nos orientarmos melhor em relação a cada uma das quatro áreas individualmente – trabalho, família, tempo e dinheiro –, vamos agora rever os três construtores de sensatez que identificamos no capítulo dois e avaliar as maneiras como podemos aumentar efetivamente a nossa inteligência orientadora na vida como um todo.

Um: valorize os princípios

A partir do momento em que você compreender, de maneira clara, que o sucesso, a felicidade e o equilíbrio da vida são conseqüências de se viver em harmonia com os princípios eternos – e você já determinou que quer essas coisas –, poderá decidir transformar a procura pelos princípios em uma espécie de missão de vida.

A decisão consciente de procurar viver com sabedoria o coloca no caminho certo. Ela lhe dá a abertura que alcançamos quando estamos procurando a sabedoria e a verdade. Portanto, ao posicionar-se de frente para a sabedoria, existem várias coisas que você pode fazer chegar ao fim do caminho.

Como mencionamos no capítulo dois, uma das melhores formas de fazer isso é assumir, todos os dias, o compromisso de estudar a "literatura filosófica" criada por poetas, filósofos, líderes e mulheres e homens sensatos que, há séculos, participam dessa missão. Isso o deixará centrado e o sintonizará com a sabedoria e, assim, aumentará o seu potencial de tomar decisões sábias todos os dias.

O que estamos sugerindo é que você dedique diariamente uns minutos a alguns dos melhores livros, histórias, pensamentos e idéias do mundo todo e de todos os tempos. Mas não os leia apenas; entrose-se com eles. Reflita sobre eles. Veja além das próprias idéias e examine os valores que elas encerram. Descubra como aplicá-los à sua própria vida. Comece a reunir as passagens ou os pensamentos que sejam particularmente significativos para você e concentre-se neles.

Nós o convidamos a tirar uns minutos agora e ler alguns trechos de "literatura filosófica" nas próximas páginas. Pergunte a si mesmo: "Se eu passasse alguns minutos cada manhã interagindo com essas idéias, que tipo de diferença isso faria na qualidade das decisões que tomo ao longo do dia?"

IDÉIAS TIRADAS DA LITERATURA FILOSÓFICA

Existem mais coisas a serem feitas do que jamais conseguiremos fazer; existem mais livros a serem lidos do que jamais poderemos ver; existem mais avenidas de diversão a serem percorridas do que o tempo que jamais teremos para viajar. A vida nos solicita de todos os lados, gritando: "Me ajuda aqui!" Como conseqüência, nós entulhamos nossa vida com preocupações indiscriminadas. Deixamos que aquilo que chega primeiro seja atendido primeiro e nos esquecemos de que as melhores coisas não pressionam. Permitimos que as vozes mais altas encham os nossos ouvidos e nos esquecemos de que os burros zurram, mas que os cavalheiros falam em voz baixa. Milhares de pessoas vivem vidas não más, porém desperdiçadas, divididas, soltas e descoordenadas. Elas parecem quadros nos quais um pretenso artista colocou, fora de ordem, tudo o que conseguiu ver; ou uma canção na qual foram jogados, de maneira confusa, todos os sons melódicos que passaram pela mente do compositor. A preocupação é a forma mais comum de fracasso.

– Harry Emerson Fosdick[1]

Além da nobre arte de fazer o que precisa ser feito, existe a nobre arte de deixar as coisas por fazer. A sabedoria da vida consiste em eliminar o que não é essencial.

– Lin Yutang

A sociedade de consumo nos faz sentir que felicidade significa possuir coisas, mas falha ao não nos ensinar a felicidade de não possuir coisas.

– Elise Boulding

Aquele que for cutucar um passarinho recém-nascido com um pedaço de pau bem afiado deveria experimentá-lo primeiro em si mesmo para ver o quanto dói.

– Provérbio ioruba (Nigéria)

Ame o próximo como a si mesmo.

– A Bíblia Sagrada

Tsekung perguntou:

– Existe alguma palavra que sirva como princípio de conduta de vida?

Confúcio respondeu:

– É a palavra shu, *reciprocidade: não faça aos outros aquilo que você não quer que façam a você.*

– *Os Analectos*, de Confúcio, 15.23

Nas mãos de cada pessoa é depositado o maravilhoso poder do bem ou do mal – o silencioso, invisível controle de sua vida. Isso nada mais é do que a emanação constante do que o indivíduo realmente é, e não daquilo que ele finge ser.

– William George Jordan

Os pais podem apenas dar bons conselhos ou colocar os filhos no caminho certo. A formação final do caráter de uma pessoa está nas mãos dela.

– Anne Frank

O mundo não é um playground; é uma sala de aula. A vida não é um feriado, mas um aprendizado. E a lição eterna, para todos nós, é de que maneira podemos amar mais. O que faz um homem ser um bom jogador de críquete? A prática. O que faz um homem ser um bom pintor, um bom escultor, um bom músico? A prática. O que faz um homem ser um bom lingüista, um bom estenógrafo? A prática. O que faz um homem ser um homem bom? A prática. Nada mais. Nós não exercitamos a alma de maneira diferente nem com regras diferentes daquelas que usamos com o nosso corpo e a nossa mente. Se um homem não exercitar o seu braço, ele não fortalecerá o bíceps; e, se não exercitar a sua alma, não fortalecerá a sua alma; ele não terá firmeza de caráter, integridade moral nem a beleza do crescimento espiritual. O amor não significa uma paixão ardente. Ele representa o caráter rico, forte, varonil, uma expressão vigorosa do todo, o caráter plenamente desenvolvido. E os elementos que constituem esse grande caráter só podem crescer através de uma prática incessante.

– Henry Drummond[2]

Nós que vivemos em campos de concentração podemos nos lembrar dos homens que iam, de pavilhão em pavilhão, confortando os outros, distribuindo o seu último pedaço de pão. Eles não eram muitos, mas são prova suficiente de que tudo pode ser tirado de uma pessoa, exceto uma coisa: a última das liberdades humanas – decidir o que fazer diante de determinadas circunstâncias, de escolher o seu próprio caminho.

– Viktor Frankl[3]

Se você ama os outros, mas eles não retribuem o seu amor, reavalie o seu próprio sentimento. Se você for levar paz e ordem às pessoas, mas o caos se instalar, reavalie a sua própria sabedoria. Se você for respeitoso com elas, e elas não retribuírem o seu gesto, reavalie a sua própria consideração. Se as suas ações não alcançam o sucesso desejado, procure o motivo dentro de você mesmo. Quando o seu próprio ser estiver correto, o mundo se voltará para você.

– Mêncio

Durante a guerra, muitas pessoas descobriram como a escassez pode aguçar percepções e arrebatamentos. Uma vez, ao voltar para casa, deixando para trás uma Grã-Bretanha às escuras, meu avião parou por alguns instantes na Islândia e alguém me deu uma laranja. Há um ano eu não via uma laranja, muito menos saboreado uma desde então; mas, durante um bom tempo, não consegui comê-la. Enquanto voávamos sobre o mar cinza-chumbo a caminho da Groenlândia, permaneci sentado, acariciando a laranja, cheirando-a e colocando-a perto da luz para admirar a sua cor. Finalmente, eu a comi. Estava sensacional. Desde então, nunca mais provei uma laranja como aquela. Eu realmente a adorei e, talvez por tê-la amado, aquela experiência me ensinou algo.

Aprendi que, às vezes, quando você está se sentindo exausto ou saturado, ainda é possível reavivar a sua sensação de encantamento dizendo a si mesmo: suponha que esta seja a única vez. Imagine este pôr-do-sol, este nascer da lua, esta sinfonia, esta torrada com manteiga, esta criança adormecida, esta bandeira tremulando no céu. Suponha que você jamais voltará a vê-los outra vez...

– Arthur Gordon[5]

Estar eufórico com o sucesso e desapontado com o fracasso significa estar ao sabor das circunstâncias; como pode alguém assim ser dono de si mesmo?

– Provérbio chinês

A sua dor representa o quebrar da casca que contém a sua compreensão.

– Kahlil Gibran

Não acredito que um grande sofrimento ensine. Se somente o sofrimento ensinasse, o mundo inteiro seria sensato, pois todo mundo sofre. Ao sofrimento devemos acrescentar o pranto, a compreensão, a paciência, o amor, a franqueza e a disposição de permanecer vulnerável.

– Anne Morrow Lindbergh

Um homem cego, parado em uma estrada muito ruim, encontra um homem inválido e implora para que ele o guie naquela dificuldade.

– Como posso fazer isso se mal consigo me arrastar? – respondeu o inválido. – Mas, como você parece ser forte, se me carregar, procuraremos juntos o nosso destino. Será, então, de meu interesse preveni-lo de qualquer obstáculo no seu caminho; os seus pés serão os meus pés, e os meus olhos serão os seus olhos.

– Com imenso prazer – respondeu o cego. – Vamos nos ajudar mutuamente.

E assim pôs o inválido nas costas. E os dois homens, graças à sua união, viajaram com segurança e satisfação.

– Esopo[6]

Observe como as criaturas de Deus emprestam o que têm umas às outras – o dia pede emprestado à noite e a noite ao dia, mas eles não processam um ao outro, como os mortais fazem. A lua pega emprestado com as estrelas e as estrelas com a lua. A Terra pede emprestado ao céu e o céu à Terra. Todas as criaturas de Deus emprestam o que possuem umas às outras, no entanto fazem acertos entre si sem precisarem da Justiça. Mas, se um homem pede emprestado a um amigo, este procura engoli-lo com a usura e a extorsão.

Midrash, Êxodo Rabbah 31.15

O que eu gosto na experiência é o fato de ela ser algo muito honesto. Você pode tomar o caminho errado quantas vezes quiser, mas mantenha os olhos abertos e não terá como ir muito longe antes que os sinais de aviso apareçam. Você pode ter enganado a si mesmo, mas a experiência não está tentando enganá-lo. O universo responderá com a verdade toda vez que você testá-lo com imparcialidade.

– C. S. Lewis[7]

É lugar-comum dizer que metade do mundo não sabe como a outra metade vive. Quem saberia dizer quais feridas seriam curadas, quais dificuldades seriam solucionadas se as atitudes de cada uma das duas metades dos habitantes do mundo fossem compreendidas e reconhecidas pela outra?

– Gandhi

Aquilo de que um homem não gosta nos seus superiores ele não pode impor àqueles que lhe são inferiores. Aquilo que lhe desagrada nos seus inferiores ele não pode colocar a serviço de seus superiores. O tratamento que ele reprova no vizinho da direita ele não pode dispensar ao vizinho da esquerda. O tratamento que ele condena no vizinho da esquerda ele não pode conceder ao da direita. É esse o significado do "Caminho do Procedimento Ético".

– O Grande Aprendizado, x, 2 (chinês)

O diâmetro de um dia é medido pela extensão do pensamento, e não pelo nascer ou pelo pôr-do-sol.

– Henry Ward Beecher

Não sei quem ou o que levantou a questão. Não sei quando isso aconteceu. Nem me lembro de tê-la respondido. Mas, em algum momento, eu respondi "Sim" a alguém ou a algo. E, desde então, tive a certeza de que a existência vale muito e de que, portanto, a minha vida, ao entregar-se, tinha um objetivo.

– Dag Hammarskjöld

Se eu pelo menos tivesse...
esquecido a futura grandeza
e olhado as coisas verdes e os edifícios
e me voltado para aqueles ao meu redor
e cheirado o ar
e ignorado as formas e as obrigações criadas por mim mesmo
e ouvido a chuva bater no telhado
e abraçado a minha esposa
...e não é tarde demais!

– Hugh Prather[8]

Muitas pessoas medem a felicidade em termos de prazer físico e bens materiais. Como elas ficariam felizes se pudessem alcançar um objetivo visível que tivessem colocado no horizonte! Na falta desse presente ou daquela circunstância, elas se sentem muito infelizes.

Se essa fosse a maneira de medir a felicidade, eu, que não posso ouvir nem enxergar, teria todos os motivos para me sentar em um canto, com as mãos cruzadas, e chorar. Se, apesar das minhas deficiências, me sinto feliz; se a minha felicidade é tão profunda que chega a ser uma fé e tão meditativa que chega a ser uma filosofia de vida; se, para resumir, eu sou uma otimista, o meu testemunho à crença do otimismo vale a pena ser ouvido.

– Helen Keller

A alma humana é como um lago nas montanhas. Em silêncio e devagar, longe das multidões, ela amadurece e se renova com força, objetivo, fé, coragem, energia, velocidade e iniciativa. Depois transborda sobre o mundo e move os moinhos dos relacionamentos como um Niágara!

– Edward Earle Purinton

Pensamos em segredo; é isso que acontece.
O ambiente nada mais é do que o nosso espelho.

– James Allen

Agora, pare e considere: como você se sente após ler essas reflexões e pensamentos eternos? Um pouco mais forte? Um pouco mais "estável"? Reflita sobre isso: se você lesse e assimilasse textos assim alguns minutos todas as manhãs, isso melhoraria a qualidade das suas decisões no correr do dia?

Acreditamos que sim. Após compartilhar essa prática com participantes dos nossos seminários no mundo inteiro, vimos como ela pode reduzir, e muito, os níveis de estresse. As pessoas se sentem "mais calmas", "mais tranqüilas" e "mais conectadas". Elas freqüentemente fazem comentários como:

- "Não consigo nem me lembrar de quando foi a última vez que li esse tipo de literatura."
- "Não consigo acreditar na diferença que senti."
- "Isso me fez lembrar do que é importante na vida."

Ler literatura filosófica é uma atividade muito eficaz do Quadrante II. Proporciona grandes benefícios e não requer muito tempo. Na realidade, é como se parássemos por uns minutos em um posto de gasolina – ela fornece o combustível necessário para percorrermos efetivamente outros 300 km de estrada.

REBECCA

Um das práticas que mais aprecio é o estudo diário da literatura filosófica – em geral, da literatura sagrada da minha crença religiosa. Cada vez que as circunstâncias da minha vida se alteravam – outro bebê, um novo projeto de livro, outra mudança –, eu tinha de batalhar para conseguir ordenar as coisas e encaixar a novidade. Mas a leitura de trechos desse tipo de literatura tem sido uma das minhas maiores fontes de tranqüilidade. Ela me tornou mais paciente, mais gentil, mais amorosa, mais concentrada e mais capacitada a enfrentar os desafios do dia.

Lembro-me de uma manhã em que eu tinha um projeto importante que precisava estar pronto até às 8h. Ao entrar no meu escritório às 6h, olhei para o trabalho na tela do computador e, depois, para a escrivaninha, onde estava a leitura programada para o dia. Senti uma forte tentação de deixar a leitura de lado e começar a trabalhar no projeto imediatamente.

Mas, no íntimo, eu sabia que devia começar pela leitura. E foi o que fiz. Passei cerca de vinte minutos me "concentrando" para o dia e, em seguida, comecei a me ocupar do projeto com todo o entusiasmo. Forcei-me a trabalhar com rapidez e, até ter praticamente acabado, nem mesmo olhei para o relógio. Quando, de fato, fui ver as horas, não pude acreditar! Eram apenas 7h30! O que parecia ter levado umas duas ou três horas de trabalho havia sido feito em apenas uma hora e dez minutos.

Roger

Por causa das viagens a trabalho, passo muitas horas guiando carros e dentro de aviões. Com o correr dos anos, aprendi a usar esse tempo para escutar alguns dos muitos inspiradores trabalhos clássicos que estão disponíveis em fitas cassetes e CDs. Isso me permite transformar o que seria um tempo perdido em um importante momento de aprendizado. Além disso, sinto que há um fluxo diferente, uma perspectiva nova que surge do ato de escutar em vez de ler. Fico impressionado com a influência que essas coisas têm causado no meu modo de pensar sobre o tempo.

Reservar alguns minutos para expor a mente e o coração aos grandes pensamentos da civilização em todos os tempos revela uma excelente perspectiva dos desafios do dia. Você pode procurar na biblioteca local, nas livrarias e na Internet os títulos que representam os melhores pensamentos de todos os séculos. Nós incluímos neste livro uma bibliografia concisa para aprofundamento de estudos.

Dois: avalie a experiência

Como a busca da sabedoria precisa ser conduzida em uma "era informatizada", é importante sabermos distinguir informação, conhecimento e sabedoria.

A informação representa, na essência, uma compilação de dados. É importante, mas sozinha não fornecerá conhecimento. Mover-se da informação para o conhecimento requer *experiência.*

Roger

Tenho um diploma em Administração com especialização em Estatística,

Economia e Contabilidade. Para obtê-lo, fiz vários cursos de gerenciamento financeiro. Em outras palavras, recebi muita informação sobre dinheiro e tive alguma experiência no mundo dos negócios.

Mas preciso admitir que as nossas "aventuras financeiras" dos últimos anos me ensinaram muito mais sobre o dinheiro do que aprendi nas salas de aula ou no mundo dos negócios. Ao que tudo indica, eu precisava vivenciar os desafios de maneira mais pessoal antes de conseguir compreender – embora eu não tenha aprendido muito mais do que já sabia.

É evidente que não precisamos vivenciar tudo para sabermos quais caminhos devem ser evitados. E quanto mais aprendermos a observar escolhas e conseqüências em nossa vida, assim como na vida dos outros, mais capazes seremos de identificar os caminhos que são produtivos ou destrutivos.

Mas é a experiência – boa ou má – que nos dá o conhecimento e que nos permite escolher bem. Pode ser a experiência com a dor causada pela doença ou a "adrenalina" que acompanha a ginástica e nos faz valorizar a saúde. Pode ser a experiência com a tristeza de um relacionamento difícil ou a alegria proporcionada pelas relações sólidas e de alta confiança. Pode ser a experiência com a angústia da dívida ou a satisfação com os juros acumulados em nossas aplicações o que nos faz valorizar a inteligência financeira. Em cada caso, é a experiência que nos ajuda a ver o melhor caminho.

E, então, como podemos conseguir tirar o máximo da experiência? Como apontamos no capítulo dois, a vida é um processo de aprendizado, de crescimento e de correção de curso. Esperar que *não* venha a ser preciso corrigir o curso somente nos trará frustrações. Cometer os mesmos erros repetidamente também causa desapontamentos e produz um imenso desperdício de energia e de tempo. Em vez de nos movermos para a frente, ficamos parados, perdendo tempo.

Por tudo isso, precisamos assimilar a nossa experiência. Temos que avaliá-la, refletir sobre ela e adquirir entendimento e compreensão através de nossos duelos com os acontecimentos – importantes e insignificantes – do dia-a-dia. A habilidade de nos mantermos atentos e de analisarmos as experiências e aprendermos com elas é uma das melhores formas de conseguirmos nos encaminhar em direção à sabedoria e de engatar as marchas que nos levarão adiante com mais eficácia.

Descobrimos que três "tenho de fazer" são muito úteis nessa área:

1. Manter um diário pessoal de aprendizado.
2. Aprender através da experiência dos outros.
3. Compartilhar a experiência.

Manter um diário pessoal de aprendizado

Constatamos que manter um diário pessoal de aprendizado é uma maneira incrível de assimilar a experiência. Além dos valores terapêuticos, informativos, etc., que um diário desse tipo proporciona, adquirimos uma profunda sabedoria quando captamos, com clareza, a compreensão dos nossos critérios e do processamento sensato das experiências do dia-a-dia. Ao fazer isso, você se vê ativamente envolvido na observação e na assimilação da sua própria experiência. Passa a ter mais consciência da sua inteligência orientadora. Começa a perceber as conseqüências de segui-la ou ignorá-la. E pode usar essa conscientização, mesmo em meio a um desafio, para reconhecer e não deixar escapar a capacidade de adquirir sabedoria.

Rebecca

Lembro-me de certa ocasião em que estava me sentindo um pouco cansada e insegura em relação aos meus objetivos. Roger conseguiu um tempo para ficar com as crianças para que eu pudesse ter alguns dias para mim mesma. Fui para uma pousada, não muito distante, onde descansei e relaxei, e isso foi muito útil. Mas o que mais me ajudou foi o fato de ter levado o meu diário comigo e de ter revisto o ano anterior. Ao examinar a minha vida através de uma perspectiva mais abrangente, identifiquei padrões que não eram visíveis no dia-a-dia. As experiências e as percepções começaram a se juntar de uma maneira que eu nunca havia imaginado. Dessa forma, consegui obter uma visão mais clara do que eu precisava fazer e voltei para casa me sentindo mais cheia de energia e vigor.

As anotações no diário podem levar menos do que cinco minutos por dia ou ser feitas semanalmente. Tanto faz escrevê-las no papel ou no computador.

Entre as vantagens do diário escrito à mão estão a facilidade de carregá-lo para qualquer lugar, o acesso irrestrito a ele – você pode usá-lo durante uma falta de energia, por exemplo – e o fato de produzir uma saudável desaceleração dos processos mentais, da pressão sangüínea e dos batimentos cardíacos. Além disso, ele é um legado personalizado para os filhos ou netos que algum dia queiram lê-lo.

Entre as vantagens de um diário eletrônico estão o acesso rápido, a facilidade de correção e edição, a rapidez para arquivá-lo, a produção de cópia de segurança e a possibilidade de efetuar a procura de uma palavra quando se quer pesquisar algo.

Contudo, não importa como você o faça, nós o encorajamos a fazê-lo e a periodicamente rever o que escreveu para ampliar a sua compreensão.

Aprender através da experiência dos outros

Além de aprendermos com as nossas próprias experiências, temos como fazer isso por meio das experiências dos outros. Podemos nos divertir lendo biografias, assistindo a filmes, peças e documentários bons – qualquer coisa que nos ponha em contato com a verdadeira experiência humana e que mostre as conseqüências *verdadeiras*. Embora a mídia popular apresente "imagens da vida" em abundância, no íntimo sabemos que muito do que é mostrado não representa a "realidade". Como resultado, isso produz ilusões e expectativas irreais que causam frustração. Portanto, em vez de absorver de forma inconsciente as expectativas criadas pela mídia, é "sensato" examiná-las com atenção.

Outra fonte excelente de sabedoria e de influência é fornecida por personalidades que ainda estão vivas. Muitos líderes – religiosos, políticos, humanitários, educadores e empresários – são pessoas de talento, experiência, isto é, inspiradores que têm algo importante a relatar. Podemos aprender analisando suas vidas, escolhas e perspectivas. A sua inteligência orientadora pode ajudá-lo a desviar-se das personalidades carismáticas e das filosofias populares que não possuem os princípios como tema central. Compare o que as pessoas dizem e fazem com os temas comuns descritos na literatura filosófica de todos os tempos.

Além disso, podemos aprender a observar com mais cuidado e a valorizar o exemplo da escolha e das conseqüências na vida das pessoas que nos cercam. Uma boa vantagem desse tipo de fonte – principalmente quando aprendemos por meio de membros da família, amigos ou vizinhos que estão dispostos a compartilhar com sinceridade – é podermos penetrar nos corações e nas mentes dos outros, de forma que o aprendizado não se restrinja ao comportamento e passe a incluir o motivo e o significado. Um dos grandes benefícios dos relacionamentos profundos é o aprendizado compartilhado.

Compartilhar a experiência

Isso nos leva a outro caminho da sabedoria: compartilhar aquilo que aprendemos. Ao considerar esse caminho, nós o aconselhamos a experimentar o seguinte teste:

Pare por um minuto e pense sobre uma pessoa que influenciou a sua vida de maneira significativa. Quem é ela? Por que motivo o afetou tanto? Antes de continuar a ler, pare um instante e reflita sobre a influência que essa pessoa exerceu na sua vida.

Se a sua experiência é igual à de muitas outras pessoas, você provavelmente identificou alguém:

1. Que tem uma enorme força de caráter.

2. Com quem você teve algum tipo de ligação pessoal.

3. Que compartilhava uma sabedoria inestimável.

Talvez tenha sido um dos pais ou um dos avós. Pode ter sido um professor ou um instrutor. Ou um amigo que acreditou em você quando ninguém mais fez isso. Quem quer que ela seja, essa pessoa fez diferença na sua vida – provavelmente através do exemplo e da disposição de compartilhar.

A questão é a seguinte: você é um pai, uma mãe, um avô, uma avó, um professor, um instrutor ou um amigo de alguém. E o seu exemplo e a sua disposição de compartilhar poderiam promover uma grande diferença na qualidade de vida de outra pessoa. É óbvio que você não vai querer compartilhar a ponto de ser considerado intrometido ou dar conselhos não solicitados que poderão não ser bem recebidos. Mas, se você está firmemente disposto a contribuir para o bem-estar dos outros e se é sensível aos "momentos instrutivos", então pode investir nas pessoas usando meios que proporcionarão grandes retornos – para a vida delas e para a sua também.

Ao compartilhar dessa maneira, você alinha a sua vida com o princípio da contribuição. Além disso, abre um diálogo que estabelece uma ponte entre as suas experiências com os princípios e as experiências dos outros. Ao interagir para a frente e para trás nessa ponte, você estabelece uma visão maior e mais compartilhada, e, dessa forma, a compreensão de ambos aumenta.

Essa é uma das razões pelas quais um casamento propicia uma oportunidade de aprendizado e de crescimento incomparável. Quando duas pessoas com origens, experiências e perspectivas diferentes se unem em um relacionamento íntimo, amoroso e carinhoso, o aprendizado fica substancialmente mais intenso quando elas interagem e compartilham as suas experiências e percepções dos importantes assuntos da vida. Juntas, podem se tornar muito mais sábias do que se estivessem sozinhas.

Três: atraia a inspiração

Além de valorizar os princípios e avaliar as experiências, sugerimos mais uma maneira importante de aumentar a sua sabedoria – "atrair a inspiração".

Historicamente, pode-se alcançar a sabedoria de duas maneiras. Uma delas sugere que a sabedoria é o ápice que atingimos através do conhecimento, da experiência e da maturidade. A outra concorda que tal ascensão é vital, mas acrescenta que a sabedoria verdadeira é obtida por meio de uma força superior, uma intervenção divina. Esta última entende a sabedoria como um presente.

Na primeira abordagem, a porta que leva ao caminho da sabedoria é o *questionamento* – a curiosidade, a admiração exacerbada. Na segunda, a porta é a humildade – estar aberto a receber ensinamentos de uma fonte mais elevada, mais sábia.

Qualquer que seja a maneira pela qual você vê a fonte de inspiração na sua própria vida, o fato é que todos vivenciamos momentos de compreensão que estão, de maneira irrefutável, além da nossa própria experiência. E o grau de atenção que dedicamos a essas compreensões faz uma diferença incrível na direção e na qualidade de nossa vida.

Na literatura filosófica, esse tipo de inspiração pessoal está, muitas vezes, relacionado à palavra *consciência*. Tradicionalmente, atribui-se à consciência a responsabilidade de nos ajudar a discernir os princípios e a nossa disposição de vivermos de acordo com eles. Mas ela recebeu, também, a atribuição de nos fornecer uma direção pessoal específica. E foi constatado que, quanto mais atenção e cuidado dispensamos àquilo que aprendemos através da experiência atraída, mais ativa ela se torna.

Todo ser humano possui uma tarefa a executar, obrigações a cumprir e uma influência a exercer que são peculiares a ele e que nenhuma outra consciência, com exceção da sua própria, pode lhe ensinar.

– William Ellery Channing

Na sua vida existem momentos em que você precisa prosseguir, mesmo que não possa levar seus melhores amigos com você. Quando há um conflito de obrigações, a "pequena voz" que existe dentro de você precisa ser o árbitro final.

– Mahatma Gandhi

Uma consciência tranqüila jamais teme a escuridão da noite.

– Provérbio chinês

Nada é mais potente do que um indivíduo agir segundo a sua própria consciência e, desse modo, ajudar a consciência coletiva a desabrochar.

– Norman Cousins

Sinto dentro de mim
Uma paz que excede todas as honrarias terrestres
Uma consciência tranqüila e imperturbável.

– William Shakespeare

A voz da consciência é tão delicada que é fácil abafá-la; mas é também tão clara que é impossível confundi-la.

– Madame Anne Louise Germaine de Staël

Esforce-se para manter acesa no seu peito aquela pequena centelha de fogo celestial chamada consciência.

– George Washington

A existência da "voz interior" da consciência é uma das verdades mais comprovadas em toda a literatura filosófica. Ao cultivá-la e evocá-la nos momentos em que tomamos decisões, ganhamos acesso a uma sabedoria potente que excede em muito a nossa.

Uma maneira de aumentar a capacidade de receber e de, efetivamente, fazer uso da inspiração é registrá-la no diário de aprendizado pessoal. Quando revemos, pomos em ação e avaliamos os resultados, passamos a ter mais consciência do papel e do grande benefício que ela tem em nossa vida.

O poder do isolamento

Durante a busca pela sabedoria, precisamos reconhecer o valor do isolamento. Na verdade, uma das coisas que a valorização dos princípios, a avaliação das experiências e o convite à inspiração têm em comum é o fato de que todas essas coisas são beneficiadas pelos períodos de isolamento. Muitas vezes é nessas horas de paz contínua que podemos intensificar nossa afinidade com as verdades eternas, com as percepções e com a inspiração.

No mundo acelerado de hoje, arrumar um tempo para refletir sobre a vida é um desafio. Mas, como disse Platão: "Uma vida não analisada não é digna de ser vivida." Essa é uma afirmação forte! Contudo, pense sobre isto: quando agimos com base em paradigmas imprecisos ou incompletos, correndo de um lado para outro, fazendo coisas que não estão alinhadas e não são muito importantes, cometendo os mesmos erros sem parar, quanta satisfação vamos tirar da vida? Qual será o nosso grau de equilíbrio e tranqüilidade?

No Oriente Médio, as famílias beduínas, como parte da educação dos filhos, costumam mandá-los para longe com seus rebanhos por longos períodos. Os pais acham que fases tranqüilas de isolamento e meditação são fundamentais para o desenvolvimento de uma criança. É óbvio que não queremos ser apanhados pela armadilha da "paralisia da análise", que nos faz passar tanto tempo nos auto-analisando, que nunca conseguimos fazer nada. Mas, para a maior parte da nossa sociedade, estamos correndo o perigo de não dedicarmos tempo nenhum a uma verdadeira introspecção.

Rebecca

Uma das coisas que mais apreciei em Roger durante todos esses anos foi o fato de ele ter sempre me proporcionado períodos de isolamento pessoal – ocasiões em que eu podia me desligar de tudo e me conectar a mim mesma novamente. Uma vez por ano, ele se preparava para passar alguns dias em casa com as crianças, para que eu pudesse ficar sozinha. Acho que esses períodos eram tão importantes para ele quanto para mim. Eles lhe davam a oportunidade de interagir com as crianças, de estabelecer relacionamentos, e, naquele começo do nosso casamento, o fizeram ver, com mais clareza, os desafios que eu enfrentava como dona-de-casa e mãe em horário integral.

Como o filósofo e matemático Blaise Pascal observou: "Todas as nossas aflições são causadas pela incapacidade de permanecermos quietos em uma sala." Quando paramos para refletir e ponderar sobre a vida, abrimos as portas a uma compreensão e a uma sabedoria mais grandiosas.

O caráter é a chave

No começo deste capítulo dissemos que a *experiência* representa a diferença entre a informação e o conhecimento. Portanto, o *caráter* é a diferença entre o conhecimento e a sabedoria. Para conseguir resultados positivos, não basta *saber* ou mesmo *saber como* alcançar a sabedoria; é necessário pô-la em prática também – pelos motivos certos, na hora certa e da maneira certa.

De acordo com uma pesquisa realizada pelo bankrate.com: "Quando se trata de finanças pessoais, em geral a maior parte das pessoas sabe o que deveria fazer, mas muitas não fazem. Como um indivíduo obeso que sempre promete iniciar uma dieta na semana seguinte, um americano típico planeja pôr as finanças em ordem *assim que tiver tempo*."[9] (Destaque nosso.)

No entanto, um americano comum passa cerca de quatro horas por dia em frente à televisão.

Nós, provavelmente, *sabemos* mais do que *fazemos* em quase todas as áreas da vida. Assim, qual é a solução? A solução está no caráter. Significa ter força moral ou ética para subordinar os nossos desejos imediatos aos nossos valores e às nossas obrigações e fazer aquilo que produzirá os resultados positivos que desejamos – mesmo que estejamos tentados a adiar ou a seguir caminhos que, a curto prazo, parecem mais fáceis ou mais agradáveis. Significa possuir a integridade de ser fiel àquilo que existe de melhor dentro de nós.

E como você desenvolve o caráter? Você o procura. Você o cultiva. Você o exercita nas decisões que toma todos os dias. Todas as vezes que decidir dedicar tempo àquilo que é importante e não ao que é meramente urgente, todas as vezes que decidir investir em vez de consumir, todas as vezes que decidir evitar uma armadilha do tempo ou sair de um "buraco negro" e todas as vezes que decidir contribuir no trabalho e em casa, você estará desenvolvendo a força do caráter. O caráter é forjado na faina diária.

Esse é o motivo pelo qual vivermos atentos e processarmos as nossas próprias experiências é tão vital. Você pode aprender sobre os princípios. E também pode ler sobre a experiência de outras pessoas. Mas é na prática que você realmente desenvolve a sua inteligência orientadora. É lá que o aprendizado cognitivo se torna empírico. É lá que o aprendizado empírico – processado corretamente – se transforma em sabedoria. E é no momento em que você confronta, com atenção, os desafios diários da vida que você aprende a apontar a sua bússola e o seu curso para o "verdadeiro norte".

A vida é importante

Na vida, quando seguimos nossos caminhos, fica claro que todos somos fortes em algumas áreas e fracos em outras. Podemos ser ótimos administradores de dinheiro, mas péssimos administradores de tempo. Podemos ser muito eficientes no trabalho, mas inúteis em casa.

E isso é normal. É "realista". É o que somos.

Entretanto, temos que aprender também o que é "real". Precisamos reconhecer que o trabalho é importante, que a família é importante, que o tempo é importante e que o dinheiro é importante. E, se quisermos estabelecer um equilíbrio de vida, necessitamos investir no desenvolvimento de pelo menos um nível básico de competência e sabedoria em todas as quatro áreas.

Devemos igualmente nos lembrar de que a vida em si é importante. Como Emily perguntou em *Nossa cidade*: será que, por acaso, os seres humanos percebem a vida enquanto a vivem? Durante cada minuto?

A resposta quase universal a essa pergunta é: "Não." Na maior parte do tempo, não vemos como a vida é curta e como somos tolos por desperdiçarmos tempo, vivermos com ressentimentos, fecharmos nosso coração aos outros e nos recusarmos a perdoar. Nós não conseguimos captar a preciosidade de cada momento, tampouco somos capazes de entender como podemos ser úteis.

Existem instantes em que olhamos para as Helen Kellers, para as Madres Teresa, para os Mahatma Gandhis e para os Nelson Mandelas deste mundo e constatamos que uma vida pode fazer diferença. Mas, se formos sábios, descobriremos que, na maioria das vezes, não precisamos ir além dos nossos próprios quintais.

Rebecca

Há cerca de um ano, meu pai – que tinha acabado de completar oitenta anos – faleceu. Enquanto eu me preparava para dizer algumas palavras no seu enterro, vivi momentos maravilhosos pensando sobre a vida dele.

Meu pai não era famoso no sentido popular. Mas era um homem bem-sucedido. E, mais importante, era um homem bom. Muitas vezes, após trabalhar o dia inteiro, ele levava minha mãe e eu a hospitais, prisões, bailes da USO (organização filantrópica que tem como missão principal oferecer bem-estar e lazer às Forças Armadas norte-americanas*) e a outros lugares onde montávamos shows de variedades que proporcionavam alegria e felicidade a pessoas que enfrentavam problemas sérios em suas vidas.*

Um dia, quase no final da vida dele, quando já estava muito doente, sentei-me ao seu lado e juntos começamos a contar os vizinhos a quem ele havia ajudado a cuidar do jardim ou a fazer outras coisas. Enquanto, mentalmente, percorríamos a rua em ambas as direções, percebi que praticamente não havia uma casa na qual ele não tivesse auxiliado alguém. Enquanto eu me lembrava de todos os amigos e vizinhos que ele tinha ajudado, de todas as pessoas cujas vidas haviam melhorado por causa do trabalho dele, e da influência que ele havia exercido sobre as vidas de três gerações da família, vi que não é preciso ser um Mahatma Gandhi ou uma

Madre Teresa para fazer diferença neste mundo. Tudo o que temos que fazer é agir dentro do nosso círculo de influência – seja ele grande ou pequeno – e contribuir da melhor maneira possível. E isso fará uma diferença!

Todas as vidas são importantes. A sua vida é importante. As nossas vidas são importantes. E, em geral, é na discreta lida diária que elas são mais importantes.

No nosso mundo ativo e saturado de diversões e de atrações da mídia, é fácil ficarmos tão concentrados nos *acontecimentos* que nos esquecemos de que as verdadeiras alegrias e contribuições da vida se encontram no próprio dia-a-dia. Mas a verdade é que, enquanto os acontecimentos são como a pontuação na escrita – e alguns deles podem até mesmo ser pontos de exclamação –, o significado não está na pontuação. É a faina desse dia-a-dia que nos dá conhecimento, experiência e sabedoria. E, em geral, é na lida diária que as nossas melhores contribuições – muitas vezes inconscientes – são feitas.

Como dissemos, é o processo do tornar-se. Nós vamos cometer erros. A solução, portanto, é continuar vivendo, continuar amando e continuar tentando.

Roger

Quando nossos três filhos mais velhos ainda eram pequenos, passei uma boa parte do tempo levando-os para acampar e pescar. Éramos bons companheiros e nossos relacionamentos sempre foram motivo de alegria para todos.

Mas, quando eles já estavam mais crescidos, passamos por um período em que eu estava muito ocupado no trabalho. Um dia, descobri que meu filho mais velho – então cursando o último ano do segundo grau – estava começando a questionar várias coisas, entre elas o toque de recolher, o compromisso de chegar em casa na hora. "Qual é o problema?", ele perguntava. "Você não confia em mim?" E, freqüentemente, chegava em casa tarde.

Por trás das palavras e atitudes dele, pude notar que o nosso relacionamento estava se deteriorando. Percebi que, sem querer, eu havia permitido que a minha vida se desequilibrasse e que eu não estava dedicando a ele o tempo adequado. Senti que o que eu precisava fazer era levá-lo para acampar comigo.

Tive de me desdobrar para rearrumar o meu horário e arranjar tempo. Mas quando me aproximei dele esperando ver a mesma reação de entusiasmo –"Acampar? Ótimo!" – que ele manifestava quando tinha 13 ou 14 anos, fiquei decepcionado. Ele começou a falar sobre festas e garotas e, para resumir, disse que não queria ir.

Foi então que eu o fiz se sentir culpado. Disse-lhe que havia conseguido aquele tempo à custa de grandes sacrifícios e o fiz se lembrar de tudo o que a mãe havia feito para ele durante todos aqueles anos. Mesmo assim, ele continuava não querendo ir. No final, usei a minha autoridade de pai e determinei: "Nós vamos. Arrume as suas coisas." Resignado, ele finalmente concordou.

Ao que tudo indica, ele decidiu me testar durante o caminho. Perguntou se podia ligar o rádio – na emissora preferida dele. Eu rangi os dentes quando a música alta e detestável invadiu o ambiente. Após alguns minutos, porém, ele estendeu a mão e mudou para uma estação com uma música mais suave e agradável. Achei que tinha passado no teste. "Era horrível, não era?", comentou sorrindo.

Depois de alguns minutos, decidi experimentar o meu novo apito de "coelho ferido" (ao tentar descobrir uma atividade que pudéssemos fazer juntos, eu fui conversar com um amigo que me assegurou que caçar coiotes seria uma atividade excitante e ecologicamente correta, e que havia esse apito de "coelho ferido" que atrai os coiotes). E, então, soprei o apito. Mas, antes que aquele som horrível e triste conseguisse nos sufocar, eu parei.

Quando chegamos ao acampamento, decidimos que já estava tarde demais para caçar coiotes e, assim, fomos comer bifes grelhados na fogueira. Após o jantar, começamos a fazer "espetinhos de pão" – a nossa guloseima tradicional nos acampamentos. (Na extremidade de um espeto, coloca-se um pouco de massa de pão – com cerca de cinco centímetros de diâmetro e cortada no final – que depois é levada para assar lentamente sobre as brasas. O resultado é um pãozinho em formato de xícara que pode ser recheado com manteiga, mel ou geléia.)

O que os pães no espetinho têm de maravilhoso é o fato de levarem um tempão para ficarem prontos, o que nos permite falar durante mui-

to tempo. E foi o que fizemos. Agachados juntos à fogueira, com a Via Láctea lá em cima e muito distante das luzes elétricas, nós conversamos. E não demorou muito para que ele começasse a se abrir. Para minha grande surpresa, descobri que meu filho estava saindo com uma garota há meses e que, aparentemente, todo mundo sabia disso, exceto eu. Uma das razões pelas quais ele não havia dito nada foi porque sabia que eu era contra "namoros firmes". Evidentemente, a garota começou a falar sobre ter algo mais sério do que ele queria, e isso o fez terminar o namoro na noite anterior.

Eu me senti péssimo. Ali estava o meu filho atravessando um período importante da vida dele e eu não tinha a menor idéia. Enquanto continuávamos a conversar, ele começou a mencionar outras preocupações em relação ao seu futuro – sobre a formatura, sobre ir para a faculdade e ter de enfrentar algumas das responsabilidades da vida adulta. Conversamos durante muitas horas antes de, finalmente, irmos dormir.

Na manhã seguinte, quando acordamos, decidimos que já estava tarde para caçar coiotes. Resolvi guardar o meu apito de "coelho ferido" e fomos preparar ovos com bacon. Acho que nunca oferecemos um perigo real à população dos coiotes – o que para mim é muito bom, já que eu prefiro "caçar" com uma câmera. Depois do café da manhã, fizemos uma caminhada, praticamos tiro ao alvo e curtimos a companhia um do outro. Finalmente, felizes, e mais uma vez bons camaradas, voltamos para casa.

Embora aquele tempo com o meu filho tenha sido muito proveitoso, a verdadeira compensação veio na semana seguinte. Alguns rapazes do terceiro ano iam sair juntos para uma noitada de diversão – boate, jogos, filmes e boliche –, e nosso filho queria ir com eles. Achei que não seria sensato que ele passasse a noite toda fora de casa e, por isso, pedi que estipulasse um horário razoável para estar de volta. Ele sugeriu 2h, que na minha opinião era tarde demais.

Quando o relógio bateu as 2h (e "aconteceu" de eu estar acordado lendo àquela hora), ele entrou em casa. Levando em consideração as suas recentes atitudes em relação aos toques de recolher, me senti agradavelmente surpreso.

Enquanto ele se encaminhava para o quarto, eu disse:

– Preciso lhe perguntar... Com toda a honestidade, achei que você fosse chegar tarde. Pensei que tivesse concordado com a hora porque imaginava que seria mais fácil obter perdão do que permissão. O que houve?

Ele me olhou por um momento e então respondeu:

– Bem, papai. Decidi que, para mim, o nosso relacionamento é muito mais importante do que eu chegar tarde em casa.

Agora, esse filho já é um homem casado e tem uma família linda. Uma vez, quando lhe perguntei se durante todos aqueles anos eu havia, alguma vez, agido corretamente, ele respondeu: "O que eu mais apreciava era o fato de que você continuava tentando."

O que é importante?

A vida é importante.

E cada novo dia é uma página em branco, indefinida.

Mas, se nós valorizarmos os princípios, aprendermos com a nossa experiência, atrairmos a inspiração e vivermos em harmonia com ela – e continuarmos tentando –, conseguiremos desenvolver a sabedoria de viver bem e com alegria.

Esperamos que aquilo que compartilhamos com você o ajude a prosseguir na sua jornada, porque sabemos que a sua vida é importante.

Notas

CAPÍTULO UM: O QUE É IMPORTANTE?

1. A informação foi obtida em uma pesquisa realizada pelo Profiles Department at FranklinCovey. Uma cópia gratuita desse relatório está disponível em www.franklincovey.com/lifematters.
2. COVEY, Stephen R. *The 7 Habits of Highly Effective Families*. Nova York: Golden Books, 1997, p. 17.

CAPÍTULO DOIS: OS TRÊS "TENHO DE FAZER"

1. Essa história nos foi contada por um colega. Soubemos de um relato semelhante publicado na *Reader's Digest*, em julho de 1980, p. 21.
2. WEIHENMAYER, Erik. *Touch the Top of the World: A Blind Man's Journey to Climb Farther Than the Eye Can See*. Nova York: Plume, reimpressão, 26 de março de 2002. Essa é a biografia de Erik, que contou a sua história no FranklinCovey Symposium, em 2002.
3. COLLINS, Jim. *Good to Great. Why Some Companies Make the Leap... and Others Don't*. Nova York: Harper Business, 2001, pp. 83-87. Embora tenhamos contado a história neste livro da forma como Jim a relatou em um programa para executivos no Arizona, tiramos as citações diretamente de seu recém-lançado livro.
4. PECK, M. Scott. *The Road Less Traveled*. Nova York: Touchstone, 1978, p. 15.
5. Ibidem, p. 16.
6. O resumo do trabalho de Kathleen S. Bahr e Cheri A. Loveless foi usado com permissão de ambas. As partes estão disponíveis em BAHR, Kathleen S. "The Power of the Home Economy", 2.º Congresso Mundial das Famílias, Genebra, Suíça, novembro de 1999. Ver também a nota 8.
7. DEMOS, John. "The Changing Faces of Fatherhood". Em *Past, Present, Personal: The Family and the Life Course in American History*. Nova York: Oxford University Press, 1986. Também citado em Bahr e Loveless (1988), ver a nota 8.
8. BAHR, Kathleen S. e LOVELESS, Cheri A. "Family Work in the 21st Century". Em *Charting a New Millenium*, editado por Maurine Proctor e Scott Proctor, Salt Lake City, UT: Aspen Books, 1988, p. 184.
9. Ibidem, pp. 185-187.
10. Ibidem, p. 187.
11. Ibidem, pp. 188-189.
12. Ibidem, p. 177.
13. STANLEY, Thomas J. e DANKO, William D. *The Millionaire Next Door*. Marietta, Georgia: Longstreet Press, 1997.
14. COVEY, Stephen R., MERRILL, A. Roger, MERRILL, Rebecca R. *First Things First: to Live, to Learn, to Love, to Leave a Legacy*. Nova York: Simon and Schuster, 1994. Ver capítulo 5, "The Passion of Vision", e Apêndice A, "Mission Statement Workshop".
15. GARFIELD, Charles. *Peak Performers: The New Heroes of American Business*. Nova York: Avon Books, reimpressão, 1991, p. 102.

16. WHITTIER, John Greenleaf. "The Grave by the Lake". *The Complete Poetical Works of John Greenleaf Whittier*. Mifflin, Boston: Houghton, 1904.

CAPÍTULO TRÊS: **O TRABALHO É IMPORTANTE**

1. BROWN, Bettina Lankard. "Changing Career Patterns". ERIC Digest 219, ERIC Clearing House on Adult Career and Vocational Education. Columbus, OH, outubro de 2000. Embora uma pesquisa definitiva nessa área seja praticamente impossível dadas as diferentes definições de "carreira", esse é um tema freqüentemente abordado por consultores que concordam que esse setor está em grande expansão. Esse artigo fornece uma boa visão geral.
2. STANLEY, Thomas J. e DANKO, William D. *The Millionaire Next Door*. Marietta, Georgia: Longstreet Press, 1997.
3. CHRISTIANSEN, Shawn L. e PALKOVITZ, Rob. "Why the 'Good Provider' Role Still Matters." *Journal of Family Issues*, v. 22, n.º 1 (janeiro de 2001): 84-106; como citado em *The Family in America*, New Research Supplement, março de 2001.
4. LEVINE, James A. e PITTINSKY, Todd L. *Working Fathers: New Strategies for Balancing Work and Family*. Reading, Massachusetts: Addison-Wesley, 1977, pp. 20-33.
5. www.workandfamily.org. Center for Work Family Balance. Research tables of collected data. Table 15, Composition of Working Households.
6. KELLEY, Linda. *Two Incomes and Still Broke?* Nova York: Random House, 1996; DAPPEN, Andy. *Shattering the Two-Income Myth*. Brier, Washington: Brier Books, 1997. Ver também o Motley Fool Website (www.fool.com), que disponibiliza uma calculadora on-line, "Should My Spouse Work?".
7. HOCHSCHILD, Arlie R. *The Time Bind*. Nova York: Metropolitan Books, 1997.
8. ASTORGA, Henry. "Asian Works Ethic – Fact or Fluff?" *Today's Asian Business Strategy Ezine*, 19 de setembro de 2001; ver também KOTKIN, Joel. *Tribes*. Nova York: Random House, 1993, ver capítulos 5 e 6.
9. BRUCH, H. e GHOSHAL, S. "Beware the Busy Manager". *Harvard Business Review*, fevereiro de 2002.
10. FranklinCovey/Harris Interactive "xQ™" (Execution Quotient). Pesquisa com 11.045 trabalhadores norte-americanos, entre executivos, gerentes e operários, em cerca de 11 organizações importantes, entre elas bancos e corretoras, comércio varejista, saúde, órgãos da administração pública e governamental, militares, prestadores de serviços/área tecnológica, telecomunicações, educação, indústria automotiva, acomodações e alimentação e comunicações. Os resultados da pesquisa estão disponíveis em www.franklincovey.com.
11. Virginia Tech's National Institute for Personal Finance Employee Education, apresentação ao AICCA Mid-Winter Meeting, San Diego, Califórnia, 14 de janeiro de 2000.
12. COVEY, Stephen R. *The 7 Habits of Highly Effective People*. Nova York: Simon and Schuster, 1989, pp. 65-94.
13. DRUCKER, Peter. *The Effective Executive*. Nova York: HarperCollins, 2002, p. 52.
14. Ibidem, p. 98.
15. ALCOTT, Louisa May. *Little Women*. Nova York: Grosset and Dunlap, reimpressão. Little, Brown edition, p. 281.
16. KILLINGER, Barbara. *Workaholics: The Respectable Addicts*. Nova York: Simon and Schuster, 1991; e também ROBINSON, Bryan E. *Chained to the Desk: A Guidebook for Workaholics*,

Their Partners and Children, and the Clinicians Who Treat Them. Nova York: New York University Press, 2001.

17. FRIEDMAN, Stewart D., CHRISTENSEN, Perry e DEGROOT, Jessica. "Work and Life: The End of the Zero-Sum Game". *Harvard Business Review*, novembro-dezembro de 1998, pp. 119-120.
18. Ibidem, pp. 120-121.

CAPÍTULO QUATRO: **A FAMÍLIA É IMPORTANTE**

1. CARLSON, Allan. "The Natural Family is the Fundamental Social Unit: A Summons to Create Social Engineering", discurso feito no 2.º Congresso Mundial das Famílias, Genebra, Suíça, 15 de novembro de1999.
2. Extraído de referências citadas em COVEY, Stephen R. *The 7 Habits of Highly Effective Families.* Nova York: Golden Books, 1997, p. 17.
3. Ibidem, p. 17.
4. HORN, Wade F. e SYLVESTER, Tom. *Father Facts*, 4.ed. National Fatherhood Initiative, Gaithersburg, MD, 2002. As estatísticas apresentadas no texto foram extraídas de "1997 Fatherhood Initiative Study" e também estão disponíveis em www.fatherhood.org.
5. HALEY, George. "Family". Discurso feito no 2.º Congresso Mundial das Famílias, Genebra, Suíça, 17 de novembro de 1999.
6. Usado com permissão da Family Leadership International, LLC.
7. LILLARD, L. A. e WHITE, L. J. "Til Death Do Us Part: Marital Disruption and Mortality". *American Journal of Sociology*, março de 1995, pp. 1.131, 1.143. (As notas de 7 a 13 e as informações mencionadas no texto foram extraídas de: VANDENBERGHE, Elizabeth, "Happiness, Health and Marriage", *Ensign Magazine*, agosto de 2001, pp. 28-35.)
8. BURR, J. A., McCall, P. L. e POWELL-GRINER, E. "Catholic Religion and Suicide: The Mediating Effect of Divorce". *Social Science Quarterly*, junho de 1994, 300-318; ROBINS, L. N. e REGIER, D. A. *Psychiatric Disorders in America: The Epidemiologic Catchment Area Study* (1991).
9. WAITE, L. J. "Does Marriage Matter?". *Demography*, novembro de 1995, pp. 483-507; GOVE, W. R. "Sex, Marital Status and Mortality". *American Journal of Sociology*, junho de 1973, pp. 45-47.
10. ROBINS, L. N. e REGIER, D. A. *Psychiatric Disorders in America: The Epidemiologic Catchment Area Study* (1991).
11. RINDFUSS, R. R. e VANDEN HEUVEL, A. "Cohabitation: A Precursor to Marriage or an Alternative to Being Single?". *Population and Development Review*, dezembro de 1990, 703-26.
12. MICHAEL, R. T., GAGNON, J. H.; LAUMANN, E. O. e KOLATA, G. *Sex in America: A Definitive Survey* (1994).
13. COOMBS, R. H. "Marital Status and Personal Well-Being: A Literature Review". *Family Relations*, janeiro de 1991, p. 100; GOVE, W. R.; STYLE, C. B. e HUGHES, M. "The Effect of Marriage on the Well-Being of Adults: A Theoretical Analysis". *Journal of Family Issues*, março de 1990, pp. 4-35; WOOD, W.; RHODES, N. e WHELAN, M. "Sex Differences in Positive Well-Being: A Consideration of Emotional Style and Marital Status". *Psychological Bulletin*, v. 106, n.º 2 (1989), pp. 249-64.
14. The Family and Society Data Base – componente da John L. Swan Library sobre família e cultura. Ver www.profam.org.
15. Usado com a permissão da Family Leadershop International, LLC.

16. EVANS, Richard L. *An Open Road*. V. 3. *Thoughts for 100 Days*. Salt Lake City: Publishers Press, 1968. Usado com permissão.
17. Para obter mais informações sobre como escrever uma declaração de missão de família, ver: COVEY, Stephen R. *The 7 Habits of Highly Effective Families*, Nova York: Golden Books, 1997, pp. 70-109.
18. Para obter mais informações sobre como estabelecer um acordo vantajoso na família, ver ibidem, pp. 188-195.
19. Estatísticas sobre Adult Literacy (alfabetização de adultos), Orange County Register, Santa Anna, Califórnia, 22 de setembro de 2002.
20. LEE, Harold B. *Strengthening the Home*. Panfleto. The Church of Jesus Christ of Latter-Day Saints (A Igreja de Jesus Cristo dos Santos dos Últimos Dias), 1973, p. 7.

CAPÍTULO CINCO: O TEMPO É IMPORTANTE

1. "The Chronic Complaint". *Scientific American*, setembro de 2002, p. 10.
2. HANNA, David P. *Leadership for the Ages*. Provo, Utah: Executive Excellence Publishing, 2001, pp. 163, 170.
3. EVANS, Richard L., extraído de nossas anotações pessoais após assistirmos ao excelente filme *A Man's Search for Happiness*, na década de 1960.
4. FranklinCovey/Harris Interactive "xQ™" (Execution Quotient) Survey. Os resultados da pesquisa estão disponíveis em www.franklincovey.com.

CAPÍTULO SEIS: O DINHEIRO É IMPORTANTE

1. Essa e muitas outras informações excelentes sobre vários assuntos econômicos estão disponíveis em www.economy.com. As informações específicas sobre o uso de cartões de crédito podem ser encontradas em cardweb.com.
2. "Making Marriage Last", publicado pela American Academy of Matrimonial Lawyers, www.aaml.org/Marriage_Last/MarriageLastText.htm.
3. Virginia Tech's National Institute for Personal Finance Employee Education, apresentação feita no AICCA Mid-Winter Meeting, San Diego, Califórnia, em 14 de janeiro de 2000.
4. STANLEY, Thomas J. *The Millionaire Mind*. Kansas City: Andrews McMeel Publishing, 2000, p. 4.
5. KIYOSAKI, Robert T. *Rich Dad, Poor Dad*. Nova York: Warner Books, 1997, p. 65.
6. STANLEY, Thomas J. e DANKO, William D. *The Millionaire Next Door*. Atlanta: Longstreet Press, 1996, pp. 8-11.
7. www.cardweb.com; ver também "Credit Crunch", de Dayana Yochim, em www.fool.com.
8. STANLEY, Thomas J. e DANKO, William D. *The Millionaire Next Door*. Atlanta: Longstreet Press, 1996, p. 10.
9. CLARKE, J. Reuben. *One Hundred Eighth Annual Conference*. The Church of Jesus Christ of Latter-Day Saints (Igreja de Jesus Cristo dos Santos dos Últimos Dias), Salt Lake City, Utah, abril de 1938, p. 103.
10. KIYOSAKI, Robert T. *Rich Dad, Poor Dad*. Nova York: Warner Books, 1997, p. 65.
11. "Financial Literacy in America", disponível em www.bankrate.com, 16 de março de 2003.
12. HARRIS, Blaine e COONRADT, Charles. *The Four Laws of Debt Free Prosperity*. Bountiful, Utah: Chequemate International, 1996, 2001, p. 59.

13. www.bankrate.com; www.cardweb.com; www.fool.com; www.creditcardsusa.com.
14. COVEY, Stephen R., MERRILL, A. Roger, MERRILL, Rebecca R. *First Things First.* Nova York: Simon and Schuster, 1994, ver esp. pp. 137-138.
15. COVEY, Stephen R. *The 7 Habits of Highly Effective People.* Nova York: Simon and Schuster, 1989, pp. 188-203.

CAPÍTULO SETE: O BOM SENSO É IMPORTANTE

1. FOSDICK, Harry Emerson. *Twelve Tests of Character.* Nova York e Londres: Harper and Brothers, 1923.
2. DRUMMOND, Henry. *The Greatest Thing in the World and Pax Vobiscum.* Londres e Calcutá: The Gold Medal Library, pp. 29-30.
3. FRANKL, Viktor E. *Man's Search for Meaning.* First Washington Square Press Printing, Nova York: Simon and Schuster, 1985, p. 86.
4. MENCIUS. *The Sayings of Mencius.* Traduzido por James R. Ware. Nova York: Nova York American Library, 1960, p. 100.
5. GORDON, Arthur. *A Touch of Wonder: A Book to Help People Stay in Love with Life.* Nova York: Jove Edition, Jove Publications, 1978, p. 171.
6. *Aesop's Fables.* Ilustradas por Ernest Griset, com texto baseado em Croxall, La Fontaine e L'Estrange. Londres: Cassell, Peter, Galpin, p. 372.
7. LEWIS, C. S. *Surprised by Joy.* Harcourt Brace Jovanovich, 1955, p. 177.
8. PRATHER, Hugh. *Notes to Myself,* reimpressão. Nova York: Bantam Books, 1983.
9. "Financial Literacy in America", www.bankrate.com, março de 2003.
10. www.tvturnoff.org.

Sobre os autores

Roger Merrill, além de alto executivo, é escritor, professor e consultor há cerca de 36 anos. Foi um dos co-fundadores do Covey Leadership Center – agora The FranklinCovey Company – e trabalha na Agilix Labs, uma produtora de softwares que está desenvolvendo aplicações e usos para os novos Tablets PCs.

Além de se dedicar a seu principal enfoque, que é o seu lar e a sua família, **Rebecca Merrill** trabalha com Stephen R. Covey há anos. Ela o auxiliou na edição de *Os 7 hábitos das pessoas altamente eficazes* e *Os 7 hábitos das famílias altamente eficazes.* Também prestou assistência a Roger, Stephen e Dewitt Jones em *The Nature of Leadership* (A natureza da liderança).

Juntos, Roger e Rebecca escreveram *Connections: Quadrant II Time Management* (Conexões: Quadrante II Gerenciamento de Tempo) e, com Stephen Covey, foram co-autores de *Primeiro o mais importante* – o livro sobre gerenciamento de tempo mais vendido nos últimos anos. Eles têm sete filhos, 15 netos e moram em Lehi, Utah. Envie um e-mail para os autores em lifematters@armerrill.com.

Bibliografia complementar

Para uma lista mais completa, acesse o site www.Franklincovey.lifematters.

ALCOTT, Louisa May. *Mulherzinhas*. 9.ed. São Paulo: Musa, 2001.

BENNETT, William J. *The Broken Heart: Reversing the Moral Collapse of the American Family*. Random House/WaterBrook Press, 2001.

BLANKENHORN, David. *Fatherless America: Confronting Our Most Urgent Social Problem*. Basic Books, 1995.

CARLSON, Allan C. *From Cottage to Workstation: The Family Search for Social Harmony in the Industrial Age*. Ignatius Press, 1993.

CHERRINGTON, David J. *The Work Ethic, Working Values and Values That Work*. Amacom, 1980.

CHILTON, David. *The Wealthy Barber: Everyone's Commonsense Guide to Becoming Financially Independent*. Prima Publishing, 1998.

CIULLA, Joanne B. *The Working Life: The Promise and the Betrayal of Modern Work*. Times Books, 2000.

COLLINS, Jim. *Empresas feitas para vencer*. Rio de Janeiro: Campus, 2001.

COVEY, Stephen R. *Os 7 hábitos das famílias altamente eficazes*. São Paulo: BestSeller, 1999.

______. *Os 7 hábitos das pessoas altamente eficazes*. São Paulo: BestSeller, 2000.

COVEY, Stephen R., MERRIL, Roger A. e JONES, Dewitt. *The Nature of Leadership*. The Franklin Covey Company, 1998.

COVEY, Stephen R., MERRILL, A. Roger, MERRILL, Rebecca R. *Primeiro o mais importante*. Rio de Janeiro: Campus, 2003.

CROCE, Pat. *I Feel Great!* Nova York: Fireside, 2001.

______. *110%*. Nova York: Fireside, 2002.

DAPPEN, Andy. *Shattering the Two-Income Myth: Daily Secrets for Living Well on One Income*. Brier Books, 1997.

Desert Wisdom: Sacred Middle Eastern Writings From the Goddess Through the Sufis, traduzido e comentado por Neil Douglas-Klotz. HarperCollins, 1995.

DRUCKER, Peter. *O gerente eficaz*. Rio de Janeiro: Guanabara, 1990.

EYRE, Linda e Richard. *O livro da valorização da família*. São Paulo: M. Books, 2003.

______. *Lifebalance*. Nova York: Fireside, 1997.

______. *Teaching Your Children Responsibility*. Nova York: Simon and Schuster, 1994.

FRASER, J. T. *Time, the Familiar Stranger*. Microsoft Press, 1987.

FRIEDMAN, Stewart D. e GREENHAUS, Jeffrey. *Work and Family – Allies or Enemies? What Happens When Business Professionals Confront Life Choices*. Oxforf University Press, 2000.

GIES, Frances e Joseph. *Marriage and the Family in the Middle Ages*. Harper and Row, 1987.

HUNNICUTT, Benjamim Kline. *Work Without End: Abandoning Shorter Hours for the Right to Work*. Temple University Press, 1988.

KELLEY, Linda.*Two Incomes and Still Broke? It's Not How Much You Make, but How Much You Keep*. Times Books, 1996.

KIYOSAKI, Robert T. *Pai rico, pai pobre*. Rio de Janeiro: Campus, 2002.

LEVINE, James e PITTINSKY, Todd L. *Working Fathers: New Strategies for Balancing Work and Family*. Addison-Wesley, 1997.

MERRIL, Roger A. e Rebecca. *Connections: Quadrant II Time Management*. Institute for Principle-Centered Leadership, 1989.

NEMETH, Maria. *A energia do dinheiro – Um guia espiritual para a realização financeira e pessoal*. São Paulo, Cultrix, 2000.

ORMAN, Suze. *The 9 Steps to Financial Freedom: Practical and Spiritual Steps so You Can Stop Worrying*. Three Rivers Press, 2000.

PECK, M. Scott. *A trilha menos percorrida*. Rio de Janeiro: Imago, 1994.

PEEL, Kathy. The *Family Manager's Guide for Working Moms*. Ballantine, 1997.

POPENOE, David. *Life Without Father: Compelling New Evidence That Fatherhood and Marriage Are Indispensable for the Good of Children and Society*. Harvard University Press, 1999.

PRATHER, Hugh. *Notas para mim mesmo*. Rio de Janeiro: Editora Record, 2002.

ROBINSON, John P. e GODBEY, Geoffrey. *Time for Life: The Surprising Ways Americans Use Their Time*. 2.ed. Pennsylvania State University Press, 1999.

SMITH, Steve (ed.). *Ways of Wisdom: Readings on the Good Life*. University Press of America, 1983.

STANLEY, Thomas J. e DANKO, William D. *O milionário mora ao lado*. São Paulo: Editora Manole, 1999.

STERNBERG, Robert J. *Wisdom: Its Nature, Origins, and Development*. Cambridge University Press, 1990.

TELISHKIN, Joseph. *Jewish Wisdom: Ethical, Spiritual, and Historical Lessons from the Great Works and Thinkers*. Morrow, 1994.

THORPE, Douglas (ed.). *Work and the Life of the Spirit*. Mercury House, 1998.

World Scripture: A Comparative Anthology of Sacred Texts. Paragon House, 1991.

Sobre a FranklinCovey®

A FranklinCovey é uma fornecedora global de soluções de aprendizado e desempenho para indivíduos e empresas. Sua missão é inspirar mudanças acionando o poder de princípios comprovados, para que as pessoas e as organizações obtenham o que mais importa.

A FranklinCovey se caracteriza por sua liderança de pensamento exclusivo e uma abordagem holística que produz resultados inéditos e mensuráveis. Toda a metodologia foi desenvolvida por meio dos trabalhos de Stephen R. Covey, Hyrum W. Smith e seus associados. Covey é autoridade em liderança e autor de *Os 7 hábitos das pessoas altamente eficazes*. Smith desenvolveu o Sistema Franklin Planner e é autor de *O que mais importa*.

A companhia oferece prática em desenvolvimento de liderança; gerenciamento de produtividade, tempo e planejamento; comunicação e colaboração; desempenho de vendas; mudança organizacional de gerenciamento e retenção de funcionários, avaliação do retorno do investimento para o aprendizado; e criação de universidades corporativas efetivas.

Com 19 mil facilitadores no mundo inteiro treinando 750 mil pessoas por ano, seus cursos incluem serviços de consultoria terceirizados, treinamento pessoal, treinamento on-site e on-line e conferências práticas de motivação e desenvolvimento. A FranklinCovey também oferece uma variedade de produtos disponíveis em 33 idiomas para desenvolver a eficácia pessoal e organizacional.

Os pontos fortes comprovados da FranklinCovey são:

* Avaliação e Mensuração – Liderando a indústria na avaliação do impacto do aprimoramento do aprendizado e do desempenho.

* Consultoria – Trazendo o melhor pensamento estratégico e insight de aplicação para os mais difíceis e críticos desafios nos negócios.

* Treinamento e Educação – Oferecendo experiências premiadas de aprendizado e conteúdo em uma ampla variedade de formatos, incluindo eletrônico e on-line.

* Processos de Implementação – Auxiliando na aplicação de novos conhecimentos de habilidades.

* Ferramentas de Aplicação – Tecnologias de ponta e ferramentas para alcançar os resultados desejados no aprendizado e nos negócios.

O portfólio de clientes da FranklinCovey inclui 80% das empresas listadas pela *Fortune 100*, 75% da *Fortune 500* e milhares de pequenas e médias organizações comerciais e do governo. Ela se comunica com seus clientes por meio de serviços de consultoria, consultores autorizados, oficinas públicas, atendimento em 127 lojas e Internet, pelo site http://www.franklincovey.com / http://www.franklincovey.com.br. Com mais de 45 escritórios em 38 países, a FranklinCovey emprega mais de 3.500 associados.

Sobre a FranklinCovey Brasil

A FranklinCovey Brasil é uma sólida organização voltada para a melhoria da eficácia corporativa e pessoal. Suas soluções baseiam-se no desenvolvimento da alta produtividade, gerenciamento de tempo, projetos e excelência nos relacionamentos interpessoais. Desde 2000, a FranklinCovey Brasil já aplicou treinamentos em cerca de 130 das maiores empresas do país, utilizando uma metodologia baseada em princípios que transformam essas organizações de dentro para fora, tornando-as altamente eficazes.

FranklinCovey Brasil Ltda.
Rua Flórida, 1.568 – São Paulo, SP – Brasil – 04565-001
Telefone: 11 5105-4400
E-mail: info@franklincovey.com.br / Site: http://www.franklincovey.com.br

PROGRAMAS: Os 4 Papéis do Líder, Os 7 Hábitos das Pessoas Altamente Eficazes, Os 7 Hábitos dos Adolescentes Altamente Eficazes, Foco – Atingindo Sua Maior Prioridade, Habilidade de Apresentação, Habilidade para Reuniões, Construindo Confiança, Gerenciamento de Projetos, Como Trabalhar com Sinergia, Promovendo o Sucesso dos Clientes, Avaliando o Impacto do Aprendizado nas Áreas-Chaves de Negócios, Avaliação e Processo ROI (Retorno de Investimento)

* Muitos dos programas citados estão disponíveis como treinamento on-line em inglês.

Informações sobre os próximos lançamentos

Para receber informações sobre os lançamentos da EDITORA SEXTANTE, basta enviar um e-mail para
atendimento@esextante.com.br
ou cadastrar-se diretamente no site
www.sextante.com.br

Para saber mais sobre nossos títulos e autores, e enviar seus comentários sobre este livro, visite o nosso site
www.sextante.com.br

Editora Sextante

Rua Voluntários da Pátria, 45 / 1.404 – Botafogo
Rio de Janeiro – RJ – 22270-000 – Brasil
Telefone (21) 2286-9944 - Fax (21) 2286-9244
E-mail: atendimento@esextante.com.br